“十三五”国家重点出版物出版规划项目

图解服务的细节

039

すぐわかるスーパーマーケット　青果の仕事ハンドブック

生鲜超市工作手册 蔬果篇

海量图解日本生鲜超市先进管理技能

[日]《食品商业》编辑部 编

刘波 译

人民东方出版传媒
People's Oriental Publishing & Media
東方出版社
The Oriental Press

图书在版编目（CIP）数据

生鲜超市工作手册．蔬果篇 / 日本《食品商业》编辑部 编；刘波 译．
—北京：东方出版社，2016.5
（服务的细节；039）
ISBN 978-7-5060-9050-6

Ⅰ.①生… Ⅱ.①日… ②刘… Ⅲ.①超市—商业服务—手册 Ⅳ.① F717.6-62

中国版本图书馆 CIP 数据核字（2016）第 115501 号

服务的细节 039：生鲜超市工作手册蔬果篇
（FUWU DE XIJIE 039: SHENGXIAN CHAOSHI GONGZUO SHOUCE SHUGUOPIAN）

编　　者：日本《食品商业》编辑部
译　　者：刘　波
责任编辑：崔雁行　高琛倩
出　　版：东方出版社
发　　行：人民东方出版传媒有限公司
地　　址：北京市东城区朝阳门内大街166号
邮　　编：100010
印　　刷：北京文昌阁彩色印刷有限责任公司
版　　次：2016 年 6 月第 1 版
印　　次：2022 年 12 月第 8 次印刷
开　　本：880 毫米 ×1230 毫米　1/32
印　　张：10
字　　数：198 千字
书　　号：ISBN 978-7-5060-9050-6
定　　价：38.00 元
发行电话：（010）85924663　85924644　85924641

目录

前言

超市商品陈列、卖场布局规划以在卖场一线工作的临时工、小时工（女性占绝大多数）为核心进行，这一认识由来已久。可以说，员工们的辛勤工作是职场的重要组成部分。

但是，从企业立场来看，完善这种最大限度地发挥员工主观能动性的部门运作机制显然还处于滞后状态。

不可否认，一些企业已经开始着手提拔个别非正式员工担任部门主管或安排其调岗转正。还有一些企业因为采纳女员工的合理建议而赢得了更多的消费者。

但是，这种情况毕竟是少数。

在我们看来，“正确的岗位培训，合理的评价体系”等企业方面的努力必须与“认真学习，顾客至上”等广大员工的态度有机地结合起来。只有这样，企业（门店）才能不断发展壮大。

本书以为广大奋斗在卖场一线的员工提供岗位培训与自我学习为目的编撰而成。本书对“生鲜食品教科书系列”中的《蔬果教科书》《水产教科书》《肉禽教科书》《日配教科书》等书重新进行编辑加工，并在原有内容的基础上增加了各部门通用的卫生管理知识、食品标识规范等，可以说是一本难得的一线员工的培训工具和自助学习手册。

超市人才短缺的时代已经到来。

只有将正确的企业岗位培训、评价体系，与具有进取心、上进心，有自学能力的基层员工，二者有机地结合在一起，才能解决企业人才短缺的难题。

我们坚信每一个劳动者都具有激发自己的“内驱力”和开启美好未来的能力。

株式会社商业界《食品商业》编辑部

2014 年春

第1章

蔬果部门“工作”基础

蔬果部门“工作”基础

顾客对超市蔬果卖场和商品陈列的要求大致可以归纳为以下六点。

① 新鲜

② 美味

③ 低价

④ 丰富

⑤ 时令

⑥ 健康

蔬果部门的工作就是满足顾客的上述需求。

抓住顾客对蔬果卖场的需求

① 新鲜

保持蔬果类商品品质新鲜，保证消费者能够在各个季节吃到应季的食物很重要。给顾客留下“××超市销售的蔬果类商品特别新鲜”等印象，是与竞争店铺展开差异化竞争的重要砝码。

为实现这一目标，绝不销售鲜度下降的商品。坚持为消费者提供品质有保证的新鲜蔬果是蔬果部门经营运作基础中的基础，这一点必须牢记。

② 美味

以水果为例，利用商品的味觉吸引顾客购买是决定水果销量的关键。向供应商订购的蔬果类商品不可能保证个个成熟度适中、口感好。即使商品品质本身没有问题，其中也难免掺杂一些没有完全成熟、到成熟为止还需要放置一段时间的商品。

超市的蔬果部门必须对商品的成熟度进行严格管理，争取在最佳时间，以最佳状态出售商品。或者在店内张贴 POP 海报标识商品的最佳食用时间（以洋梨为例，“洋梨的最佳食用时间是果柄部变软时……”）。

此外，可以对蔬果的生长阶段进行监测，争取在最佳成熟期采摘和出售商品。

③ 低价

“低价”，而不是“价低质次”。保证顾客买到优质、美味、价格公道（= 价格适中）的商品是重点。如果长期以低于正常商品价值的价格销售，部门利润跟不上，超市将无法维持运营。

④ 丰富

家庭成员构成、消费者偏好等，不同的消费者有不同的消费需求。满足顾客需求多样化的方法之一是保证商品数量丰富、品种齐全。

以番茄为例，提供 1 个 / 袋、3 个 / 袋、5 个 / 袋、1 箱装等不同的销售规格。

此外，根据周边商圈特点和店铺规模打好差异化经营战略牌，订购其他卖场或果蔬专营店（如蔬菜店）没有的特殊商品，为顾客提供全方位的便捷服务。

比如意大利蔬菜、中国蔬菜、日式小菜（拼配蔬菜）等。

⑤ 时令

为了让顾客吃到新鲜、美味的时令蔬果，例如，扩大店铺规模时，可以张贴“当季 ×× 热卖中”等内容的宣传海报吸引顾客。此外，做好常用食物烹调方法、食材搭配、调味品介绍等关联销售也很重要。

⑥ 健康

根据蔬果类商品的下述特性，面向消费者宣传一般家庭厨房必备食材等相关知识。

· 含有丰富的人体所需的维生素。

· 现代人的膳食中，禽肉等动物性食品所占的比例较高。为了做到合理营养，为人体提供符合营养需求的平衡膳食，必须摄入新鲜蔬菜水果。

· 蔬果中含有丰富的膳食纤维，这些营养成分具有促进肠道蠕动、促进营养吸收、调节身体机能等作用。

食品管理基础之卫生管理

蔬果类商品是入口的食物。为保障顾客的饮食安全，防止食物中毒和传染病的发生是商家义不容辞的责任。例如，超市沙拉吧货架上的商品、鲜切水果等加工食品最容易被大肠杆菌污染，因此必须加强卫生管理（沙拉吧在这里指超市里专卖蔬菜沙拉类商品的柜台）工作。

为做好食品卫生管理工作，蔬果部员工应该了解与细菌相关的基础知识。

首先，细菌属于微生物中的一种，没有营养物质滋养就无法存活。大多数细菌生存所需的营养物质来自蛋白质、水和空气，促进细菌生长繁殖的条件是适宜的温度。

细菌在适宜的环境条件下，每隔 7 ~ 20 分钟增殖一次。

一个细菌经过 1 小时，其数目会增殖到 8 个→经过 8 小时，总数增殖到 1677 万 7216 个→经过 16 小时，总数增殖到 $16^8 \times 10^6$ →……

因此，我们必须采取措施控制细菌的生长繁殖。如何控制细菌生长繁殖，预防食物中毒的发生呢？可以从切断发生源、保持低温两方面入手。

1. 切断发生源

· 清洁的服装、操作器具、备品→清洁、消毒

· 整洁的操作人员和卖场环境→清扫、消毒

· 清洁的手指、指甲、头部→洗手、消毒

· 防虫设施

2. 保持低温

· 冷库、保鲜库的维护管理

· 使用冰盐水

菜刀、案板应定期清洗消毒，此外，操作人员应注意保持干净整洁的仪容仪表。与其他生鲜类食品相比，做好清洁卫生工作是蔬果部门工作的重点。一旦发生食品卫生问题，结果会非常危险（参见图表①）。

图表① 清洁工具类，正确示例

其中，特别是爱留长指甲的女员工，即使个人平时很注意卫生清洁，指甲缝里残留的细菌也可能引发卫生问题。

此外，意外受伤也会引发（指甲撕裂等）问题。

相反，操作区域的清洁卫生对提升作业速度、减少商品损耗、激发员工的工作热情都有很大的好处。

后台操作间是超市的一面镜子。为卖场员工营造一个和谐舒适的工作环境，需要贯彻到底的坚定意志。为此应注意以下几点。

· 明亮的照明设施，快乐的工作环境

· 清洁的操作台和操作工具

· 干净平整的工作服和抹布等用具

· 和谐的人际关系

· 井然有序的操作间

对新购置的操作工具、器具等做好维护管理工作，让办公物品一直保持干净如新。如果一家门店后台操作间的环境脏乱差、垃圾乱丢，到处可见虫蚀鼠咬的痕迹，卖场销售注定会情况不佳。

杜绝不经济、不合理、不均衡的操作管理

为了在每天忙碌的工作中保持环境卫生，员工们必须在日常生活中养成良好的习惯。不是等到最后一起清扫，应做到随手清洁、随手处理。这与杜绝不经济、不合理、不均衡现象，

提高工作效率密切相关。

整理整顿的要点是“定物定位原则”，严格按照企业规章制度操作。

所谓“定物定位”，是指在规定的场所放置规定的物品。

例如：菜刀必须放在刀架上；包装绳要划定专门区域放置；托盘和网袋按尺寸规格分类摆放；清洁用品要归入指定区域；单独设置放工作靴的鞋柜……保证同一场所放置同类物品。定物定位管理示例参见图表②，在墙壁或地面上等进行标记。以菜刀为例，用隔物板标出待归放物品的规格尺寸等。

图表② 定物定位管理示例

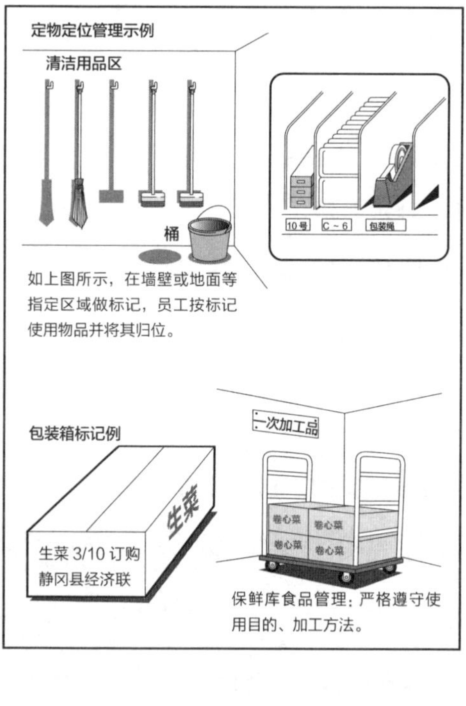

第2章

蔬果部门“商品”基础知识

叶茎类

卷心菜类

据意大利文献记载，卷心菜是一种种植历史悠久的作物。从幕府末期开始传入日本，战后消费量迅速增加。

在所有蔬菜中，无论种植面积还是产量，卷心菜与白萝卜均排名第一。春季卷心菜、高寒地带产的夏秋卷心菜、冬季卷心菜……卷心菜一年四季都能买到。春季卷心菜的特点是包心不紧（叶球松散），叶球内部泛绿，肉质柔软清爽，适合生吃。冬季卷心菜的特点是叶球紧实，受高寒地带气候影响，口感偏甜。

● 新鲜程度判断

切口新鲜，叶球紧实，拿在手上有分量感。注意叶芯切口有无变色或干燥等。

● 陈列和销售

开放式陈列或降价处理时，打保鲜膜或装袋出售。圆卷心菜按同一方向摆放。切开销售时保持切口一致，最佳保鲜温度为5℃。

● 营养成分、烹调要点

卷心菜又叫甘蓝，富含蔗糖、葡萄糖，口感微甜。

与其他叶菜相比，卷心菜中赖氨酸和谷氨酸含量丰富，这类氨基酸是构成蛋白质的重要成分。此外，卷心菜中还含有对胃肠功能有益的维生素 U，维生素 C 的含量也很丰富。

卷心菜可广泛用于制作日式、中式、西餐料理，生吃有助于营养的全面摄入。

卷心菜的修整处理

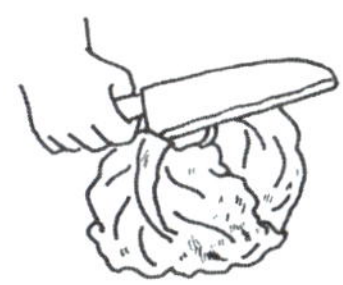

① 切掉外层包叶。
将刀柄嵌入内芯周围（外层包叶的根部）。如图所示，只切除最外层包叶，对侧根部的处理方法相同。

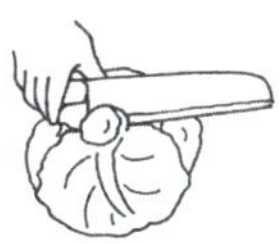

② 切除凸出的包芯部。
如图所示，可避免叶片掉落。

（检查要点）
1. 包叶掉落是否严重。

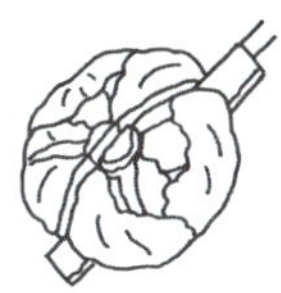

③刀柄置于内芯正中，对准外层包叶中心切下。随意切割时，会导致过多外层包叶脱落。

④最后，防止包芯向外膨出。
将刀背嵌于包芯根部划一刀。

（检查要点）
1. 是否沿中心切开。
2. 是否防止包芯向外膨出。

白菜（产期 11 ~ 2 月）

据考证原产于中国北方，适宜栽培温度为 15 ~ 20℃，适宜温和冷凉的气候条件。白菜不是野生品种，由芥菜和油菜杂交栽培而成。从明治初年（19 世纪）传入日本。茨城县、长野县、

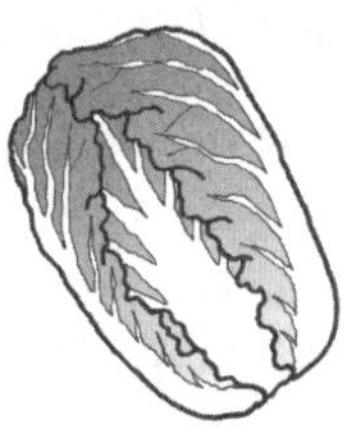

爱知县为三大主产地。

最佳收获季节为冬季11月～次年2月，生产过程严格遵守《日本上市蔬菜标准》，按指定产地上市交易。白菜是储存加工工序较少的蔬菜品种。

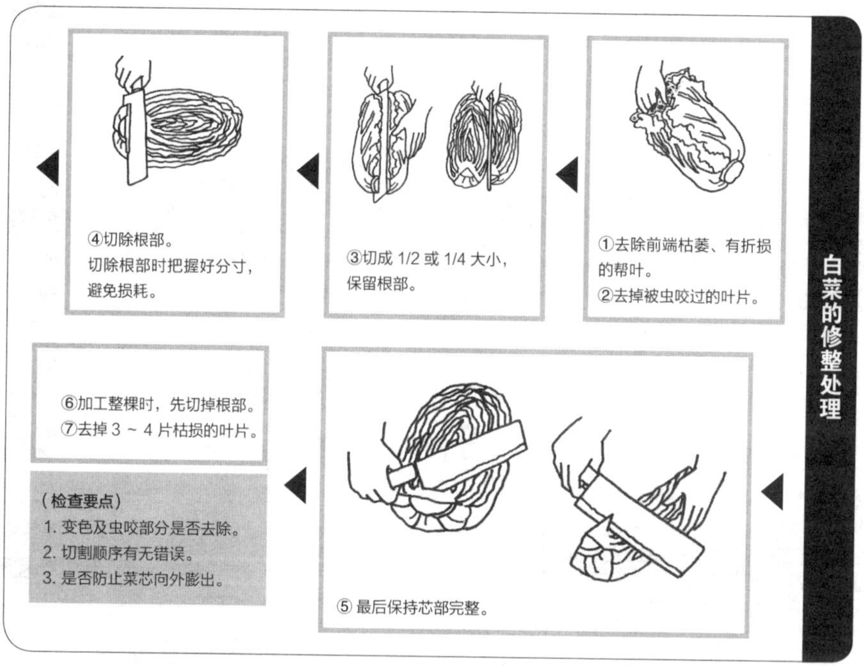

● 新鲜程度判断

叶球前端不松散，外层菜叶色泽青绿、球体紧密结实、分量重。

● 陈列和销售

为避免球体松散，用包装带捆扎后整棵出售。

降价处理时，为防止外叶枯萎，应打保鲜膜或装袋销售。为避免掉皮损耗，按同一方向陈列。

菠菜（产期 11 ~ 3 月）

冬季是菠菜出产的旺季，多在 11 ~ 3 月间上市。菠菜性喜冷凉，雨水多的话容易发生病害。

菠菜在叶菜类中的构成比较高。尽管外观不如黄瓜、番茄等吸引眼球，但对销量贡献大，应确保陈列空间。

菠菜按叶形可分为两种，一种是叶片前端呈尖形的（通称尖叶）亚洲品种，一种是在欧洲经过品种改良，叶大肉质肥厚，叶片前端呈圆形（通称圆叶）的欧美品种（有研究表明圆叶品种易感染病毒，尖叶品种能抵抗病毒感染）。

叶菜类商品到货时，受运输过程影响，普遍显得枯萎、无生气。直接上架销售，品质劣化快，一般需要经过复苏处理。

● 新鲜程度判断

叶片色泽鲜绿，新鲜有弹性的好。鲜度下降时叶片枯萎，叶部有变色、发黄现象。

● 陈列和销售

一般采用开放式陈列，夏季打保鲜膜或捆扎销售。到货时应在叶片表面喷水，进行复苏处理。陈列场所避免直接接触冷气，无论采用纵向还是横向陈列，均按同一方向摆放，最好当天售完。

三叶芹的种类

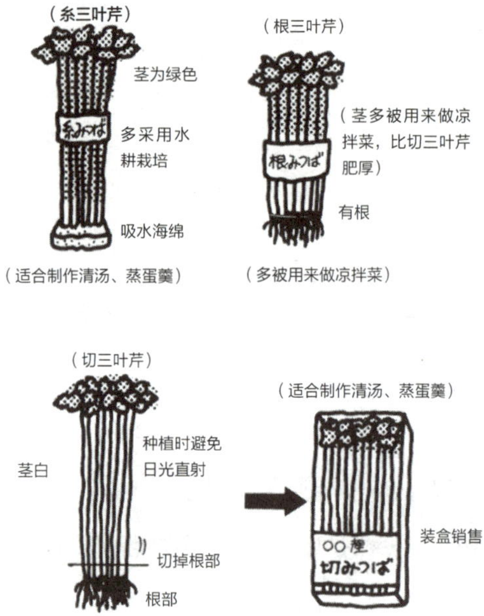

◎ 三叶芹

芹科。风味独特，是制作清汤、蒸蛋羹、陶壶炖菜等日式料理的必备食材。三叶芹一般分为软白三叶芹（通称切三叶芹）和糸三叶芹两种。前者为关东型，后者为关西型。此外，还有一种茎部多用来凉拌菜，比软白三叶芹肉质肥厚，可入药的根三叶芹。

◎ 油菜

芸薹属植物的代表。东京江户川区盛产，冬季为出产旺季，一年四季均有供应。油菜富含维生素 A、B2、C，钙和铁的含量也很丰富。

◎ 青梗菜

中国蔬菜品种之一，在日本市场的销量相对稳定。为不结球的白菜品种，维生素 A、钙和铁含量比较丰富。

◎ 菊花菜

一种叶片形状扁塌的中国蔬菜。寒冬季节成熟时口感最为鲜美。维生素 A 的含量在中国产蔬菜中首屈一指。

◎ 芜青

也叫信州菜。是日本信越地区的一种特产蔬菜，多用于制作芜青腌菜。

◎ 芹菜

原产地为地中海沿岸。受西方饮食结构的影响进入日本人的餐桌，多用来制作蔬菜沙拉。

芹菜的修整处理

①左手转动芹菜，右手摘除其中受损的叶茎。用刀切掉茎上明显的受损部位。

②左手握持芹菜，使根茎向上，切除根部，右手拇指抵在根茎下方。

③拇指随刀的旋转方向前移，至根部彻底切下。

④待彻底切下根部后，将叶茎放在斜置的菜板上，最好切掉前端叶片。

⑤用刀的侧面和拇指固定后削除枯萎、变色的叶片。

⑥ 修整过程中打价标时，可以用包装带、皮筋、透气带等固定，处理结束后摆入盒中。

蔬菜的复苏处理

采摘后的叶菜类蔬菜，根部水分丧失，会从叶片前端开始枯萎。复苏处理是让蔬菜恢复收获时新鲜诱人的状态，从而增加商品附加值的一项重要工作。菠菜作为一种四季常销、构成比高的商品，复苏操作的意义尤为重要。此外，还有很多需要进行复苏处理的蔬菜。

①必须进行复苏处理的商品

叶菜类（菠菜、油菜、腌渍用蔬菜等）、芦笋、荷兰芹、豆瓣菜、皱叶生菜、结球生菜、玉米、毛豆、芹菜、紫苏等。

②复苏处理后价值增加的商品

白萝卜、胡萝卜、荷兰豆、黄瓜等。

如上所述，经过复苏处理后，大多数商品的附加值都会大幅提升。各门店可根据人手配置安排复苏处理，按以下步骤进行操作：

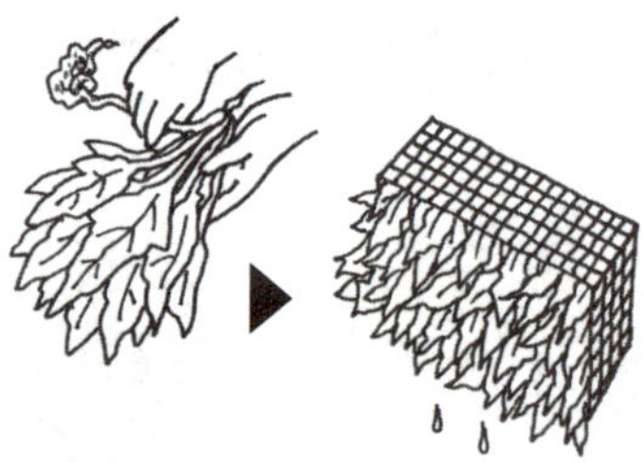

① 去除枯萎、变色、受损的叶片和根茎。

② 检查泥土附着情况，发现残留泥土时要清洗干净。

③ 喷洒冰水（夏季加入冰块）。

④ 蔬菜架要横置，根部朝下摆放。

⑤ 上面盖湿报纸或湿布。

◎ 芦笋

原产于欧洲。罐装白芦笋曾经是主流品种，现在市场上的芦笋主要是绿芦笋。

◎ 荷兰芹

原产地为欧洲南部、非洲北部。富含维生素 A、维生素 C、胡萝卜素、钙、铁等矿物质。

◎ 水芹

日本本土蔬菜，春之七草之一，性喜湿润，在保水力强的湿地生长，11 月下旬 ~ 3 月下旬收割。

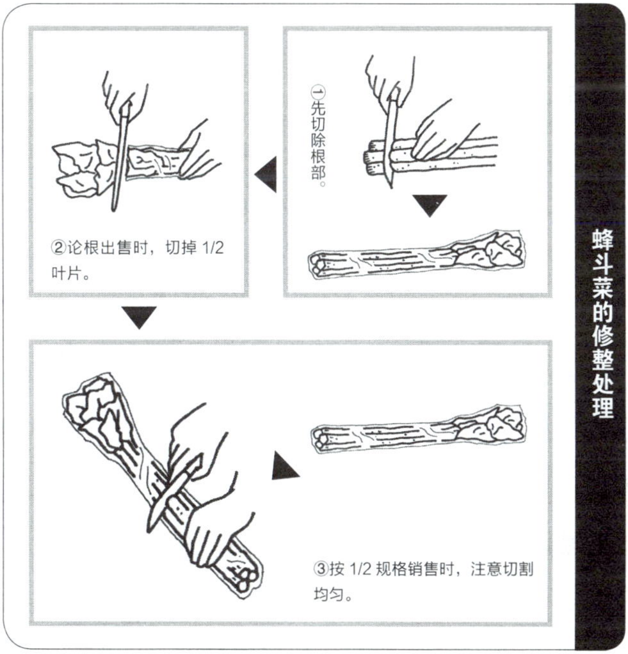

◎ 茼蒿

原产地中海沿岸，别名“菊菜”。春季抽薹，花呈黄色，状如小菊花，故名菊菜。

据考证，日本从室町时代（1336 ~ 1573 年）引进。

◎ 菜花

主产地是千叶县。从平成时期开始关东地区的产量激增，成为最普及的应季蔬菜之一。每年 2 ~ 3 月为出产旺季（平成是日本明仁天皇的年号，1989 年 1 月 8 日起开始至今）。

菜花中的维生素含量可与菠菜相媲美。

大葱（产期 10 ~ 3 月）

原产地为中国西部。在日本，自古以来就广为人知。《日本书纪》中有关于大葱的最早记载。现在日本各地均有广泛种植（《日本书纪》是日本流传至今最早的正史，六国史之首，原名《日本纪》。多半借用中国典籍上的文字，描述上代所传承的传说）。

每年 10 ~ 3 月为出产旺季，是冬季蔬菜之一。耐寒，遇冷风糖度和口感更佳。关东地区盛产可食用的白色根茎白葱（根深大葱 / 千住大葱等品种。各品种的葱叶颜色深浅不一）。

关西地区盛产叶片鲜绿的绿葱（以菜葱 / 九条大葱为代表。与千住大葱不同，有分株，葱叶偏绿且长，柔软，口感佳）。此外，还有可以做药用的细葱，按食谱用途分类。

大葱可广泛用于佐料、火锅、炒菜、烧烤、凉拌等，是消费量最高的蔬菜品种之一。其独特的刺激、辛辣口感有增进食欲、温热身体等功效。

● 新鲜程度判断

葱白和葱绿界限清晰，葱白紧实，有光泽，捏起来有弹性。

● 陈列和销售

采用开放式陈列，可以按单根卖，也可以按 2 ~ 3 根 / 捆出售。

重点是新鲜度管理、及时补货。纵向或横向摆放。

● **营养成分、烹调要点**

① 冬季消费量增加，增加陈列品种。

② 加强新鲜度管理。大葱作为调味料之一，需要特别注意新鲜度。

为争取在两天内全部售出，应及时调整品种。白葱可统一切除前端葱叶后上架陈列。

③ 注意竞争店铺的价格变动。消费量大的时期，顾客倾向于对价格进行比较后购买，应时刻关注和调查竞争店铺的价格波动。

④ 避免缺货、断货。火锅类食材制作简便。关门前应保证卖场品种充足。

大葱、白菜是冬季蔬菜卖场最不可或缺的商品，关门前必须防止缺货断货。

● **营养**

大葱具有独特的刺激、辛辣气味。这种气味主要来自一种叫硫化丙烯的有机物。这种成分具有促进消化液分泌、增强食欲的作用。此外，大葱中还含有维生素和钙质，葱叶中维生素A的含量也很丰富。

硫化丙烯类化合物具有促进维生素B吸收，将淀粉和糖转化成能量的作用。此外，还能除去鱼、肉类的腥臭味。

大葱的同类

大葱家族约有 500 多个品种，这些品种均具有独特的刺激、辛辣气味。这种气味主要来自硫化丙烯，该成分具有促进消化液分泌、增强食欲、温热身体的作用。

韭菜

● 原产地

原产地中国，东亚各国均有野生，约于 9 世纪传入日本。

● 特征

一种营养价值较高的蔬菜，具有提升体温、增加食欲等作用。

日本产地仅限高知、枥木、茨城、群马、千叶、大分等地。

● 营养

除了含有丰富的胡萝卜素，还有维生素 C、E 等成分，食物纤维的含量也较多。

大蒜

● 原产地

大蒜原产于中亚。埃及自古以来就有栽培。日本很早就从中国引进,《记纪》中也有关于大蒜的记载。(《记纪》创世神话，即《古事记》和《日本书纪》。表现了日本人对岛国和民族生成的最原始的理解。)

● 特征

大蒜在世界各地被广泛用作香辛料，可增进食欲，维生素

B1含量丰富，能迅速消除疲劳。此外，大蒜茎尖中所含的营养成分与大蒜相同。

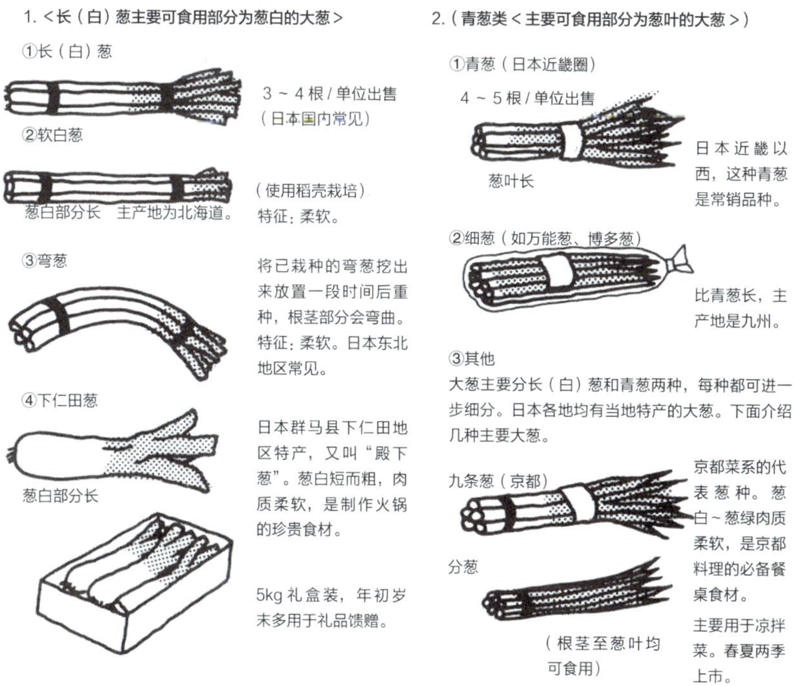

大蒜中含有一种叫大蒜素的成分，这种有效成分属于硫化丙烯类化合物。大蒜素除了增进食欲，还具有强身壮体、抗氧化等功效。

藠头

藠头在大葱家族中个头较小，气味较弱。除了腌制，还适合煮食。在贫瘠的土地上也能生长得很好。

冬葱

自古以来在西日本各地种植，为叶葱的一种，是一种由分蘖大葱和分蘖洋葱通过种间杂交产生的蔬菜品种，无地下球茎（分蘖是指禾本科等植物在地面以下或近地面处所发生的分枝）。

在关西地区，冬葱是吃火锅的必备调味蔬菜之一，最适合制作日式（用醋、酱拌的）凉拌鱼肉。

西兰花 / 花椰菜（产期 10 ～ 3 月）

冬季黄绿色蔬菜的代表品种。花椰菜属于十字花科蔬菜，习性喜冷凉，为花茎可食用的甘蓝的变种。西兰花是在花椰菜的基础上发展的品种，每年 10 ～ 3 月为出产旺季，受进口等因素影响，一年四季均有供应，没有明显的季节差异。

● 新鲜程度判断

色泽翠绿、花球密实是挑选时的关键。西兰花以颜色呈浓绿色，花球周边没有散开的为好。

● 陈列和销售

一般采用开放式陈列，卖场陈列的商品最好当天售完。直立放在加水的方平底盘中销售。

按 2 个 / 单位出售时，最好用捆扎带固定。西兰花、花椰菜的修整方式相同，注意花芯不要沾水。

平台陈列时应装箱放，注意层次感。市场价走低时，可以采用捆绑销售。

此外，可以在店内张贴“维生素 A、C 含量丰富的黄绿色蔬菜”等 POP 海报加大宣传力度。

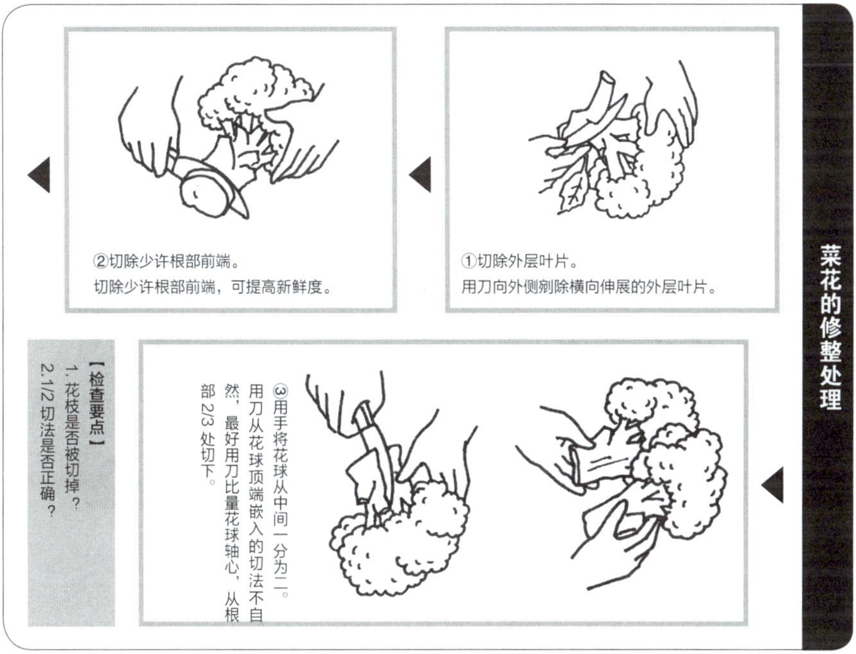

生菜（产期 6 ~ 9 月）

生菜与茼蒿同属菊科植物，可大致分为结球生菜、散叶生菜、长叶生菜、嫩茎生菜四种。常见品种为结球生菜（卷心莴苣），产量占生菜品种的 90% 以上。

奈良时代以前生菜被称为“莴苣”。平安时代还有一种按植株的生长阶段逐层剥叶食用的生菜品种，叫“搔莴苣”。现代人

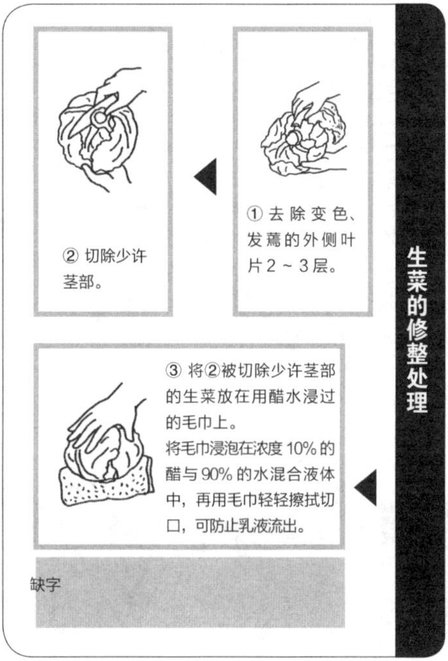

最熟悉的应该是烤肉店使用的韩式生菜、饭包叶等。结球生菜自明治时代以后引进。

在日语中，“萵苣”的名称源于生菜的茎或叶被弄破后流出的乳白色液体，所以称为“Chisha”。

● **新鲜程度判断**

菜叶颜色鲜亮，果球紧实，叶质鲜嫩的为好。用手指按切口处，无塌陷的说明新鲜。保存时注意剥去外层叶片，内侧叶片容易感染软腐病，需要特别注意。

● **陈列和销售**

一般采用产地包装。检查内侧叶片有无腐叶后，打保鲜膜或装入透气袋。销售旺季采用开放式陈列，注意及时补货，加快周转速度。另外，注意切口有无变色。

● **修整处理**

① 剥去外层叶片，视叶片情况去除 2 ～ 3 片外叶。

② 将毛巾浸泡在浓度 10% 的醋水中，再用该毛巾轻轻擦拭内侧叶片，防止乳液流出。

③ 观察叶面切口有无锈斑。

◎ 阳光生菜

叶片上缘呈紫色，褶皱多。与生菜原型接近，除了制作蔬菜沙拉，还可以替代韩式生菜包裹烤肉食用。阳光生菜适合采用非结球生菜的包装方法，与结球生菜的陈列方式不同，为防止叶片脱落，用包装带固定后，面朝外或横向摆放。

根据市场价格波动，按 1/2 单位销售时，用刀从菜芯处一切为二，与整棵销售相同，用包装带固定后切口朝外摆放。

根茎类

白萝卜（产期 9 ~ 3 月）

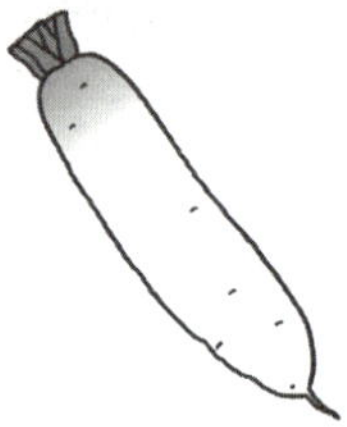

原产地为地中海沿岸、中亚等地。有多地起源说，尚无统一定论。

据考证：日本很早就开始引进，与稻作农耕同时广泛进行栽培，江户中期成为常年供应的蔬菜品种。

白萝卜含水量高，不适合进口，主要依赖本土栽培。种植面积和收获量仅次于土豆，位居第二。

又名清白，是春之七草之一。

● **新鲜程度判断**

根部嫩白、色泽光亮、表面硬实的新鲜度好。萝卜叶色泽浓绿、无黄变。用手指弹动无根须的白萝卜时，发出嘣嘣的声响。

● **陈列和销售**

原则上采用开放式陈列。切开销售时，从卫生管理和防止水分蒸发等角度考虑，最好捆扎固定或装袋出售。

尽量切除靠近根部的萝卜叶，带叶的白萝卜蒸发明显，最好当天售完。

陈列时宜选择多层开放式货架，放常温货架或平台货架销售时，水分蒸发快，应远离冷气。

● 营养成分、烹调要点

白萝卜的含水量为 90%，萝卜叶和根部均含有丰富的维生素 C。

与萝卜芯相比，靠近萝卜皮的部分维生素 C 的含量更高，且促进淀粉消化的淀粉酶和食物纤维的含量也很高，还具有胃肠调理功能。

白萝卜的修整处理

①用刀切除萝卜叶。

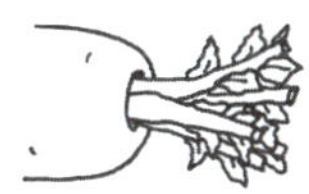

②叶片腐烂时，先留一小撮叶片，最后一并切除。

③ 切除根须部。

【检查要点】

1. 是否用手拔掉外层叶片。

烤鱼的焦糊物中含有诱癌物质，白萝卜中含有的氧化酶可抑制这种物质。

白萝卜叶中含有丰富的维生素。此外，维生素 A、B_2、B_1，胡萝卜素、钙、铁等含量也很丰富。

靠近叶的肉质甘甜，靠近根的肉质偏辛辣。

胡萝卜

胡萝卜大体分为亚洲系和欧洲系两种，根据形状还分为长根种和短根种。

现在市场上的胡萝卜品种众多，亚洲系只有“金时胡萝卜”一种，其他均为欧洲系。

胡萝卜中含有丰富的胡萝卜素，除了制作料理，还可以制作胡萝卜果汁。

● 新鲜程度判断

颜色呈橘红色、形状均匀结实、有光泽的新鲜度好。顶部发黑，触感质硬的是木质化、老化的表现。

顶部发绿是生长过程中受到阳光照射的结果，变绿的部分食用口感不同，需格外注意。建议挑选通体橘红色的胡萝卜。

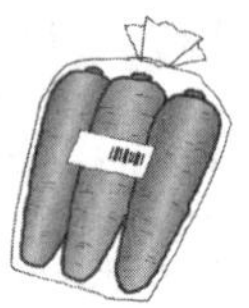

● 陈列和销售

装袋销售。刚上市时用包装带捆扎。胡萝卜色泽鲜艳，还可以用于卖场美化布置，装饰时注意避免磕碰。

损伤处容易腐烂变质。

● 小知识

最早的胡萝卜叫“朝鲜胡萝卜”（五加科），因根须部形似人参而得名。在古代，因为蔬菜胡萝卜与人参形状相似，为了区别，又称高丽胡萝卜、菜胡萝卜、胡萝卜菜、食材胡萝卜等。

● 营养成分、烹调要点

胡萝卜中胡萝卜素的含量如下：生食 10%，胡萝卜泥 20%，盐水焯 50%，油煎炒 80%，所以，烹饪胡萝卜时最好用油炒。

胡萝卜外皮下的肉质营养最丰富，削皮时尽量保留一层薄皮。

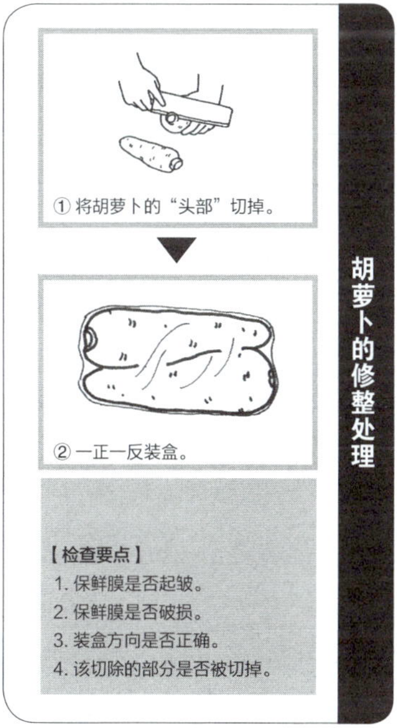

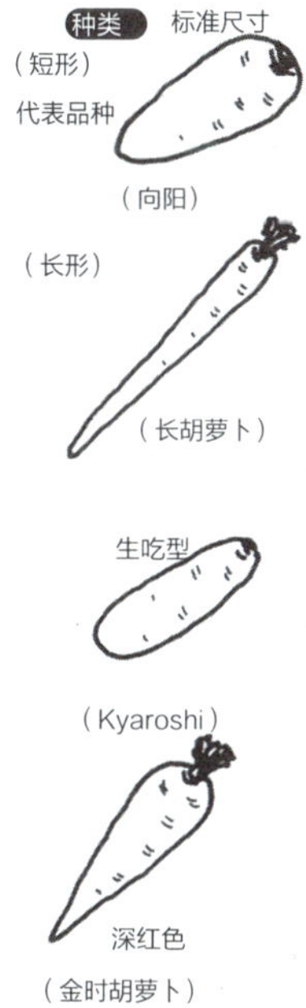

牛蒡（产期 10 ~ 12 月）

牛蒡是日本料理的代表性食材。世界上将牛蒡作为食材使用的国家只有日本。

蔬菜牛蒡包括关东地区滝野川产的长牛蒡、关西地区京野生蔬菜的堀川短牛蒡等品种（京野生蔬菜指京都地区土生土长的蔬菜，是古代日本农人为都城内的贵族种植的营养价值高、品种优良的蔬菜，被广泛运用于注重时节变化的怀石料理中）。

牛蒡在块茎类蔬菜中被称为“直根类”。直根肥大可食用的蔬菜还有白萝卜、胡萝卜等。与甘薯等薯类同样肥大的根部叫块根，肥大的地下根茎叫块茎。山葵、土豆、芋头均属于该类。牛蒡忌连作，同一块田地三年一轮。

● 新鲜程度判断

不宜太粗，直径 2.5cm 左右，形态笔直无分岔的为佳。表皮破损、枯干的不好，牛蒡干燥后质地会变硬。

● 牛蒡的修整处理

（注意事项）

① 挑选，对齐后切。

② 切掉头部。

③ 在菜板上做标记，从正中间切开。

④ 丢弃根部前端的碎块，前端状态不好的可折价处理。

⑤ 切开后，切口处立即喷洒淡醋水。

⑥ 注意切口有无锈斑。

● 陈列和销售

理想保存温度在 15℃左右，避免干燥。

置于冷气少的场所，陈列量不宜多，增加补货次数。尽量单根装袋出售。

带泥的牛蒡放在地下根茎区常温货架销售。

按单根卖时采用纵向陈列，切开卖时采用横向陈列。清洗过的牛蒡摆放在煮菜区。

清洗过的牛蒡极易干燥，必须用伸缩薄膜包裹。

● **营养成分、烹调要点**

牛蒡中含有铁、磷、维生素B1、B2、C、E等营养成分，纤维素、木质素等，食物纤维含量也很丰富。

牛蒡中所含的单宁类化合物接触空气后因氧化反应会变成褐色，所以，对制作金平牛蒡、炖食、天妇罗、柳川锅、培根卷等料理的切割好的牛蒡，可以通过喷洒醋水来减轻氧化反应。

竹笋（产期4～5月）

毛竹不是日本本土植物，原产地为中国江南地区。1736年由萨摩藩主岛津吉贵从冲绳带到日本。现在产地向北，已扩大到北部的青森县。

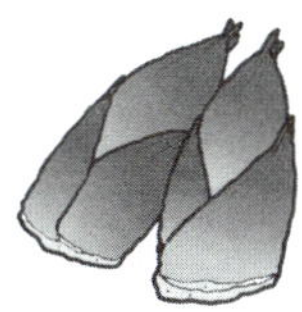

鲜竹笋是一种极易失水、老化的商品，为了在短期内连续销售，保鲜很重要。

食用竹笋主要分为毛竹、寒竹、千里竹、淡竹、麻竹等几种。

常见食用竹笋以笋头刚露出土面为采收适期，每年4～5月为出产旺季。

● **新鲜程度判断**

笋壳色泽鲜亮，切口新鲜，质地柔嫩，用手指按压确认。

形态宜选择炮弹状，掂在手里有分量，笋尖呈黄色，笋节紧贴笋肉的为好。

● **减价销售方式**

（减价促销的要点）

① 陈列的商品全部售完，定期检查鲜度。贴减价标签。

② 前一天未售出的商品次日不上架。一律从卖场下架，在操作间重新处理后降价处理。

③ 降价品仍未售出时，打半价销售。仍未售出则丢弃。

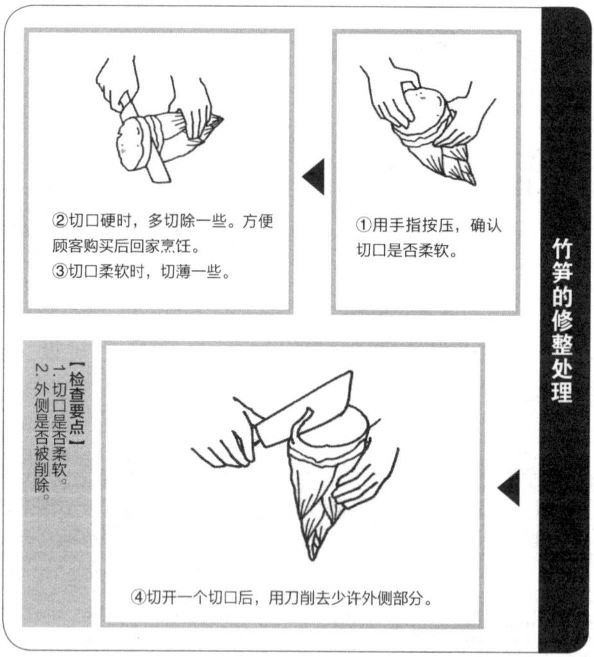

● **营养**

蛋白质和纤维素含量丰富，还含有维生素 B1、B2、E，矿物质等成分。是初夏的时令商品。

莲藕（产期 8 月下旬 ~ 3 月下旬）

莲藕为莲科植物在水中的地下根茎。风味独特，适合煮食、炸天妇罗等，是一种很受欢迎的蔬菜。在日本，莲藕还是制作年节菜不可缺少的食材。

一年四季均有出售，出产旺季为秋季到次年春。根据行情上市，所以价格波动不大。

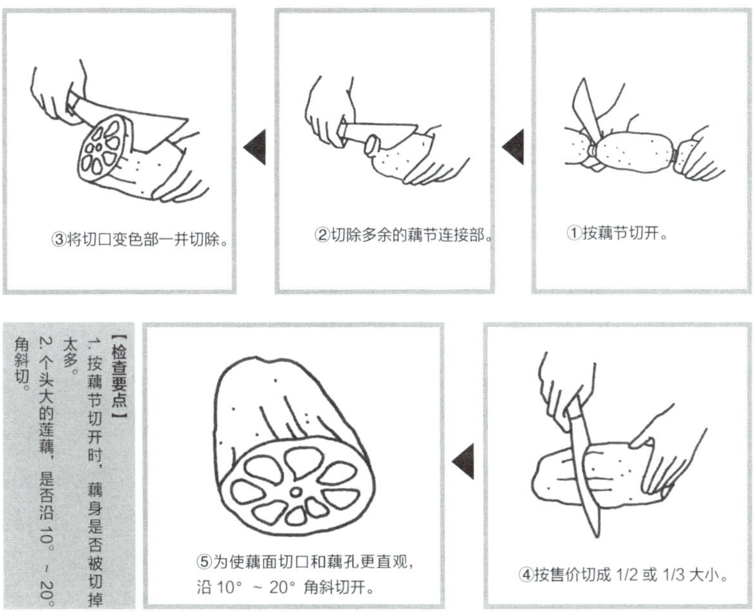

莲藕的修整处理

①按藕节切开。

②切除多余的藕节连接部。

③将切口变色部一并切除。

④按售价切成 1/2 或 1/3 大小。

⑤为使藕面切口和藕孔更直观，沿 10° ~ 20° 角斜切开。

【检查要点】

1. 按藕节切开时，藕身是否被切掉太多。
2. 个头大的莲藕，是否沿 10° ~ 20° 角斜切。

销售注意事项：当天加工好的商品最好当天卖完，注意卖场陈列要给顾客以新鲜感。

莲藕中含维生素 C 和单宁类物质，具有降低胆固醇的作用。

● 商品化要点

莲藕属于固定畅销商品，通常按标准规格出售。按定贯品销售时，销量有望增加。[定贯品指重量（数量）恒定、价格一样的商品，即均价品。]

芜菁

原产于欧洲等温带地区，日本从古代起广泛栽培。

又叫蔓菁，是“春之七草”之一。

主要品种分为：圣护院、天王子、今市、酸茎菜等亚洲型。小芜菁、长芜菁、腌渍芜菁的代表如野沢菜（芜菁菜的代表）、温海等欧洲型。

果实蔬菜类

黄瓜（产期7月）

果实成熟时的瓜肉呈黄色，故名“黄瓜”。在日本，批发市场的黄瓜价格常年居首位，在蔬菜中的重要性不言而喻。

黄瓜是夏季时令蔬菜的代表，随着蔬菜温室栽培技术的发展，现在一年四季均有供应。

现在，色泽鲜亮、表面不分泌白色汁液的“无白浆黄瓜”成为市场上的主流品种。

● **新鲜程度判断**

表皮颜色鲜绿、带刺凸起，刺小而密的为好。

表皮有凹陷或突出的竖纹。肚大质轻的黄瓜肉质发糠。

● **陈列和销售**

刚上市的黄瓜用包装带捆扎销售，出产旺季装袋出售。对黄瓜可用于制作蔬菜沙拉进行推荐时，可以放在多层开放式冷架（温度不能低于4℃）的中下隔断。注意增加补货次数，黄瓜不耐低温，4℃以下容易冻伤。补货时注意要将先前未售完的黄瓜调换到上层隔断。黄瓜呼吸作用旺盛，注意透气。

● **营养成分、烹调要点**

黄瓜的含水量为96%。热量和营养价值低，口感爽脆，可增进食欲。常用于腌渍、制作蔬菜沙拉，还适合制作汤菜、煮菜以及中式料理的炒蔬菜。

南瓜

南瓜品种繁多。其中，日本南瓜、西洋南瓜、美国南瓜、墨西哥南瓜四种作为可食用的南瓜品种被广泛栽培。冬季从墨西哥、新西兰、汤加等国进口的南瓜大多是使用日本本土南瓜种苗种植开发的品种。

● 新鲜程度判断

表面有光泽，外观完整，成熟有瓜籽的为好。选购时，应挑选瓜体色泽均匀，个头大，掂在手里有分量感的。西洋南瓜以藤茎干枯、条纹清晰、棱深的成熟度为好。切开的南瓜，果肉金黄发红的味道甜。日本南瓜以瓜皮表面有粉霜，皮黑，条纹清晰，棱深的为好。

● 陈列和销售

置于常温货架，地下根茎区销售。

原则上采用开放式陈列，刚上市的南瓜可以切开捆扎销售。南瓜不耐低温，温度应控制在 11℃以上。另外，南瓜遇湿容易发生霉变，最好放在干燥场所。

● 营养成分、烹调要点

南瓜热量高，胡萝卜素的含量也很丰富，是补充维生素 A 的好来源，另外，南瓜中还含有丰富的维生素 B1、B2、C 等营养成分。

茄子（产期6～9月）

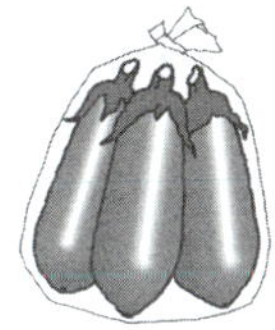

茄子是夏季蔬菜的代表品种，每年6～9月为出产旺季，8月产量最高。茄子是季节性较强的蔬菜。原产于印度，属喜温作物，较耐高温。日本本土种植的茄子形状差异大，主要分为中长形（长圆形）、长形、博多长等大长茄；贺茂茄等圆茄；小圆茄以及地方特形茄等。

关东地区出产的茄子为长圆形，九州地区盛产长茄，京都出产贺茂茄等圆茄，山形出产的民田茄和出羽小茄为小圆茄，日本各地出产的茄子形状多样。

● 新鲜程度判断

茄体表面无斑点或裂口，颜色乌黑光亮，呈黑紫色，捏起来软硬适中，有弹性的为好。茄子萼片与果实连接处新鲜，茄梗带刺且尖锐的为好，不新鲜的茄子，表面色泽度下降、变色、萼片部变色、枯干。茄子忌表皮干燥，水分蒸发后容易变老。

● 陈列和销售

原则上少量陈列，增加补货次数，避免品质下降。摆放在冷气少的场所。茄子在5℃以下低温易受冷害、冻害侵袭，最好在11℃温度条件下保存。遇低温表皮晦暗、光泽度差。

出产旺季采用开放式陈列或装袋销售，萼片和光泽度是茄子的生命，原则上用保鲜膜包裹。

置于常温货架的中下段或采用平台式陈列。摆放五层以上时，注意下层商品的品质。

● **营养成分、烹调要点**

茄子有多种不同的做法，但营养价值较低。维生素、矿物质的含量少，可以吸收脂肪，适合过油。

代表性料理：腌渍、烤茄子、黄油煎茄、煮食、天妇罗、凉拌茄子、汤料、炒茄子、茄盒。茄子加热后味道更甜。

形状各异的茄子

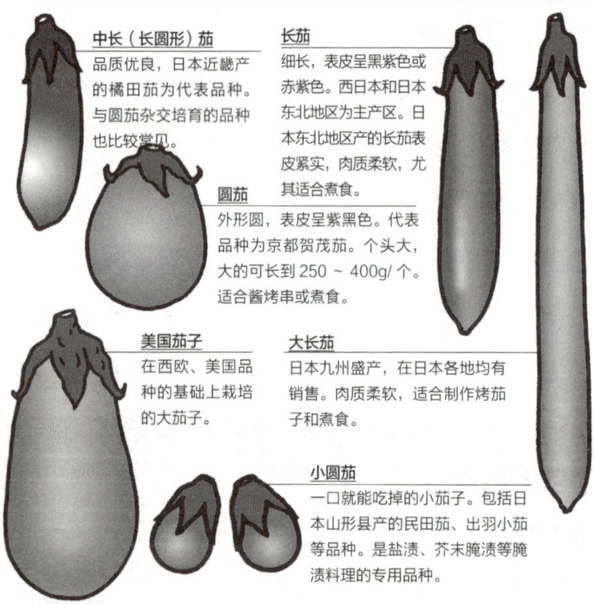

番茄

近年来随着高品质、高糖度番茄的出现，番茄的市场需求量逐渐扩大。古代仅在需求地周围露地栽培，随着新品种开发和种植方法的改良，从原来的夏季上市扩大为一年四季均稳定上市，产地也逐年扩大。

1983 年登场的完熟型番茄——桃太郎推出后，在市场上占据了绝大多数的份额。桃太郎成熟后仍能长时间存放，且果肉紧实，因此一度成为日本番茄市场的主流品种。此外，还有冬耕春作的爱知第一番茄以及糖度在 8 ～ 12 度之间的水果番茄等品种。

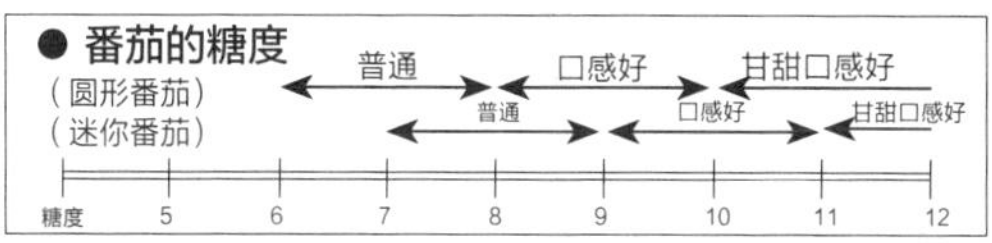

● 新鲜程度判断

果肉紧实，色泽鲜艳，底部（果蒂）紧，略泛青色的为好。注意果体表面像青椒一样有棱的为空心果，订购爱知第一完熟番茄以外的品种时，最好挑选顶部微红的个体，放置一段时间，经过催熟后再进行销售。

● 陈列和销售

常见包装方式：装盒或打保鲜膜出售。夏季 2 ～ 4 个 / 盒，冬季 2 个 / 盒，装盒是为了保护果实不受磕碰。进入产销旺季，果肉紧实的也可以装袋销售。

完熟番茄放在冷柜蔬菜沙拉区出售，色泽不匀的放在常温蔬菜区或平台陈列进行催熟。扩大陈列区空间和增加补货次数。为防止品质变劣，注意不宜多层码放。

● 营养成分、烹调要点

番茄富含维生素 A、B1、C，矿物质等营养成分，还含有大量柠檬酸。

此外，胡萝卜素和番茄红素的含量也很丰富。

番茄的用途很广，可广泛用于制作蔬菜沙拉、西式焖菜、清汤、番茄汁、西式浓汤、番茄酱等。

番茄的同类

迷你番茄、樱桃番茄、梨形番茄、微型番茄、中型番茄。

1980 年以后，番茄的市场需求迅速增加。之前仅作为航空专用食品，因个头小，易食用，很快成为制作便当的人气商品。

以红玉番茄为主流，此外还有橙红色的樱桃番茄、黄色的梨形番茄等。主产地从冬到春依次为爱知、熊本，夏季产地有福岛、千叶等地。

近年来，个头适中的中型番茄的产销量开始增加。每年世界范围内都会新增不少品种。

采用产地包装陈列。迷你番茄容易破皮，注意定期检查包装内有无不良品。

番茄的品种规格多样，建议根据店铺规模和自身情况选择个头、糖度、肉质不同的品种。

青椒

原产地为中南美洲热带地区，非野生品种。日本自明治初期引进。与同属茄科的番茄、茄子相比，维生素C含量尤为丰富。原为夏季蔬菜，随着温室栽培的发展，现在一年四季均有供应。

● 新鲜程度判断

收获后24小时内营养减半，鲜度下降快。色泽浓绿鲜亮、肉厚、有弹性的为好。

● 陈列和销售

为保持品质，一般装入聚乙烯袋或聚苯乙烯袋密封保存，采用产地包装陈列，上架前要仔细检查。

根据价格调整销售规格。在消费量增长的夏季，可以通过增加分量体现变化性。从活跃季节卖场气氛的角度出发，可以搭配销售津山椒、彩椒、甜椒等不同品种。

货架温度不宜过高，采用平台陈列时注意增加补货次数，加快商品周转。防止品质变劣是重点。

● 营养成分、烹调要点

青椒中胡萝卜素和维生素的含量丰富，还含有维生素B1、B2。可以防止夏季倦怠症。

用油烹调可提升口感，促进维生素A和胡萝卜素的吸收。去除青椒特有的味道，可以用豆面酱或油炒。

◎ 辣椒

辣椒中含有大量辣椒素，具有刺激食欲、促进血液循环、提升体温等功效。

◎ 小绿辣椒

辣椒中的甜味品种，因果实前端凹陷，形似狮子而得名。籽也可食用，营养价值高。

◎ 玉米

原产于美洲大陆，公元前开始种植。自哥伦布发现美洲新大陆后，在世界范围内迅速传播开来。玉米是夏季蔬菜的代表品种，6 ~ 9月为出产旺季。

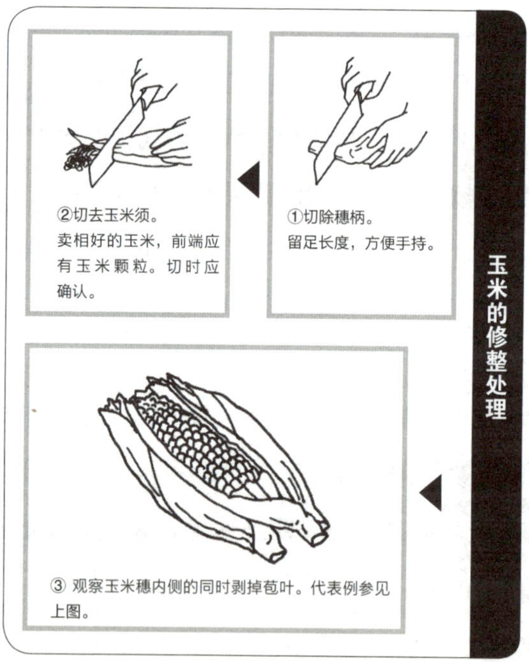

玉米的修整处理

①切除穗柄。
留足长度，方便手持。

②切去玉米须。
卖相好的玉米，前端应有玉米颗粒。切时应确认。

③ 观察玉米穗内侧的同时剥掉苞叶。代表例参见上图。

地下根茎类

土豆

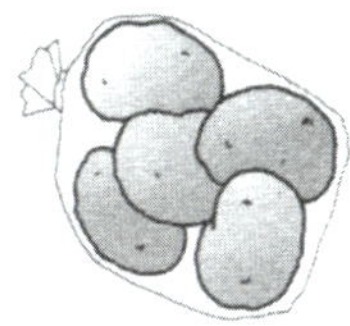

土豆原产于南美洲。日本于16世纪末由荷兰人从现在的雅加达带入，起初叫“雅加达薯”，后改名“马铃薯”。

土豆性喜冷凉，是喜欢低温的作物。块茎生长的适温是15~21℃。主产地北海道一般春播秋收，占日本总产量的80%。其次是秋播初夏收获的长崎、鹿儿岛等地。

● 品种

① 男爵：原产地北美。明治时期由函馆的川田竜吉男爵带到日本而得名。男爵土豆质白，口感好，是土豆的代表品种。

② 五月皇后：原产地英国，取欧洲五月节女王之意。该品种质黏，久煮不烂。

③ 农林一号：从高寒地带至温带被广泛种植的品种。质地紧密，呈黄白色。

④ 北极光：男爵和Tunika杂交培育的品种。维生素含量高，适合制作土豆沙拉。质地松软，呈黄色，口感好。

⑤其他：如红丸、Waseshiro、Toyoshiro、出岛、爱之赤……

● 陈列要点

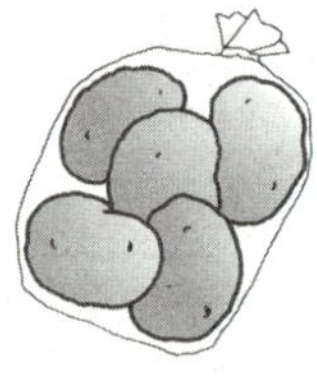

基本包装形态：装袋销售。出芽的个体（有芽眼、表皮发绿的部分含有毒的茄碱）应拣出。新收获的土豆皮薄易剥落，装袋时应特别注意。

置于常温地下根茎区，通风好，避免阳光直射的场所陈列。

● 营养成分、烹调要点

多用于制作土豆沙拉、土豆泥、黄油烧土豆、烤土豆、土豆咖喱、西式焖菜、清汤、汤料等。芽眼中所含的茄碱加热后无毒，但烹调时仍需注意。

主要成分是淀粉，热量是大米的一半，维生素 C 的含量与柑橘相同，还含有丰富的钙。

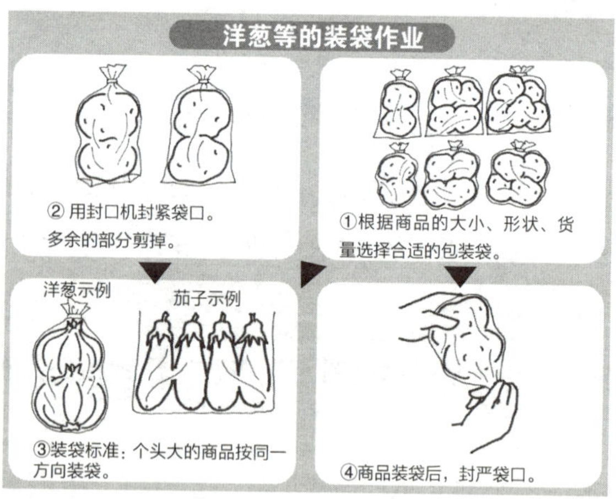

洋葱

原产地为中亚。日本从明治时期正式开始栽培。

春播秋收的北海道产黄玉洋葱，产量为全国最高，其次是秋播初夏收的佐贺、兵库、爱知等地。

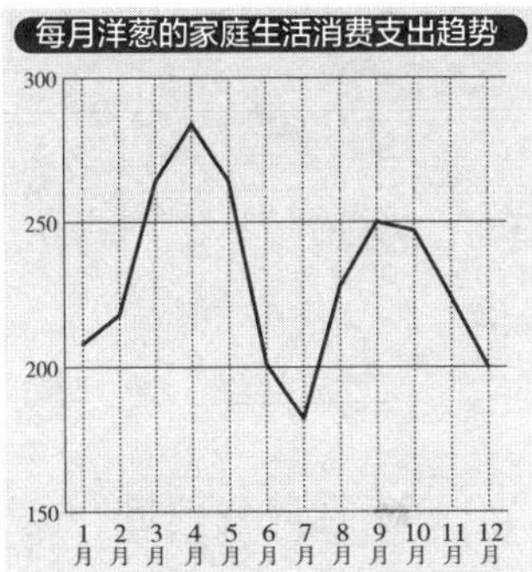

洋葱大致分为两种：一种是辛辣味强的黄玉洋葱，一种是糖度高的爱知甘玉洋葱（也叫白玉洋葱）。

白玉洋葱形状扁平，水分多，是欧美地区的主流品种。

洋葱的同类如小洋葱。这种洋葱水分多，刺激性小，属紫皮洋葱。

新收获的洋葱有休眠的特性，耐贮存，可以根据各个季节调整上市量。

● **新鲜程度判断**

早春→初夏之间收获的早产白玉洋葱的特点是表皮色泽白亮，略泛青色，包卷度紧密。黄皮洋葱的透明表皮中带茶色纹理，色泽鲜艳。球体包卷紧密，掂在手里有分量感，表皮干的为好。前端出芽的个体应拣出。

● **陈列和销售**

装袋销售。置于常温地下根茎区陈列，增加补货次数。

在湿度大、闷热环境下容易发生霉变，陈列场所注意通风，保持干燥，忌沾水。

定期清仓、处理不良库存。上新货时，应调查竞争店铺的售价，根据情况调整本店的价格。

● **营养成分、烹调要点**

维生素 C 和糖分含量高，含挥发性硫化丙烯，这种成分能促进维生素 B1 吸收，加快人体新陈代谢。

洋葱与猪肉等含维生素 B1 的食材一起烹调时，具有降低血黏度，改善食欲、缓解焦虑以及消除疲劳等功效。

◎ 芋头

日本大约在绳文中期从中国引进并进行了传播。芋头在日文中的写法是“里芋”（注：里是日本土地区划的单位，指村落、村庄，意思是在村庄里种植的作物，与山药——日文写法是“山芋”相对）。

中国产芋头在日本市场所占的份额较大，销售时注意区分中国产和日本产。获得消费者的支持很重要。从中国进口的芋头必须经过清洗才能入关，保存时间短，注意加快商品周转。

日本产芋头分带泥和半清洗两种，与从中国进口的芋头相比，品质新鲜是优势。芋头鲜度下降快，品质容易劣化，注意要经常检查。

近年来，种子岛产的安纳芋等糖度高的芋头品种受到消费者的广泛好评。这种芋头在生鲜状态下糖度仅为16，经过烹调后含糖量高达40。

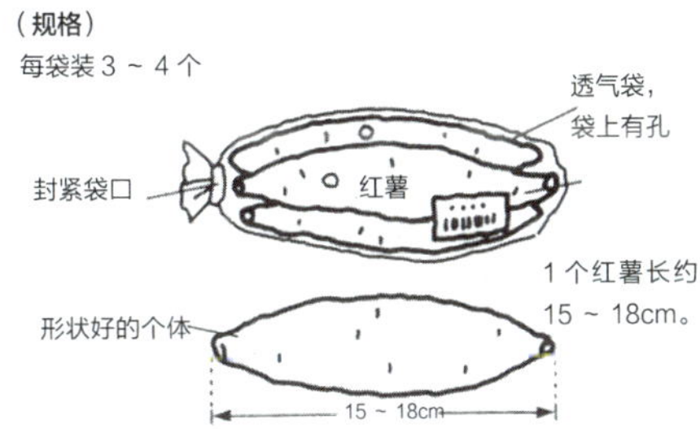

（销售方式）装袋销售、按同一规格销售

红薯的各种形状。

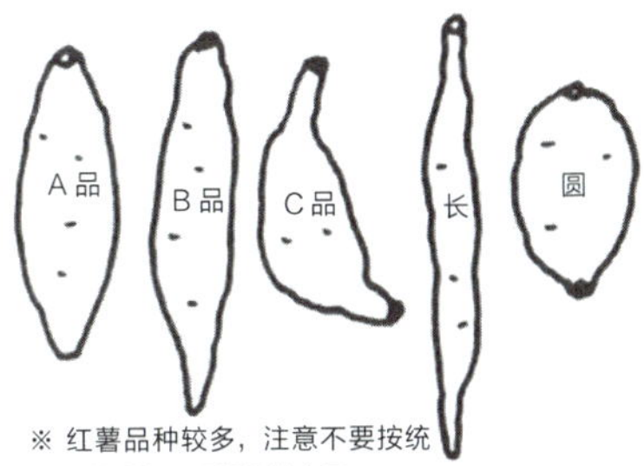

※ 红薯品种较多，注意不要按统一标准销售不同规格的商品。

◎ 红薯

红薯原为热带多年生植物，不耐低温，在日本等温带地带很难越冬，一般一年收获一次。

红薯的等级、规格标准较多，建议充分探讨销售规格和包装形式。产地不同，货品规格差异较大，必须仔细确认实物。

◎ 百合

百合属球根植物，包括鬼百合、小鬼百合、WADA百合、TATSUTA百合、山百合等品种。除了制作蒸蛋羹，还可用于制作多种中国料理。

◎ 山药

山药与马铃薯一样，日本从很早就开始种植。日本本土野生的叫薯蓣。薯蓣与种植的山药不同，在山野中自然生长。山药分为长芋、银杏芋、山芋、大和芋等品种。

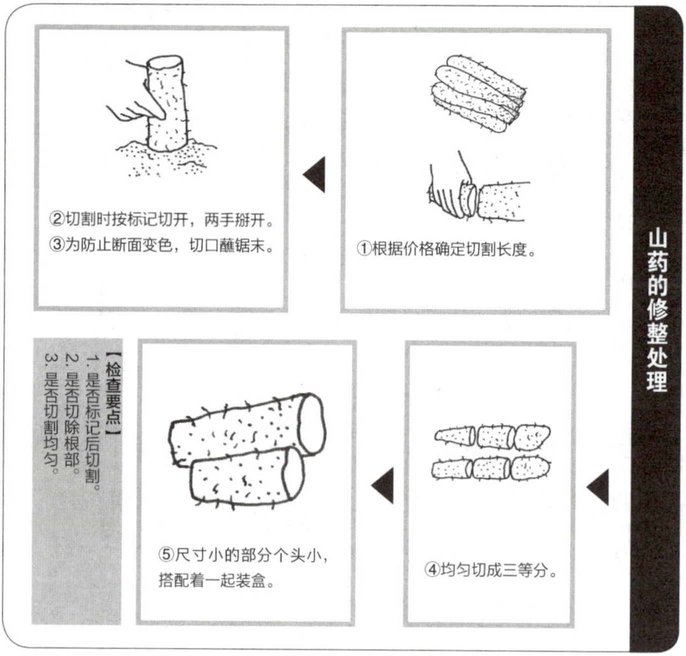

香菇

香菇是日本最具代表的菌菇品种，此外，还从中国大量进口生香菇。

在日本，香菇在栽培初期，用斧子将柞树原木伐倒，在树皮上剁上斧痕，等待香菇孢子在斧痕上萌发，自然繁殖后形成香菇。

进入昭和时代，农户使用楢木栽培香

菇成功。随着原木栽培香菇技法的发展，香菇的产量大幅提升，现在用菌床栽培法栽培香菇的农户逐年增加。香菇中含有甜味成分鸟苷—磷酸，此外，还含有降低胆固醇的香菇嘌呤。

舞茸

长期被誉为“梦幻之菇”。1970 年人工栽培成功，一年四季均有供应。主产地为新潟、秋田、群马等地。用途广泛，可用于制作汤菜、煮食、油炸、蘑菇饭等。

金针菇

天然金针菇与人工栽培的品种截然不同。自然状态下金针菇易生长在阔叶树的枯树干及树桩上。色泽呈黄白色或黄褐色。人工栽培可在黑暗环境中生长，形似白色豆芽。富含维生素 B1、B2、蛋白质和糖分。

平菇

栽培方法多为瓶栽菌床栽培。平菇呈伞状，欧美地区将形似贝壳类的平菇称为“蚝蘑”。

朴蕈

主要栽培方法为袋栽或瓶栽，仍有少部分采用原木栽培。一年四季均有供应。夏季上市量较少。

真姬菇

产量仅次于香菇和金针菇。又称“松茸真姬菇”，其甜味来源赖氨酸的含量丰富。

松茸

松茸具有独特的香气，是日本最具代表的菌菇品种。

杏鲍菇

在日本属于新的菌菇品种，现在一年四季均有供应。杏鲍菇中含有丰富的膳食纤维和矿物质。日本主产地为静冈、长野、秋田、爱知等。特点是香味独特、耐贮存。

双孢蘑菇

双孢蘑菇是欧美地区的主要蘑菇品种，分白色、褐色、乳白色等品种。

松茸的销售形态

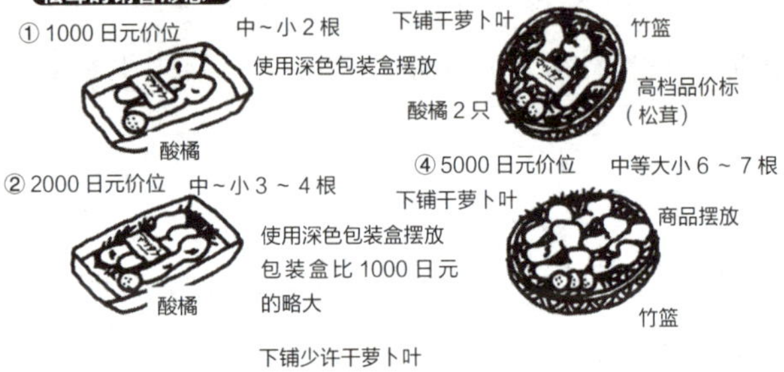

豆芽类

豆芽

豆芽不是植物名，得名于"萌芽"和"生长"之意。所谓萌芽，是指采用人工方法使植物长出幼芽。

大豆、绿豆、小豆、角豆均可用于生豆芽。其中，紫花苜蓿芽是豆芽中最小的一种。白萝卜、白菜、芜菁、油菜、菜心等趁未成熟采摘的幼苗与豆芽实质上是一样的。

所有蔬菜在种苗阶段均不含维生素 C，从种子到长出幼苗，维生素 C 的含量迅速增加，另外，豆芽中维生素 B1、B2、钙、铁等含量也很丰富。

豌豆角

原产地为中亚、中近东。

豌豆角是豆角家族中口感最柔软的品种，其果实在未成熟阶段即可采摘上市。豌豆角的代表品种有荷兰豆、大豌豆、甜豆等。青豆也是豌豆角的一种。

● 新鲜程度判断

豆荚色泽鲜艳翠绿，有弹性。荚皮薄，荚果形状不突出，中间荚果小的为好。

● 陈列和销售

绿色小型蔬菜，装袋包装可增加新鲜感，使商品直观可见。盒装更上档次，但费时费力。

扁豆

原产于中美洲，16 世纪传入欧洲。也有观点认为扁豆由隐元禅师从中国带到日本。种植方法有室内和露地栽培等方式，一年四季均有供应，每年 5 ～ 8 月为出产旺季。

蚕豆

蚕豆原产于北非。在豆类中的栽培历史最为古老。

4 ～ 6 月为出产旺季，5 月迎来上市高峰。鹿儿岛增产蚕豆一般在 1 ～ 4 月上市，上市时间因此延长。

毛豆

毛豆是趁大豆泛青时采摘的新鲜连荚黄豆，专门鲜食嫩荚。是夏季蔬菜的代表品种。日本自江户时代起食用毛豆。大豆的种类多达 200 余种，如山形庄内产的 Dadacha 豆、会津产的五叶豆、新潟产的茶豆等，日本各地均有地方特产的毛豆品种。

毛豆的商品化过程

※ 带茎叶的保鲜时间长

毛豆中富含铁、磷、维生素 A、B_1、C 等营养成分。

装饰品蔬菜 / 其他

冬瓜

原产地亚热带。

个头大的冬瓜可长至 20kg。日本市场上的冬瓜一般在 2 ~ 3kg 左右。果肉厚，含水量可达 96%。

青紫苏叶

日本自古以来作为香辛料种植的古老蔬菜品种。青紫苏叶中含有一种特殊的香味成分，叫紫苏醛。除了用于蔬菜装饰，还有很多用途。

紫苏

紫苏中除了大叶（青紫苏叶）以外，还有用来腌梅干和为红姜着色的红紫苏。紫苏的叶片及穗、花穗、嫩芽均可食用。

水芹

明治初年从欧洲传入，逐渐适应日本水土。水芹一般在水田种植，用流动水浇灌就能生根。

萝卜缨

萝卜缨指萝卜种子萌发生成的幼苗，长至 10cm 左右即成为商品蔬菜。千叶产的“二叶”因形似裂开的贝壳，又名“贝壳菜”。

香葱

在日本被称为生食藠头，原指法式料理中使用的一种外形似毛葱、中间分瓣的品种。

山葥菜

日本特产的半阴性多年生水生植物，辛辣成分来自烯丙基芥子油。研磨时，在酶的作用下产生特殊的香气。主产地是静冈、长野。

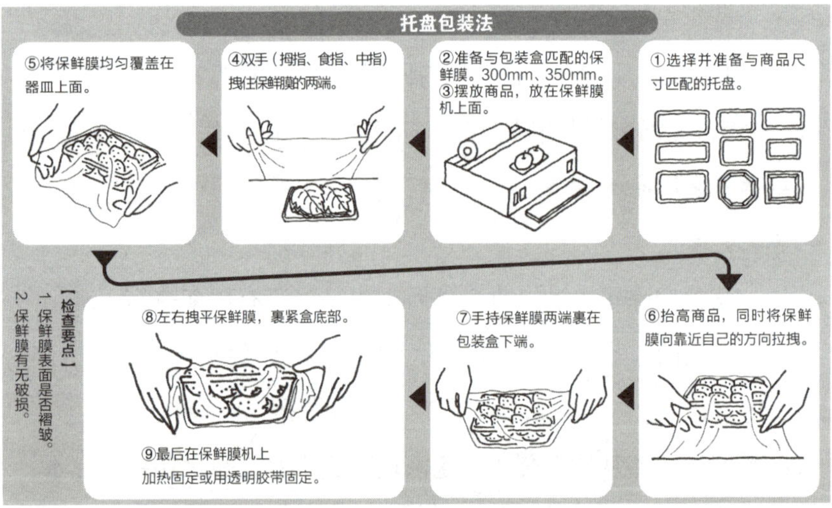

生姜

从本州到冲绳，各地野外均有生长。门店出售的生姜多为人工栽培品种。花穗可食，是初夏的时令蔬菜。

菊 / 食用菊

菊性喜冷凉，产地为日本东北、新潟等地。食用菊分两种，一种花朵可食，一种做装饰蔬菜用。

慈姑

京都产野生蔬菜之一。奈良时代从中国传入日本，因球茎上部生幼芽，有“可喜、幸运”之意，是制作正月料理的必备食材。

卷心菜芽

也叫“子卷心菜”。主茎的腋芽不发育成枝条，而是形成卷心菜状的小叶球，含有丰富的维生素 C，口感浓厚。

芽菜

蔬菜的新芽、嫩芽统称“芽菜”。

野菜

款冬花茎

款冬花的花芽叫“款冬花茎”，是春季代表性的野菜之一，具有独特的香气。款冬花茎中富含胡萝卜素、维生素 B1、B2 等营养成分。

薇菜

日本各地均可采集。在原野、山麓等潮湿环境中生长，属于蕨类植物。现在市场上的薇菜不是用于生食，大多都经过去涩或水煮处理。

蕨菜

蕨菜在世界各地均有分布，对环境要求不严，主要在日光充足的草地、疏林、采伐前的山地等环境下生长。土壤条件适宜时，蕨菜可群生。

楤木芽

北起北海道，南至冲绳，山地生落叶低木。有“早春时令野菜之王”的美誉，近年来上市的人工栽培品种较多。

荚果蕨芽

在九州以北的林中或沼泽地生长，春季阳光照射后发芽。嫩芽可食，在蕨类中味道最为鲜美。

笔头菜

早春萌发，属于蕨类植物。九州以北随处可见。可用于水焯、凉拌菠菜、拌菜、汤料、海味烹等。

根曲竹

千岛箬竹的代表品种。在北海道指“根曲竹”。阔叶树，沼泽群生，根部弯曲，形似被积雪所压而得名。

莼菜

在30cm深澄清的池沼中自然生长。现已在旱田地块上成功栽植。《古事记》《万叶集》中均有记载。

玉簪花嫩芽

在日本，玉簪花芽特指各种玉簪花中大叶玉簪花的嫩芽。花叶绽开前的嫩芽可食用。

牛尾菜

北起北海道，南至冲绳，在自然界中广泛分布。嫩芽可食用。

形状和口感与芦笋接近。有“野菜女王”之称。

鸡儿肠

《万叶集》中对其有“Uhagi”的叫法。在日本各地广泛分布。春季采摘嫩芽，用于制作凉拌菠菜、拌菜、天妇罗等。

山蒜

在日本各地广泛分布，自古以来日本民间就有食用山蒜的习俗。是大葱中分葱的同类。分瓣后形成鳞茎生长。

树芽

在各地山野等野生环境下生长。作为日式料理中的香料之一，胡椒木的籽粒用途很多。嫩芽还可制作天妇罗、清汤、拌菜等。

赤车使者

别名“伞花楼梯草”。在日文中，“赤车使者”的发音容易与京野菜中的野油菜（十字花科蔬菜）混淆。在日本各地溪流沿岸广泛分布，嫩茎可食。

钠沙蓬

在日本各地的海岸沙地中广泛生长，在远离日本海的山形市和米泽市等周边地区经人工培育成功。富含维生素、胡萝卜素等营养成分。

春之七草

水芹、荠菜（十字花科，别名 PenPen 草）、鼠曲草（菊科植物，别名母子草）、繁缕（石竹科）、稻槎菜（菊科）、蔓菁（写作铃菜，芜菁的古名）、萝蔔（渍白，萝卜的古名），这七种植物统称“春之七草”。

菊苣

原产地欧洲。英语是“Endive”。经软化栽培后（避免日光照射）收获芽球。日本本土也有少量生产，主要依靠进口，一年四季均有供应。

苦苣

原产于地中海沿岸，叶缘有缺口的品种叫“Chicory”，无缺口的品种叫“Scarole”。两种均可制作蔬菜沙拉。

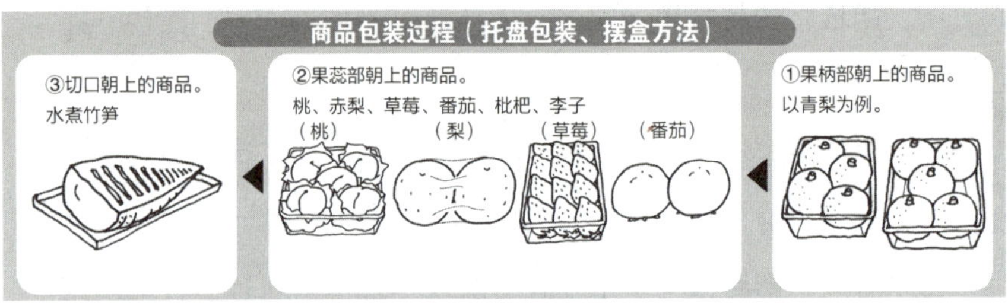

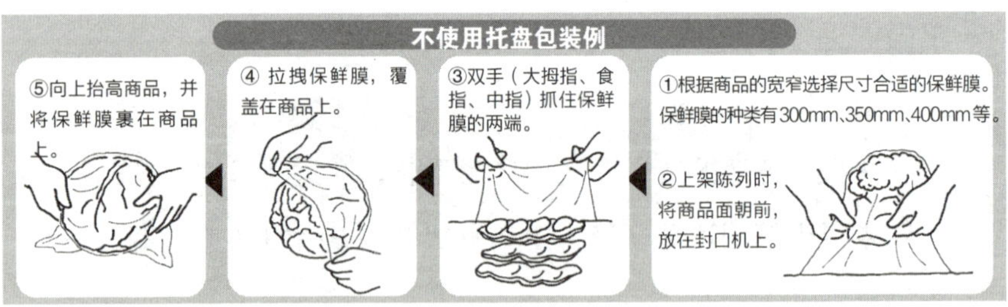

芝麻菜

原产于地中海沿岸。别名 Rocket 沙拉，日本名叫黄花萝蔔。主产地千叶县，一年四季均有供应，富含维生素 C 和 E。

波叶大黄

原产地西伯利亚南部。公元前已在地中海沿岸有栽培，近缘品种如中药“大黄”。带红色的叶柄部分可食用。

洋蓟

原产地中海沿岸，别名朝鲜蓟。除了插花，朝鲜蓟花苞未开阶段可食用。

灯笼椒

青椒、红辣椒等辣椒类植物。颜色各异，分红色、黄色、橙色、绿色、白色、紫色、褐色、黑色八种颜色，多用于料理点缀。

西葫芦

原产地墨西哥、美国南部。与南瓜不同，嫩时采摘，成熟后果实可长至50cm，一般在20cm左右时采摘。

辣根

原产于欧洲东南部，北海道也称“山芥末”，日本各地均有分布。通常用于制作芥末粉或管装芥末。

苦瓜

冲绳地区叫“Goya”。苦瓜原产于亚热带，是一种日常食用的瓜类蔬菜。夏季为上市旺季，近年来随着冲绳地区吃苦瓜潮的兴起，现在一年四季均有供应。

豆苗

豌豆的幼苗。主要使用绢豌豆、甜豌豆。主产地为静冈、东京、茨城。

黄麻

原产埃及，是近年来上市的一种新的蔬菜品种。切碎后叶子上会有黏滑的汁液流出。除了含有胡萝卜素、维生素 B，矿物质和钙含量也很丰富。

香草

罗勒

因意大利罗勒而广为人知。罗勒是芳香植物的代表品种之一，有紫苏科的甜罗勒、柠檬罗勒等 40 余种。

薄荷

与日本北见薄荷同种。薄荷种类繁多，留兰、胡椒薄荷为代表品种。

鼠尾草

与一串红同属，具有去除肉食腥味的作用。最具代表性的使用方法是加盐制作的鼠尾草香肠。

龙蒿

大致分为法国龙蒿和俄罗斯龙蒿两种。新鲜香草主要是法国龙蒿，法式料理中经常用来制作煎蛋卷。

百里香

原产地南欧，芳香植物的代表品种。香味浓郁，具有杀菌和防腐的功效，种类多达 100 余种。

迷迭香

主要用于去除肉食的腥味，香味浓郁，使用时需要注意。迷迭香除了食用，还可以制作香料。

莳萝

历史悠久，在美索不达米亚等地通常被作为调料使用。在鱼类料理中可以直接使用，种子可以用来制作点心等。

香蜂草

在欧洲，自古以来一直作为药和香料被使用，在花草茶、蔬菜沙拉、煎蛋卷等中可以代替柠檬。

西芹

小叶芹品种，在意大利是芹菜的主流品种，主要成分芹菜脑具有刺激食欲的作用。

怀香

原产于地中海沿岸，多年生草本植物。茎、根、种子均可使用，是中药茴香的同类。叶炳部呈洋葱状的肥大部可食。

琉璃苣

原产地叙利亚。也叫琉璃苣。嫩叶可以制作蔬菜沙拉或炒食，花朵用糖腌渍后可用于甜点装饰。

洋甘菊

意大利民间用于治疗感冒，具有安神、发汗等功效。分为德国洋甘菊、罗马洋甘菊两种。

牛膝草

原产于地中海沿岸的阿拉伯国家，气味与迷迭香接近，分甜香和微苦香，包括甜牛膝草、奥勒冈等种类。

牛至

叶片干燥后做调味料使用，新鲜叶片可以制作蔬菜沙拉，适合与番茄搭配。与牛膝草相似，香味比较刺激。

香菜

未成熟的种子和叶茎有特殊的刺激气味，成熟后的种子甘甜适口。是制作印度菜肴素咖喱的必备香辛料。

月桂树叶

月桂树的叶子。又叫香桂叶。通常用于咖喱、炖食等炖煮菜肴以及腌泡汁。除了干燥叶片，嫩叶也可使用。

葛缕子

成熟的葛缕子种子可做调味料使用。是制作德国泡菜、荷兰莳萝利口酒的必备香料。

水果

苹果（产期 10 ~ 11 月）

二战后，日本成功培育出大量本土品种。10 月为出产旺季，现在一年四季均有供应。

从 8 月收获的早生种到 12 月收获的晚熟种，过去，经过贮藏的苹果最长只能保存至次年 3 月左右，春季到夏季市场上鲜见销售。近年来，随着（空气调节）贮存技术的提高，已实现长期贮藏。

● 新鲜程度判断

果柄粗大，略泛绿。果肉紧实，颜色均匀的为好。用手敲击，声音沉钝。果皮油亮的口感大多不好。建议减少库存，增加周转。

● 陈列和销售

苹果的首轮销售高峰为 10 ~ 11 月，第二个销售高峰是 2 ~ 4 月。苹果的品种、等级、尺寸分类较多，要想利用有限的卖场空间陈列，必须提前选定品种。

选择促销品种、平台展示是重点。主要品种如津轻苹果（9 月上旬 ~ 10 月下旬）、陆奥（9 月 ~ 1 月）、Jona Gold（10 月下旬 ~ 11 月中旬）、富士（11 月下旬 ~ 2 月）、青森产贮存富士（3

月 ~ 8 月）等。

另外，店内张贴 POP 宣传海报介绍相关商品知识，同时提前做好市调工作。主打品种可推出散装、2 ~ 3 个装、超值装等，品种数（SKU）必须保证在三种以上。

散装销售时，应严格挑选品质相同的商品，防止损耗。品质低的商品不宜散装销售，可装袋或以超值装出售，同时防止损耗发生。

出产旺季，产地市场随处可见成箱出售的个人选果商品。做促销活动时，可以直接采用产地包装。

上市季节，可做糖度标识或推出免费试吃品尝活动。

苹果的果芯容易发生褐变，注意产地选择。

外观不易判别口感是否变差，建议加强日期管理。

严格遵守销售许可日（D+14）（注：D 指“天”，D+14 的意思是保质期 +14 天，过期必须做废弃处理），为消费者提供口感有保证的苹果。对于不耐保存的成熟苹果，进货后立刻登记，争取在 4 ~ 5 天内卖完。

● 品种

日本本土苹果的种类很多，在国光、红玉等品种的基础上培育出很多新品种。其中，以早熟品种（津轻苹果）和晚熟品种（富士苹果）的销售构成比最高。

11 月，津轻苹果过季，富士苹果成为主力，之后与中熟品种一起销售。

草莓（产期1～4月）

12～2月之间是卖场水果区的主打品种，在此期间，草莓的口感逐渐发生变化。

● 新鲜程度判断

蒂头鲜红均匀，有光泽，叶片鲜绿、表面光亮的为好。

草莓容易腐烂受损，处理时须特别注意。建议考虑陈列及库存品品质劣化等问题，及时降价处理。

● 陈列和销售

过去，草莓的收获季节一般在2～4月。12～2月期间的销售构成比最高，一般从11月下旬开始，上市的品种最多。

圣诞节、年末商战前做好销售，盈利是重点。

草莓市场的行情波动较大，增加品种容易发生损耗，此外还应考虑品种选择等问题，所以，加强利润管理很重要。为延长草莓的销售时间，建议在卖场入口正面的平台设置草莓专卖区，货架采用悬空设计。

采用品种和尺寸搭配组合，品种数（SKU）保证在5～7种。

以各地主打品种为中心，与“丰之香”（草莓品种）进行比较，高级品2L～L，3L～A，注意强调价格。M号等规格的盒装草莓另设陈列区。

卖场布置采用入口正面平台展示，同时准备好装饰道具，宣告草莓季的到来。

按女儿节人偶摆台，采用倾斜平台陈列时，按盒装草莓规格摆放，摆放时为防止商品掉落，货架采用悬空设计。注意平台表面装饰。

一般商品在外包装上附产地标识。采用产地包装销售时，为突出产地宣传，可以在其中一些优质品的外包装上贴本店店标。大批量销售时，一般按 4 盒装 / 箱或 2 盒装 / 箱为单位销售。

部门利润管理应掌握具体损耗情况，可利用 POS 机备份的降价处理数据。在管理单上及时记录特价处理、废弃损耗等数据。另外，制作工作表专门记录草莓的日销售额、订货额、日结余、累计额等，每天结余并核对。

制作中心卖场日管理资料，逐项记录年度比、日降价额、废弃额、销售构成比等数据。另外，关注天气变化及每日市场动态等信息。

● 品种

◎丰之香

肉质柔软，汁多，甘甜少酸，口感好的人气品种。缺点是不耐存放，不适合做业务推广。静冈、佐贺、长崎为主产地。

◎女峰

甜中带酸，鲜食口感略次于丰之香。优点是果型大，外形好看，耐存放，适合做业务推广。枥木、静冈、爱知、埼玉、茨城为主产地。

◎爱之莓

果肉清甜，口感香的大粒品种。主产地爱知。

◎栃木乙女

口感好、产量高的大粒品种。主产地栃木，产量逐年增加。

◎秋姬

味甜少酸的大粒品种。

柑橘（产期 12 ~ 2 月）（温州蜜柑）（HOUSE 柑橘）

在日本，提到柑橘通常指温州蜜柑。出产季节以外一般在室内种植，这种柑橘被称为“HOUSE 柑橘”。柑橘在所有水果中年销售量居首。

柑橘树的树龄通常在 30 年左右，超过 30 年的果树结的果实口感变差，所以，树龄短的柑橘产地市场前景看好。门店应及时进行品牌调整和开发新产地。尤其在选择正规产地时，建议考虑口感、价格等因素。此外，还有一些老产地重新栽种新果树，收获的果实口感转好的情况。

为确保长期销售，保证商品的稳定口感是第一。因为只要买到一次口感不好的水果，就会彻底失去消费者的信任。

为避免上述情况发生，建议采用免费试吃品尝、标识糖度、产地标识等方式，最好选择和销售糖度 >11、柠檬酸 <0.9%、口感好的品种。

● 新鲜程度判断

品质好的柑橘，果梗泛青，色泽鲜艳，果蒂细，果体扁平，果面鲜红，清洁光亮（细腻如凝脂状）。

柑橘中含有丰富的维生素 C，每 100g 果肉中大约含 35g 维生素 C。一个健康成人每天大约需要摄入 50g 维生素 C，也就是说，1.5 个 M 号柑橘即可满足一天所需。建议各门店通过张贴店内 POP 进行宣传。

● 陈列和销售

主力品种一般在 10 ~ 1 月期间上市，原则上采用平台陈列，柑橘销售区不易营造变化，注意做好卖场装饰。

增加品种数，推出特惠装或招牌商品，以周为单位定期调整卖场格局。来自新产地的商品和超值品可推出免费试吃活动。让消费者在了解的基础上购买。

进入 12 月，在支出金额和销售构成比上，柑橘均居水果中的首位。如果结合年度环境（市场行情、果实口感等）做好销售工作，对增加部门销售额贡献很大。为争取盈利和销售构成比最大化，增加品种是关键。可根据客流、车流情况灵活调整优惠幅度和比例。

柑橘陈列区应占蔬果区面积的 20%，平台陈列 8 ~ 12 尺，常规商品区 6 ~ 9 尺，确保品种数和充足的陈列空间。

年初以晚熟的青岛种为主，销售额构成比开始下滑，进入后销售期。年末前以网袋销售为主，年初的青岛种品相较差，建议改为袋装销售。分量以1kg为单位，品种数保证在2 ~ 3种。柑橘的毛利较高，恰好可以补充草莓利润低的问题。陈列场所一般选择正面平台草莓卖区的背面，空间6 ~ 8尺。

年初可以和伊予柑搭配陈列，同时确保卖场空间。

进口温室柑橘一般在5月左右上市。

其他柑橘类

◎巴伦西亚橘

美国产巴伦西亚橘约占日本柑橘市场进口量的80%，主产地加利福尼亚州、佛罗里达州。6 ~ 10月为出产旺季。巴伦西亚橘得名于西班牙地名“巴伦西亚”，具体来历不明。

与脐橙相比，巴伦西亚橘果汁多，口感清淡。

按大号/个散装或6 ~ 8个特惠装为单位销售。特惠装可建议制作早餐新鲜水果榨汁，卖场同时摆放榨汁机等关联商品，并提供免费试吃。

● 新鲜程度判断

果形周正，果体色泽均匀。用手掂量，有分量感的说明水分足，成熟度好。新鲜果实果蒂小、呈青色。夏季易腐烂，注意果柄是否枯萎，发现后及时降价处理或下架。

◎脐橙

脐橙的英文“Navel”直译为“肚脐”，如字面意义所示，因脐橙长花的位置形似人的肚脐而得名。主产地美国加利福尼亚州，11 月上旬 ~ 4 月中旬进口，3 月下旬是出产旺季。与巴伦西亚橘相比，脐橙果肉柔软、甘甜。

◎西柚

主产地为佛罗里达州（秋 ~ 春）、加利福尼亚州（春 ~ 秋）两州。美国产西柚青黄不接时（8 ~ 10 月），可以从南非、以色列等国进口。

品种分白肉（White）和红肉（Star ruby）两种，外观上很难分辨，建议切开样品陈列展示。

西柚一年四季均有销售，但遇低温会变苦。应季西柚的糖度高、水分足。佛罗里达产西柚上市旺季，可推出免费试吃。

● **新鲜程度判断**

果柄无异常，果体有弹性，光泽度好。用手掂量，有分量感的说明水分充足、口感好。

果体有疤痕的对果肉没有影响，但不受顾客欢迎。可以与伤果一起挑出来作为试吃品或切开陈列。

◎柠檬

受果汁进口量增长以及日本产柠檬流通的影响，柠檬的进口量呈下滑趋势。目前日本市场上的柠檬大多从美国进口，主产地为加利福尼亚州和亚利桑那州。柠檬秋季→冬季收获，保存方式为冷藏，一年四季均有供应，但果实新鲜度会下降。随着消费者对果蔬类商品低农药、无蜡处理等健康意识的增强以及柠檬皮可利用等观点的影响，国产柠檬的流通量不断增加。因此，销售柠檬时，建议围绕柠檬皮可利用等进行宣传。

柠檬不是"量贩品"，但在水果销售中不可或缺。

● **新鲜程度判断**

进口柠檬一般经过打蜡处理，从外观上很难判别果肉鲜度是否下降。因此，发现果体色泽变浅或果柄枯萎，应立即撤架。

国产柠檬应趁新鲜绿色时进行降价促销，变黄后很难与进口柠檬区别。

◎白金柚

在美国，白金柚（Oroblanco）是文旦柚与西柚杂交后培育的新品种。与西柚相比少酸甘甜。主产地为加利福尼亚州。

从以色列进口的白金柚果体呈绿色，属于同一品种。散装销售时最好与橙子、西柚摆在一起，色彩呈对比。

加利福尼亚产白金柚的上市季节是 10 ~ 2 月，以色列产白金柚的上市季节是 11 ~ 2 月。销售时可以提供免费试吃，宣传时注意与西柚在口感上的区别。另外，可以在店内张贴食用方法推荐（如不切开，剥皮吃）POP。

◎伊予柑

从"伊予柑"的名字可知，这种柑橘的主产地是日本爱媛县，是温州蜜柑和橙子偶然杂交后培育的新品种。12 ~ 4 月为出产旺季。2 月进入上市高峰。伊予柑理想的月销售额构成比为 12% ~ 15%。

大号商品散装销售的销量最好。2L/ 个售价一般低于 100 日元，出产旺季应确保卖场空间。

◎八朔、甘夏

八朔的上市时间为 2 ~ 4 月，3 月进入上市高峰。甘夏的上市时间是 3 ~ 5 月，4 月进入上市高峰。受西柚等进口柑橘以及皮厚难剥等因素影响，这两种柑橘的产量和上市量均呈减少趋势。

可长期贮存。散装销售时果体易干燥、品质变劣，建议包装后销售。

◎芦柑

主产地为爱媛、熊本、鹿儿岛。上市季节 12 ~ 3 月，1 ~ 2 月进入上市高峰。与夏季柑橘相同，干燥环境下果实品质会下降。

◎文旦

高知产土佐文旦、熊本产晚白柚、鹿儿岛产阿久根文旦等品种，属于大型柑橘类。其中，晚白柚的个头一般在 2kg 左右。总体来说，柚子以个大著称，适合作为馈赠礼品。

◎金橘

一种中国产小型柑橘，可带皮食用。日本主产地为宫崎、鹿儿岛。11 ~ 4 月上市，1 月进入上市高峰。随着“成熟金橘”

等高品质以及“治疗感冒”等营养价值和知名度的提高，近年来上市量逐步增加，一般为盒装或袋装订购。金橘多带皮食用，应加强检查。

◎酸味柑橘（柚子、酸橘、臭橙）

主产地：柚子为高知、德岛。酸橘为德岛。臭橙为大分。

上市时间：柚子11～1月。酸橘、臭橙一年四季均有供应，9～10月均进入上市高峰。酸味柑橘是松茸、秋刀鱼的绝好的搭配食材，市场需求正在不断增长。可以通过摆放关联商品和推荐食谱等加大促销力度。

香蕉

日本市场上的香蕉大多从菲律宾进口，菲律宾、厄瓜多尔、台湾三地进口的香蕉占日本市场总份额的99%。近年来，又有一些品种和口感不同的新品种上市。

生食的香蕉品种：菲律宾产 Giant Cavendish；台湾产北蕉；果皮橙色、口感香甜的 Morade；长约 7cm，口感甜滑的 Senorita……烹饪用香蕉：Cooking Banana、Fei Banana 等品种。

日本植物防疫法明文规定禁止进口成熟的黄色香蕉，所以，进口香蕉通常是未成熟的绿色香蕉，需要经过“催熟”处理才能作为商品出售。催熟是指通过乙烯气体和温度管理，等待果皮变黄，果肉柔软，提高糖度的处理技术。

● **新鲜程度判断**

香蕉变黄销售时，保质期一般只有 2 ~ 3 天，最好根据销售计划尽快售完。另外，可以通过观察香蕉柄的变化掌握香蕉的成熟度。香蕉表皮变黄时，蕉柄变软或容易脱落。蕉柄硬、不易脱落的说明还未成熟。

● **陈列和销售**

出游季 4 ~ 5 月，香蕉的销售构成比最高。冬季销售份额一般在 10% 左右。在蔬果销售利润中的份额相对稳定。建议根据产地、品种、口感等保证品种数 3 ~ 5 种左右，菲律宾产的普通香蕉；Honey、Mild 完熟香蕉；Senorita、Morade、无农药香蕉等基础品种可以按 100g/ 单位销售。还可以按 100 日元 /150 日元均一价销售。确保 6 ~ 8 尺卖场陈列空间，为方便顾客购买，建议设置固定销售区。一般来说，品种数 >5 时，在水果中的销售构成比可达 12% ~ 15%。

葡萄（产期 8 ~ 10 月）

日本本土葡萄品种中，以长野、山梨两地的产量最高。其中，巨峰汁多甘甜，Delaware 是无籽葡萄的代表品种。Alexandria 每公斤售价高达 1500 日元，其普及版是 Neo Muscat。此外，还有生食、酿酒用 Muscat 以及 BaileyA 等品种。晚熟种有甲斐路等。日本葡萄素来新旧品种更迭快。1993 年以前 Delaware 的销量最高，1994 年以后巨峰稳居第一。

● **陈列和销售**

本土葡萄中，Delaware 最早上市，9 月巨峰进入上市高峰，BaileyA 宣告葡萄季结束。巨峰属于大粒种，每串约 350g 左右，注意选择品质差异小的产地。原则上论串儿出售。按 ×× 日元 / 千克销售时，仅限品种多、上市高峰或打价格牌时。

Delaware 从设施栽培向露地栽培转换期间，可能掺杂地收获一些酸度高、口感欠佳的果实，这一点需要特别注意。另外，品种构成比低的 Neo Muscat 新上市时价格较高，适合用于礼品馈赠，注意卖场的色彩配搭。

西瓜（产期 5 ~ 8 月）

随着消费者对水果品种需求的多样化，西瓜的消费呈下降趋势。日本本土西瓜一年四季均有供应，5 ~ 8 月为出产旺季。4 ~ 5 月熊本产西瓜上市；6 ~ 7 月千叶、茨城、鸟取产西瓜上市；7 ~ 8 月山形、秋田产西瓜上市，各西瓜产地之间上演收获季接力赛。此外，群马、茨城还是小西瓜的主产地，4 ~ 5 月为上市高峰。

● **新鲜程度判断**

西瓜的理想储存温度为 8 ~ 10℃，低于该温度容易发生寒害。瓜体表面光泽度好，瓜蔓无裂口是判断西瓜新鲜度的要点。用手指轻轻弹拍，发出“咚咚”的清脆声，瓜子黑亮的为首选。

● 陈列和销售

切割西瓜一般分成1/2、1/3、1/4、1/8、牙、块等规格。在日本，切割水果的优点是售价和规格多样化。

论个销售时应考虑价格因素，一般以M号（中号）西瓜为主。切割品可灵活调整价格，一般选择2L、3L号西瓜进行切割销售，建议使用等级最好的商品。坚持为顾客提供色泽、形状、口感无可挑剔的西瓜，选购切割品的顾客就会越来越多。

切割西瓜一般在店内加工，加工品的包装盒表面须标注加工日期、加工时间、保质期等内容。保质期必须严格遵守D0标准（D指day，D0的意思是保质期为当天，过期必须做废弃处理）。卖场内标注D0的商品原则上必须当天售完，第二天就过期了。此外，加工过程中必须切实做好卫生管理工作，菜刀、案板、抹布等切割水果的工具须单独放置。

切割西瓜时，注意瓜瓤边缘不要切得太深，用保鲜膜包裹时，注意保鲜膜无破损。

陈列区布置：论个出售时另设专卖区，展示区摆放30～50个左右，确保卖场空间。单日计划销售10～20个时，卖场陈列量一般为计划量的三倍。

卖场品种数：M、S号西瓜/个售价为980日元；L号西瓜/个售价为1500日元；2L级西瓜/个售价为2000日元。

论个销售时，一个L号西瓜（1000日元）切开后一般很快就会售完，根据市场行情将卖场温度调节在24 ~ 25 ℃之间，同时扩大单品区陈列空间。

蜜瓜（产期5 ~ 7月）

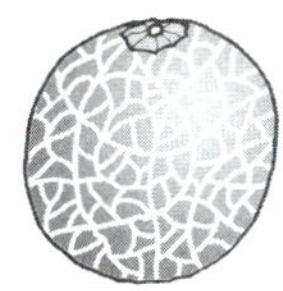

蜜瓜大致可分为大型网纹和无网纹两种。大型网纹蜜瓜如Andes、Amusu、昆西、Earl's等。无网纹蜜瓜如Home Run、王子、木瓜、Kinsyo等。其中，Musk是最高级的蜜瓜品种。

● 新鲜程度判断

Andes有香味时口感最好，否则就是过度成熟的。Earl's的最佳保存条件为4 ~ 7℃，湿度80% ~ 90%。挑选时，果体色泽、外形均匀，网纹细，瓜蒂粗的为好。

● 陈列和销售

5 ~ 7月是蜜瓜的上市旺季。为保证品种、等级、大小，应提前确定销售顺序。卖场陈列以大号蜜瓜为主，挑选果形好的商品一字摆开。

销售构成比：Andes占50%，昆西占20%，Home Run、王子、Amusu等分配25%，剩余比例：木瓜、Kinsyo占5%。卖场陈列品种中，Andes——特大号3L、大2L、中L等，论个或按2、3个/装销售。采用产地包装，突出商品的地方特色。推荐品以特大号、单品销售为主。

中小型蜜瓜可推出 1 个装，2、3 个 / 装，超值装等规格。

为顾客提供口感好的商品是第一。销售（糖度在 15 度左右）高糖度品种，考虑口感因素。趁果肉柔软适口时售出，同时加强鲜度管理。果肉过熟不宜再卖。定期降价促销，避免损耗发生。对于未售出的商品，可打出“现在购买，时机最佳”等宣传广告，推出超值装或切开卖。进行降价处理时，应在外包装盒上贴“× × 折”标签，争取当场清仓。

梨（产期 7 ~ 8 月）

日本市场上的梨品种主要有幸水梨和丰水梨两种。这两种梨约占 70% 的市场份额。近年来，丰水梨的销售处于上升势头。

● 陈列和销售

以主打品种为例，品种切换按幸水梨→丰水梨的顺序进行。8 月上旬九州产幸水梨有销路。9 月上旬之前，幸水梨一直维持主场地位。从 9 月中旬开始，丰水梨陆续上市。8 月下旬 ~ 9 月中旬进入销售高峰，期间，幸水梨、丰水梨的销售额可达 20%。

幸水梨应梗蒂（谢花的部分，也叫果蕊）朝上摆放。该品种皮薄，易发生碰磕，建议在货架上盖一层薄膜。由于从外观上很难判断梨是否过熟劣化，注意库存周转。新上市的九州产幸水梨价格较贵，建议试销。

丰水梨同样梗蒂朝上摆放。在特大号丰水梨上盖一层薄膜。个头大的装袋陈列。另外，准备4个装或6个装手提袋等规格。9月过后举办“梨节”促销活动时，可以将丰水梨、20世纪梨、新高梨、洋梨等不同品种摆在一起，采用平台陈列。

20世纪梨宜果梗朝上摆放。幸水梨退市，丰水梨取代上市时，西日本地区仍有20世纪梨在售。因此，可以将丰水梨和20世纪梨并列摆放，此外，增加西洋梨及地方品种，设置梨专区。

幸水梨和丰水梨两大主打品种应加强商品软化管理。可以张贴店内POP介绍商品的软化程度，指导消费者要在购入2 ~ 3天内食用。

菠萝

菠萝在进口水果中占核心位置。其中，从菲律宾进口的菠萝占整体的98%，其次从中国等地进口，日本产菠萝仅占很小的一部分，而且仅在冲绳地区流通。

进口菠萝多为无刺卡因种，特点是甘甜、水分多。每100g果肉中含有27mg维生素C。另外，酸味成分中，柠檬酸占80%，这种成分具有恢复疲劳的功效。

● 新鲜程度判断

果芯细小、果肉柔软的菠萝为优质品。

果实光泽度关系不大，果目之间浅而小的成熟度好，过熟后果肉变软。适合成熟菠萝的存放温度为7 ~ 8.5℃、湿度约

90%，最长可存放 15 ~ 30 天左右。注意未成熟菠萝容易发生寒害。

● 陈列和销售

成熟菠萝一般论个销售，也可以切开售卖。在操作间进行切割、去芯等操作时，须加强卫生管理。菠萝在需求季节变动不大，可以作为常销品切开销售。

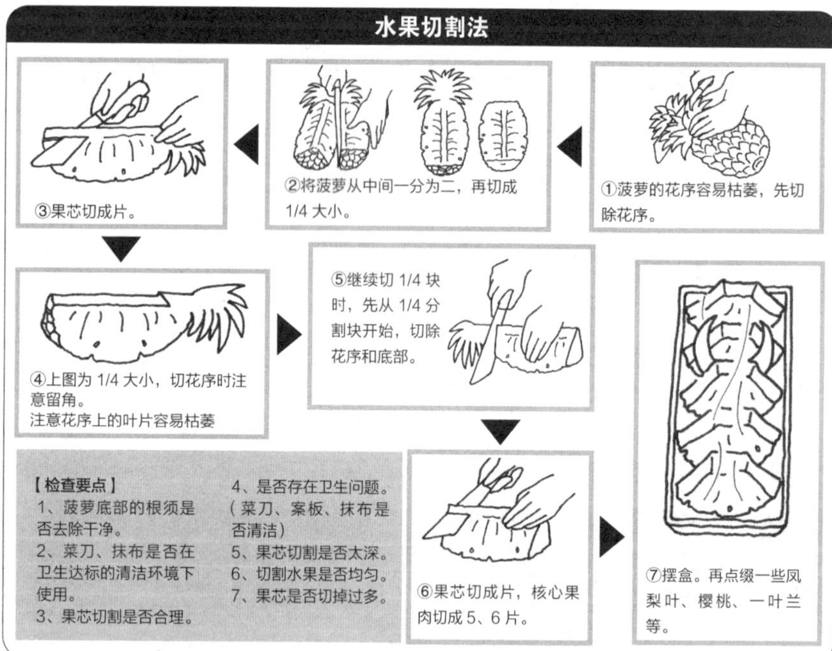

夏季至少保证六尺左右的卖区空间。卖场陈列品种：与西瓜、成熟菠萝（切牙、切块）、蜜瓜一分为二后切成三等分、凤梨、奇异果、西柚、橙子等搭配拼盘销售。

柿子

原产地东亚，是日本传统果实之一。明治、大正时期在所有果实中产量最高，昭和以后产量大幅减少。柿子（日文音译KAKI）的称法在欧洲通用，为国际通用名。柿子中富含维生素A（胡萝卜素）、维生素C、钙等营养成分。建议配合免费试吃促销，同时，为扩大年轻消费群体，可以张贴店内POP加大宣传力度。

各地特产的柿子品种较多，地区不同，销路有所区别。一般9月上旬~10月中旬“刀根早生柿”上市，10月中旬~11月上旬“平核无柿”上市，11月中旬~12月上旬富有柿成为主打品种。此外，还有次郎、御所、禅寺丸、甘百目、西条、堂上峰屋、会津身不知、水岛等众多品种。

其他

◎芒果

原产地印度、印度尼西亚。芒果种类繁多，如苹果芒、鹦鹉芒等。日本主要从墨西哥进口苹果芒。

芒果属漆树科，未成熟的芒果容易引起过敏。

◎牛油果

原产于美国热带地区，栽培历史悠久。牛油果中的脂肪成分占6%~19%，其中8%由植物性不饱和脂肪酸构成，而且多为具有降低胆固醇作用的亚油酸。牛油果果肉柔软，有“森林黄油”的美誉。

◎桃子

夏季时令水果的代表品种（产期 6 月上旬 ~ 9 月）。原产地中国，弥生时代传到日本。现在日本市场上的桃子品种是明治初期在中国和欧美等地引进品种的基础上改良种植而成。

主产地为山梨、福岛、冈山、长野、和歌山。

◎桃驳李

又叫油桃、Zubai 桃，是普通桃的变种，果皮外无茸毛。果肉色白，也有的色黄，现在多为黄肉油桃。

◎李子

别名 PLUM。品种超过 1000 种。干李为 Prune（加州梅），营养价值更高。

◎枇杷

江户末期传到日本，成为传统水果。

代表品种如茂木、田中、大房、瑞穗、长崎早生等。暮秋至初冬开花，5 ~ 6 月成熟。含有丰富的维生素 A。

◎奇异果

与日本本土生长的软枣猕猴桃近缘，原产地中国。主要依靠进口，日本各地也有种植。

◎樱桃

实樱类的总称。

日本本土品种如佐藤锦、那翁、Bing、日出、黄玉、高砂等。此外，还有美国车厘子、新西兰车厘子等进口品种。

◎板栗

日本栽培的板栗是在山野生长的野生柴栗的基础上经过改良的品种。主要分布于北半球的温暖地区，板栗约有 12 种，日本板栗以果实大而知名，如国见、筑波、利平等品种。

◎无花果

原产地为中东和近东，大约在 1600 年由葡萄牙人带入日本。

无花果分泌的乳白色汁液中含有可分解蛋白质的酶和果胶。干果中含有丰富的钙、磷、钾等营养成分。

◎杏

原产地中国东部。平和号、新潟大实、山形 3 号等品种口味偏酸。杏与乌梅一样，成熟果实中含有苯甲醛的特殊香气。

◎蓝莓

原产地北美，越橘类 20 种的总称。

英语圈称“浆果”（berry），一般指可食用的小果实。

◎木莓

长在树上的草莓，果实色彩丰富，有红色、黑色、黄色、白色等。木莓多为野生种，栽培种大致分为红木莓和黑木莓。

◎石榴

原产地为中东和近东。日本于平安时期从中国传入。种子外侧的多汁种皮可食用。果实酸甜爽口。

◎乌梅

起源地中国，也是日本传统水果之一。地方品种多，与杏近缘，品种杂。

未成熟果实中含有苦杏仁甙，在酶的作用下会产生氰化物，生吃未成熟的果肉有危险。

◎木瓜

原产于美国热带地区。未成熟的青色果实可作蔬菜用，成熟后果实可以生吃。果肉分黄色和橙色两种。维生素 A、C 含量丰富。特别是维生素 C，每 100g 果肉中含有约 60mg 维生素 C。此外，还含有木瓜蛋白酶，这种成分能使肉类变得柔软可口，而且具有促进消化的作用。

第3章

陈 列

陈列

蔬果成为商品后，即使在价格和鲜度上能够吸引消费者的眼球，如果为消费者提供购买商品的卖场不能将这种魅力展示出来，再好的商品也没有销路。展示这种魅力的技术就是“陈列技术”。在日本，超市蔬果部通常设置在店门入口附近，是店铺吸引顾客眼球的第一磁石点。因此，缔造季节感、美感、营造吸引顾客和激发购物欲的卖场环境非常重要。

蔬果部门的陈列技术

1. 陈列基础

蔬果陈列基础包括功能诉求和感官诉求两种方法。应从这两方面出发，在综合二者的基础上接近顾客。

从功能层面吸引顾客注意的方法是易看、易拿、易选原则。

① 易看

照明的量、光质、商品陈列位置的高低、陈列宽度……特别是照明。照明具有提升商品鲜度，给顾客充足、丰富感，有突出商品特色等效果。照明不好的卖场，容易给顾客留下商品鲜度不足的印象。采用平台陈列时，光量不足容易产生后退感。建议局部设置聚光灯等辅助照明设备，突出商品主体。

商品陈列位置的高低也是易看的关键。首先，顾客最容易看到的高度被称为“黄金陈列线”。在日本，前往超市购物的顾客多数是女性，结合年龄等因素考虑，这些顾客的平均身高在150 ~ 160cm之间。人类的水平视线高度约为145cm。一般情况下，人的视线习惯不是向上，而是沿着低于水平视线的位置向下看，这就是距离地面上方60 ~ 120cm高度的区域最容易被顾客看到的原因。

其次，人的视线向左右两侧投射的范围，以货架正面为中心70度是顾客最容易看到的区域。

也就是说，顾客能看到自己视线中心向货架左右两侧约120cm范围内的商品。步行过程中能看到约100cm范围内的商品。

② 易拿

指顾客的手臂能触及的货架的高低、深度以及顾客能否将取出的商品归回原位。陈列不好的商品会降低顾客的购买欲。

③ 易选

易选原则可以通过前面列举的货架区域分割实现。比如，蔬菜按烹调方式分类，水果按品种分类。

其次是感官诉求。具体方法包括色彩、美感、新鲜感、清洁感、卫生感、量感、活泼的氛围、气味等。

通过上述感官诉求方式打造卖场空间。

2. 陈列前的工作

① 清扫陈列场所

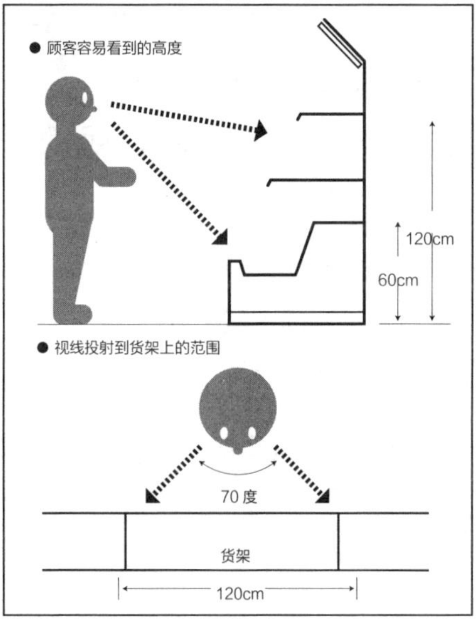

图表①　黄金陈列线

蔬果类商品一般采用开放式陈列，外观如果被磕碰而导致受损，商品会比较显眼。另外，商品上黏附的泥土、地面散落的叶茎等还可能使顾客或工作人员摔倒，因此，上架前必须做好清洁工作。

②检查 POP、价标、隔物板

③准备仿真蔬果模型

通过在卖场内陈列大量商品可营造量感，缺点是会增加损耗。对此，可以使用仿真蔬果模型。使用仿真蔬果减少陈列量，同时注意及时补货。最近，市场上新推出一种带悬空底的仿真陈列模型，这种产品的应用比较普遍。

3. 陈列种类

陈列种类包括以下几种。

① 固定畅销商品陈列

在敞开式柜台或多层货架的固定位置长期摆放某些商品，比如日用品端架陈列。这里的“长期”是应季（蔬菜）、时令（水果）等商品的陈列期间。所有商品均可采用这种陈列方式。固定畅销商品区由“商品结构”这一基本要素构成，是门店营销策略的展示场所，此外，还可以通过色调控制烘托卖场美感。

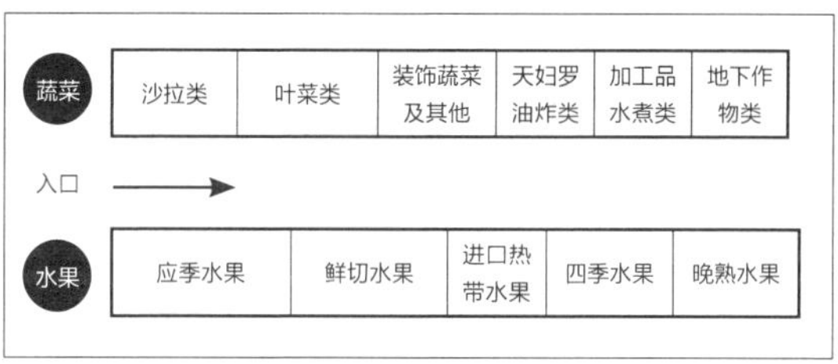

图表② 卖场展示例

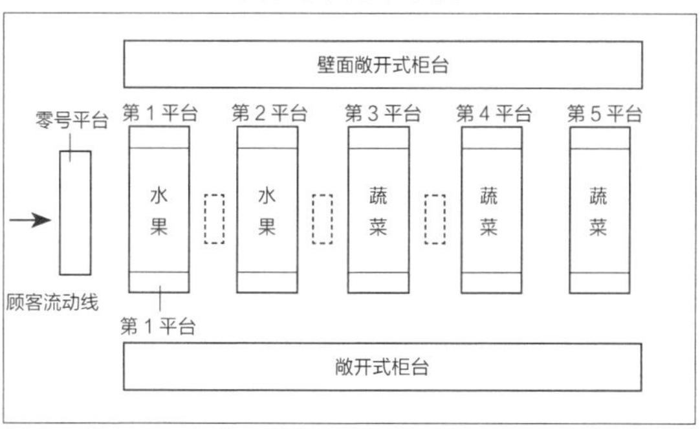

图表③ 平台陈列、壁面陈列、岛式陈列

总之，怎样将不同种类的商品组合在一起，怎样陈列是蔬果部门的工作重点。

②平台、端架陈列

位于每个来逛超市的顾客首先看到的地方，是一种激发顾客购买欲的陈列方式。

蔬果部一般采用平台陈列，这种陈列方式的重点是突出季节感、量感、渲染气氛、低价等。

基本品陈列的缺点是缺乏变化，应该采用一种打破陈列单调感、创造变化的陈列方式。

可以运用一些变化性的销售方式，如提供免费试吃、“论斤”销售、促销篮销售等。

目的是追求盈利，使卖场富于变化，应有计划地实施。

③岛式陈列

购物过程中，引导顾客进行计划外消费或通过突出展示刺激顾客购买，在蔬果区中略小于平台陈列展台的陈列方式。

陈列品种包括：时段促销品、每日更新品、减价处理品、计划外消费品、热门商品等。岛式陈列品原则上当日售完。注意陈列量不宜过多。

岛式陈列会形成障碍，使顾客的行走路线变窄，影响基本商品的销售，因此，促销岛一般配置 1 ～ 2 个。

④突出陈列

与岛式陈列相同，突出陈列也是一种刺激顾客购买的陈列方式，商品的露出度比敞开式货架高。使用方法与岛式陈列相同，可以通过陈列基本品突出量感。

注意事项：货架宽度短于60cm，因为陈列架的后方和上段均为死角，顾客取拿商品不方便。

设置突出陈列的陈列架不宜连续，最好拉开间距；架位不宜过多。注意在此基础上制订陈列计划。

⑤变化陈列

属于敞开式柜台的一部分，与整体（敞开式柜台）

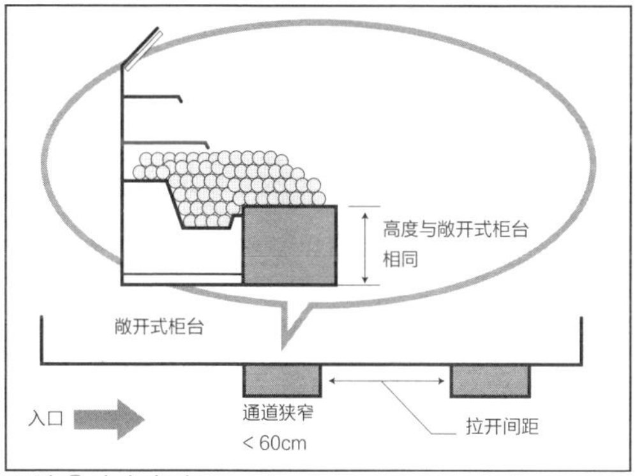

图表④ 突出陈列

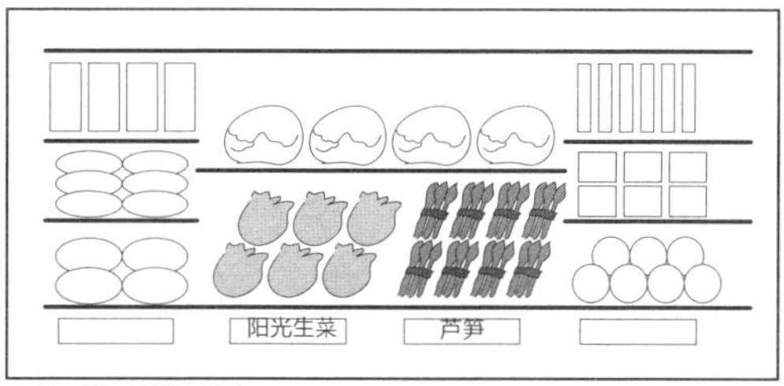

图表⑤ 变化陈列

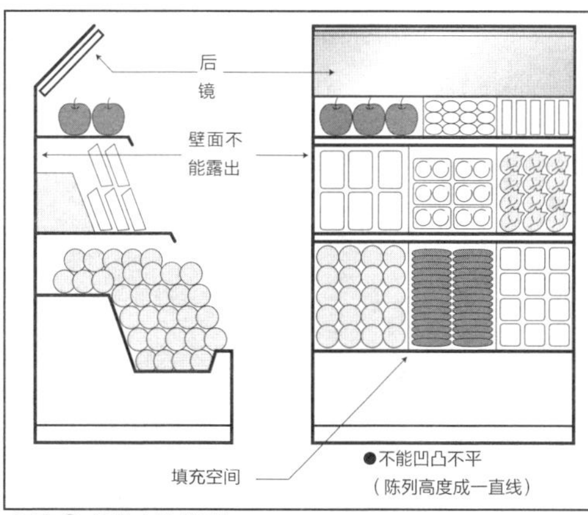

图表⑥ 前进立体陈列

黄瓜	番茄	春卷心菜	生菜	阳光生菜	柠檬	芹菜
绿色	红色	浅绿	浅绿	紫绿	黄色	浅绿

图表⑦ 色彩配搭

不同的一种陈列方式。例如：整体为预包装，变化陈列采用敞开式排面。整体为多段式陈列，变化陈列或增加、或减少码放的层数……

这种陈列方式的优点是改变商品陈列的单调感、赋予陈列变化，作为吸引顾客的磁石点发挥作用。另外，从广义上来讲，岛式陈列、突出陈列也可以归入变化陈列。

各种陈列方法和原理原则

① 前进立体陈列

将商品的饰面摆放在陈列架的最前方，填充架板之间的空隙，确保商品之间无间隙。避免顾客看到货架后面的挡板。

② 色彩配搭

利用商品的本身色彩，让每种商品看起来更加醒目。

通过商品本身的红、黄、绿等色彩进行点缀、装饰，注意同色系商品不能摆在一起。

注意进行色彩配搭时，如果色彩使用过多，可能影响顾客购买。

③ 饰面陈列

将商品的最佳饰面面向顾客陈列的方式。以苹果为例，将果体红的一面面向顾客或把鲜切水果的切割面面向顾客。

④ 镜子效果

一种利用陈列架的后镜强调连续性的陈列方式。

蔬果部的敞开式柜台一般均配备后镜柜。

关于后镜柜使用方法，注意利用镜子效果表现商品的丰富性，以增强观赏的美感。

表现商品连续性的要点：靠近后镜柜的商品应背面朝前陈列。

另外，注意陈列的商品不能超过镜子的高度。

商品陈列方法一览

在主打低价牌的店铺中，采用散装堆积销售的方式越来越常见。

此外，从做活动造势的角度出发考虑，一些设置“早晚市”的卖场推出散装堆积的促销效果也颇见成效。

了解商品陈列方法，在卖场中灵活运用，也能为单调的卖场氛围赋予不一样的新鲜感和美感。

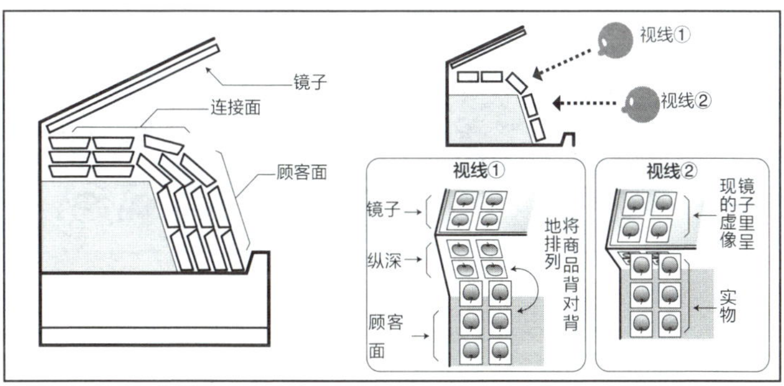

图表⑧ 镜子效果

图表⑨ 陈列方法一览

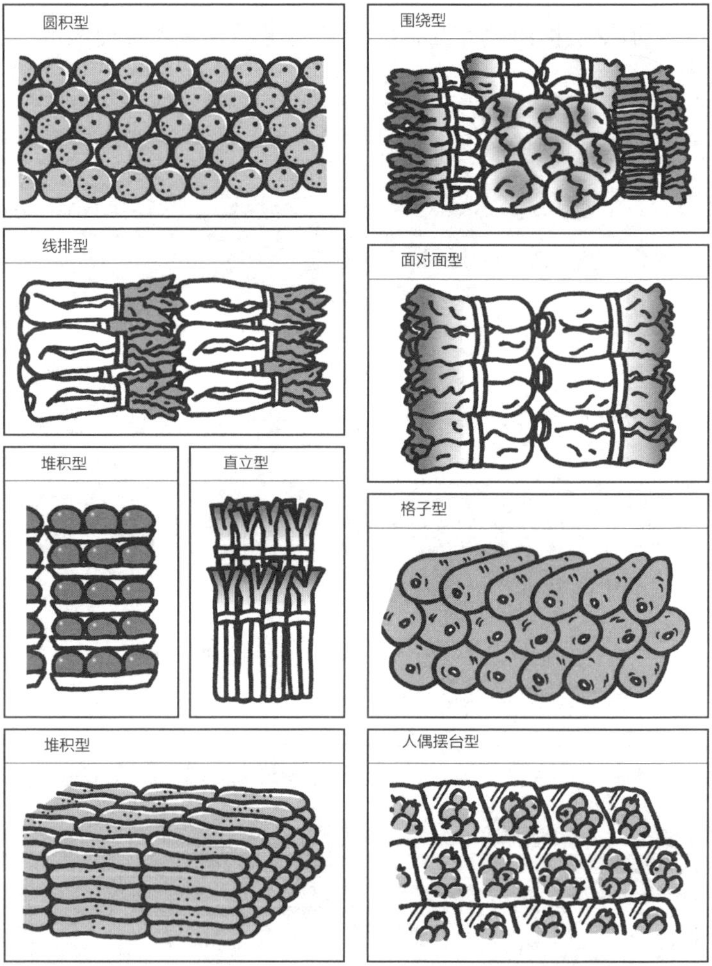

第4章

提案和“店内促销”

提案和“店内促销”

卖场营销计划是企业经营方针的体现和进行数据预算的策划依据，应按月、周、日填写和制订便于各项销售工作开展的具体措施。

营销计划的好坏决定卖场的销售业绩，所以，制订一份周密有效的销售计划是必需的。

营销计划必备项目

① 销售方针、预算和上年度业绩

② 周促销计划

③ 促销商品（宣传单、店内促销）、销售目标

④ 促销商品、主打商品、应季商品、商品规划等卖场计划和销售目标

⑤ 月度商品品类、基础货架管理、平台布局

⑥ 相关促销信息（POS 机数据、促销品等）

蔬果部门的卖场布局步骤

蔬果卖场一般位于店铺入口，可以认为蔬果品质的好坏直接决定消费者对门店的评价。卖场应将季节感、鲜度、美味、价廉等印象通过视觉传达给顾客。卖场规划第一应从商品种类

入手，并逐步落实到卖场平台、冷柜等细节。

① 确定商品种类

蔬果部的商品以应季商品为主，每个月都需要进行小幅调整。所以，应以月为单位确定商品种类。商品种类是一家门店营销策略的体现，其重要性不言而喻。应结合历史销售数据、商品信息、竞争对手分析等决定。

② 确定冷柜内的货位管理、平台布局

有效利用卖场布局，确定商品种类，进行合理、规范的商品陈列，为顾客营造舒适的购物环境很重要。采用综合分类标准对品种繁多的商品进行分类，根据商品销量调整卖场空间构成比，根据销售计划做好卖场布局设计。

③ 商品分类

商品分类是卖场布局的重要因素。通过对销售业绩相关指标的确认，制订销售计划和采购计划。此外，商品分类对提升销售效率也很重要。

④ 品种管理示例和步骤

蔬果部门的商品波动（品目、品种、价格、上市情况等）较大，因此，做好品种管理非常重要。在掌握商品流向的同时，还应综合店铺规模、位置、客源、竞争店等因素考虑，一般以月为单位进行。

A. 按植物属性分类

（蔬菜）果实蔬菜类 / 叶茎类 / 根菜类 / 蘑菇类 / 地下作物类 / 加工水产品类 / 应季类

（水果）柑橘类 / 苹果类 / 葡萄类 / 蜜瓜类 / 桃类 / 李类 / 柿子类 / 西瓜类 / 草莓类 / 香蕉类 / 柠檬类 / 干果类

B. 按销售性质分类

（蔬菜）沙拉 / 叶菜类 / 水产类 / 火锅类 / 炒蔬菜类 / 烤物类 / 油炸类 / 香辛料类

（水果）国产水果（苹果类 / 葡萄类 / 西瓜类 / 蜜瓜类 / 柿子类 / 桃类 / 柑橘类等）

进口水果（香蕉 / 柑橘 / 奇异果 / 菠萝等）

干果类（板栗 / 香蕉片 / 葡萄干 / 加州梅 / 花生等）

根据 POS 机数据定期调整品种分类，可有效提高销售效率。

◎ 品种管理必须确定“品目”“品种”“等级”，数量应根据食谱用途、价格等因素决定。蔬果部门的商品变动大，因此，品种管理必须在掌握准确信息的基础上进行。

上市时间和促销基础

各种蔬果的上市时间、收获量均不同，因此，确定具体销售模式非常重要。

引进期 = 品种管理开始时期（价格高，销售量少。以热点商品为中心）。

扩张期＝销量上升时期（价格开始回落，销量逐步增加。扩大销售区空间）。

繁盛期＝销售巅峰时期（也叫“应季”。价格低廉，销量最多。销售区空间最大化）。

后退期＝上市量逐渐减少的时期（价格稳定，销量下滑。逐步减小销售区空间）。

终结期＝上市接近尾声的时期（价格偏高，销量减少。与引进期的销售区空间大体相同）。

货架配置具体示例

所谓货架配置，是指根据历史销售业绩、近期销售形势、店铺规模、布局条件等因素确定商品种类，确定商品在货架上陈列的合理“区域”“陈列位置”和“陈列空间”分配，让有限的货架空间创造出最好的销售效益的卖场设计。

①确定品种数

②确定商品分类

③确定分类的空间、位置（区块化）

④确定商品规格

⑤确定价格

⑥确定销售量

⑦确定分类内部的空间、位置

⑧确定商品的陈列方式

⑨确定价标、POP

货架配置区块化的好处

给消费者带来的好处	给门店带来的好处
①品种丰富	①商品供应充足、品种丰富
②进行比较	②挖掘商品齐全的真正内涵
③发现创意新吃法和新的烹调方法	③调整产品组合毛利率
④避免遗忘部分要买的物品	④关联销售，提升销售点
⑤方便顾客寻找替代品	⑤提高客单价
⑥享受自由购物的乐趣	⑥扩大 BC 级商品的销路
⑦舒适的购物环境	⑦便于卖场管理

店内促销和促销策划

每周一次，以节庆 / 活动提案、商品提案、食谱提案、销售形态提案等为主题制订促销计划。

①节庆 / 活动提案促销

全年 12 个月，几乎每个月都有主打节庆活动，促销计划中应优先纳入此类提案。

1 月　正月初市 / 七草 / 大寒

2月　节分 / 针供养 / 情人节

3月　女儿节 / 毕业庆典 / 春彼岸

4月　走向社会 / 新生活 / 出游 SALE

5月　儿童节 / 母亲节

6月　梅雨 / 父亲节

7月　新盆 / 海之日 / 土用丑

8月　出游 / 盂兰盆节

9月　敬老节 / 秋彼岸 / 十五夜

10月　运动会 / 万圣节前夜

11月　七五三节 / 劳动感谢日

12月　冬至 / 圣诞节 / 年末

此外，还有创业节、周年节、结算 SALE 等。

②商品提案型促销

a 产地直销品、b 进口商品、c 特色商品、d 清晨采摘品、e 蔬菜节、f 蘑菇节、g 地下根茎节、h 叶菜节、i 柑橘节、j 苹果节、k 蜜瓜节、l 西瓜节、m 葡萄节、n 桃节、o 樱桃节、p 梨节。

③美食推荐型促销

a 火锅 SALE、b 烤物 SALE、c 煮菜 SALE、d 沙拉 SALE、e 油炸 SALE、f 炒蔬菜 SALE、g 咖喱焖菜 SALE、h 腌渍 SALE、i 烧烤 SALE、j 手卷寿司 SALE、k 散寿司 SALE。

④销售形态型促销

a 均一价 SALE、b 捆绑 SALE、c 零售 SALE、d“论斤”SALE、

e 盒装 SALE、f 降价 SALE、g 特惠 SALE、h 店头 SALE。

通过一系列促销方式的综合运用，制订全年 52 周销售计划，通过实践验证形成基础。

第5章

蔬果部门“运作”

蔬果部门“运作”

地域、日期、时段、店铺规模、经营业态不同，前往超市购物的消费群体也不同。

顾客来店的时段构成大致如下：开店和闭店时多为高龄人群；中午时段以购买午餐便当的顾客以及往返幼儿园接送子女的年轻家庭主妇为主；下午时段以专职家庭主妇为主；下午16:00以后以从事小时工、临时工等职业的在职女性顾客为主；下午18:00以后多为上班族、OL以及限定区域的顾客等。

仅根据各门店的POS机数据一项很难掌握确切的客源构成和变动情况。

掌握客源构成是蔬果部门必做的工作

超市蔬果部门最重要的工作是商品的鲜度管理。蔬果担负着为消费者提供日常饮食所需的重要使命，所以，为了在营业时间内做好商品鲜度管理，为不同顾客提供所需的商品，掌握各店客源结构，根据客源结构确定品种分类非常重要。

现根据长期以来的商品管理及品类规划经验，对部门销售注意事项进行说明。

受生产和消费的季节性因素影响，客源结构会随之波动，各店表现的特征不同，所以，应掌握各门店的具体情况。

① 开店→上午 11:00 左右的客源构成

个体私营门店的客源构成：以店长为中心调查本店的整体情况。

开店→上午 11:00 左右，客源以来店购买午餐便当的顾客和老年消费者为主。顾客购买的商品需要在装袋台经工作人员核对。大部分老年人属于习惯性消费者（每天购物）。

② 中午 12:00 前后的客源构成

购买午餐便当的人、公司职员，偶尔夹杂提前为下午购物做准备的顾客，这类顾客来店的时间相对固定（每天来店）。此外，送子女去幼儿园之后返回的顾客以及上午外出办公返回的顾客也较多。

③ 下午 13:00 → 15:00 以后的客源构成

以专职主妇、持海报专程来店购物的顾客以及近邻的专职主妇等构成消费群体。这类消费者在卖场内选购商品的时间一般较长。

④ 下午 16:00 →刚过 17:00 的客源构成

从事临时工、小时工等工作的在职女性等消费群体增加。这类消费者的特点是购物时间短，但购买量大，一般选择海报促销品和特惠商品。家庭成员较多。

⑤ 下午 18:00 以后的客源构成

由公司职员、OL 以及晚饭后来店的顾客构成。受季节、日期、节庆活动等因素影响，该时段的客源构成会随之变化。此外，店铺规模和位置不同，各店之间也存在差异。

分时段客源和销售要点

时段和店铺位置不同，来店的顾客构成不同，畅销商品的种类也随之变化。因此，各店应结合自身情况调整品类规划。

① 开店时段的老年客源

面积小于 300 坪的店铺的特点是便于顾客选购商品，来店的老年顾客所占的比例更大。为方便顾客选购，布局紧凑合理。该时段的客源多为利用上午闲暇时间购物的顾客，还有一些以锻炼身体为目的来店的顾客。

针对这类客源，应将重点放在购买重复率高的固定商品上，提供最小销售单元。

卖场陈列品种：散装商品、小份商品、100 ~ 200 日元均价品等。

② 中午时段的客源

午休时段来店的顾客以购买午餐便当、零食甜点等为主。这类消费者的特征是购买点数少，可采用活动推荐等方式吸引顾客购买。

③ 下午开始营业→高峰时段前的客源

重点推出自营品、宣传单以及店内促销品等。针对该时段的特点，保证卖场陈列品种数量。

④ 下午 18:00 以后的客源

销售高峰时段过后，盘点库存品等所有卖场商品，为闭店做准备。进入该时段，除了设定降价促销品，还应避免出现断货现象。

什么是蔬果部的鲜度保持?

蔬果部门日常运营工作的重点是商品鲜度管理，但是，商品不同，价值评价标准也不同。因此，应提前做好商品配置和结算工作。

通过在规定时间内促进商品周转、缩短在架时间等方式保持商品鲜度。

具体操作：蔬菜中的叶菜、进口蔬菜、切割蔬菜；水果中的香蕉、鲜切水果，枯萎后品质劣化的水果，如桃、樱桃、枇杷等卖场陈列商品应加快周转，争取在品质劣化前售出。

蔬果部门的特点是商品销量多、体积大，因此，构建操作细化、重视商品周转的多品种、少量化，卖场必然需要面对很多问题，现实可操作性较低，同时还要解决品类规划带来的问题。此外，增加陈列量，（每天）进行品类调整也是现实情况。

除了日常运营，还有一些短期内（日单位）品质劣化不明显的商品。为提升作业效率，必须明确具体方案。

为保持商品鲜度，避免损耗，缩小卖场内的常温平台、增加冷柜等方式成为部分门店的常规应对举措。此外，通过改进冷藏柜，采用悬空货架（仿真蔬果模型）等减少库存，加快商品周转等新方法也为越来越多的门店所采用。

蔬菜卖场的时段配置

营业时段不同，卖场的客源构成会发生小幅波动，因此，考虑作业的时段化很重要。

关于各部门的运营管理，进行提前规划是重点。

① 开店时

开店第一时间，蔬果卖场的标准不是追求量感，而是商品的鲜度和齐全的品种。开店时首批迎来的一般是老年顾客，应优先准备以下商品。

● 切割商品

（圆白菜 1/4 份、1/2 份；白菜 1/4 份；南瓜 1/4 份；生菜 1/2 份；芹菜 1 根；白萝卜 1/2 根；切割山药等）

● 散装销售，单价低的地下根茎作物类（洋葱、土豆、韭菜、红薯）

● 果实蔬菜类（番茄、黄瓜、茄子、青椒）

● 强调鲜度的叶菜类（菠菜、油菜、小白菜、茼蒿、萝卜缨等）

● 食用方便、委外加工的盒装商品（盒装炒蔬菜、切割卷心菜、切割生菜等）

开店时段的切割商品准备

在店内加工切割商品时，必须提前准备。

提前一天将准备上架的各种切割商品的原料分拣好，集中放在平板车上，方便次日清晨第一时间集中加工。

例如：提前一天将卷心菜、白菜、白萝卜、南瓜、山药、生菜、阳光生菜等商品（各1箱）集中放在平板车上。

加工开始，每种商品先加工3份左右，卖场陈列5～6份，其余的开店后，根据售出情况随时补充。切割商品以外的其他商品原则上陈列最少量，开店时保证在架商品齐全。

② 高峰时段的卖场配置

开店后，尽早为高峰时段做准备。规定每天上午11:00、下午15:00为店内盘点时间，确保该时段卖场品种最大化。尤其是客流高峰时段（下午15:00）必须保证卖场品种齐全、充足。

卖场作业准备时间：首先，对每种商品的加工、陈列等作业时间进行预测。在此基础上，以下午15:00为目标制订作业计划。计划中加工作业的重点是提前准备和制作。

蔬果部门的操作间一般不大，为明确迎接客流高峰时段的卖场陈列量、陈列顺序等问题，应提前进行销售预测（结合宣传海报、店铺规模等），在整理库存的基础上，做好一切准备工作，确保补货顺利。

以常销蔬菜中的待加工品为例，即使高峰时段，也应结合傍晚的销售情况提前做好准备工作。例如：火锅必备食材中的白菜、大葱、白萝卜等切割商品最好在高峰时段加工好，为迎接傍晚的销售做准备。

此外，不允许加工商品缺货、商品无法替代的情况出现，时令菜肴必备品等应提前制订月度品类计划。

③ 傍晚时段的卖场配置

高峰时段一过，商品销量迅速下滑。因此，高峰时段过后，开始对闭店前的销售情况进行预测，根据结果确定加工量。现在，受营业时间延长、加班等因素影响，闭店时客流稀少的现象比较普遍。因此，该时段的工作重点是做好高峰时段后的加工品预测（白菜、白萝卜、卷心菜等是重点商品）。

傍晚→闭店期间确定哪些商品需要降价促销。为对部分商品进行清仓处理，必须做出精准的判断。该时段的工作直接决定次日开店准备工作的好坏。此外，降价促销工作也一样，哪些商品需要减价处理？数量多少？属于哪个部门？对相关问题一一核实，争取闭店前全部售完。

降价处理要点

高峰时段过后，立即对卖场销售情况展开调查。确认其中哪些商品需要降价处理（如切割商品、劣化商品等）。

这项工作开始越早，待处理商品售出越快。尤其是一些冬季无法替代的商品，不仅对蔬果部门，还可能会对一些关联商品的销售产生影响。

例如冬季火锅必备食材中的大白菜、大葱、白萝卜等，闭店前必须保证这类商品货量充足。顺便提一句，近年来爱吃饺子的顾客有所增加，韭菜的需求量也随之增加。

降价处理步骤（示例）

降价

步骤 1
闭店 2 小时前盘点库存，对今后的销售情况进行预测，设定价格。

步骤 2
贴打折 20% ~ 30% 的价签，或张贴 POP 提示价格变化。

步骤 3
闭店前 30 分钟将折扣从 20% ~ 30% 改为半价。

步骤 4
仍未售出的半价商品，做废弃处理。

降价

步骤 1
盘点库存，闭店前 1 ~ 2 小时，将 200 日元 / 盒装品改为两盒 200 日元或 250 日元或三盒 500 日元。

步骤 2
闭店前 30 分钟再次调价。将两盒 200 日元改为三盒 200 日元。

加工品的销售

将原价 150 日元的卷心菜 / 个或白萝卜 / 根按半价处理。1/2 加工品按 58 ~ 68 日元低价处理。部分劣化品（如卷心菜、白菜、大葱、生菜、南瓜、山药、芦笋、散叶生菜、白萝卜、蜜瓜、西瓜等）改简易包装销售。劣化损伤品未经加工处理的不能减价处理。

· 卷心菜、白菜

按炒制蔬菜标准，将卷心菜切成 5cm 大小。按火锅食材拆分白菜，用水大致清洗后装入 10 ~ 12 号保鲜袋。摆放在卷心菜、白菜卖场按 100 日元均价出售。

· 芦笋

切除劣化受损部位（笋头、尾端），好的部分切成 4cm 长短。用水清洗后装入 6 号包装盒。按便当食材摆放在芦笋区，售价设为 100 日元左右。

· 散叶生菜

去除受损劣化的外层叶片，根部切掉 2cm 左右，将内层叶片逐片分开，使外叶均匀地覆盖在内叶上。拢成束后用水冲洗，再装入 10 ~ 11 号袋销售。散叶生菜售价超过 200 日元时，可按细分商品加工。摆放在切割品沙拉区或散叶生菜区，按 70 ~ 100 日元价位销售。

· 南瓜

1/4 切割品或切面干燥的南瓜可做天妇罗食材，切成 5mm 片状或按煮食用切块，按便当食材装入 7 号包装盒，摆放在南瓜区销售。定价为 100 日元左右。

盒装商品

（示例）零散商品，按个装入 11 号、12 号包装袋，量大时包装袋不封口。按 100 日元均价销售。

注意不要混入劣化受损的残次品。另设折扣区销售，

降价商品局部劣化变质时，必须去除劣化部分、进行二次加工或拼搭销售。

水果卖场的时段配置

①开店时

在日本，专程去超市购买水果的消费者不多。开店时段购买水果的一般是老年顾客，这些顾客一般从健康角度出发，选择性地购买香蕉、苹果等常见水果。该时段应将重点放在商品鲜度和最小销售单元上。

另外，开店→白天时段，水果卖场的品种配置应以鲜切水果，售价 200 日元左右，4 ~ 5 种水果拼盘类商品为主。白天以酸奶水果布丁等餐后甜点为主。与开店时一样，保证品类齐全，就能抓住老年消费群体的心。

水果加工准备可以提前一天进行。由于该时段人手较少，只要保证开店时各项工作到位，卖场布置可以提前一天进行。

需要保持鲜度的水果（如香蕉、鲜切水果、草莓、无花果、切割西瓜、蜜瓜等品种）可以在当天开店时准备。与蔬菜相同，原则上应保证开店时货架最小陈列量。

具体操作：以 200 日元价位的 10 盒鲜切水果拼盘填充货架。

开店时段的切割品准备工作

很多门店因人手不足无法保证开店时鲜切水果的供应量。水果拼盘加工相对费时，但是，从赢得顾客的角度出发，建议清晨来店老年顾客比例高的门店在切割水果上多投入人力、物力。

准备工作：提前一天将次日所需的商品分拣好，一次性清洗后放在平底方盘上入冷库备用（如菠萝2个、奇异果5个、西柚白肉/红肉各3个、橙子3个、应季水果1份、草莓1盒、Delaware葡萄3串、樱桃100g、巨峰葡萄1串、红地球有核葡萄1串等）。

其他，如夏季的切割西瓜，应提前一天将西瓜放入冷库切好备用。

② 高峰时段的卖场配置

中午11:00左右卖场无缺货，补货开始，使促销品、平台展示品陈列量最大化。保证下午15:00卖场货量最大化。

与蔬菜不同，水果不是人们餐桌上的必备品。如果不从价格、口感等方面吸引顾客，很难激发顾客的购买欲。

可推出免费试吃活动，准备4 ~ 6种顾客能够接受的低价品，这种方式有望提升销售额。

在日本，水果类商品的销售单价高，属于非必需品，加之普通人的收入减少，支出增加，如果商家不在这类商品的销售上多下功夫，其消费前景更不容乐观。

③ 傍晚时段的卖场配置

傍晚时段的客流主要由公司职员、OL等上班族构成，与早晨第一波来店的老年顾客一样，这类消费人群的购买方向主要集中在盒饭和经济实惠型商品上。该时段应针对这一特点进行商品配置。

卖场陈列品种以零售品、鲜切水果、切割西瓜、香蕉为主；夏季以简装礼盒（水果拼盘）、冰镇西瓜为主；冬季以草莓礼盒等为主。此外，可以结合店铺位置准备一些手工制作的礼盒类商品。

傍晚→闭店期间还应考虑次日的卖场规划，比如第二天需要大幅调整的促销品、卖场布局、商品配置、排面调整、促销品准备等工作。当天的闭店作业与次日准备同时进行。

降价处理要点

鲜切水果、香蕉等劣化商品及时降价处理。尤其是有保质期的商品，一般按 30%（降价）或 50%（处理），剩下的做废弃处理。

水果多为盒装品或袋装品，包装品中待处理的劣化商品较多。傍晚时段，应对这类商品进行全面调查，确定采取降价处理还是二次加工。

蔬果卖场主要品类
“劣化”图解

掌握减价处理、废弃时间，详解商品劣化前的基本保管原则

茄子

不耐低温和湿度。常温储存。光泽度是鲜度的标志。从茎部开始腐烂变软。

秋葵

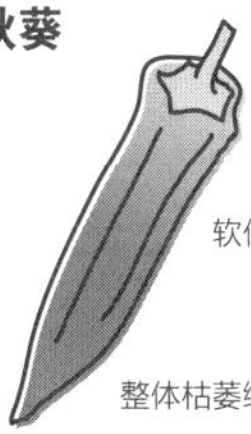

不耐冷气。装袋陈列。劣化后表面变黑。色泽浓绿的新鲜度好。应及时售完。

香葱

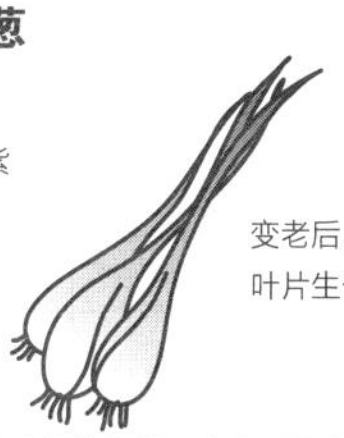

茎部色白的为新鲜。变老后颜色发紫，叶片生长。此时应处理。冷藏保管，少量陈列。

荷兰豆

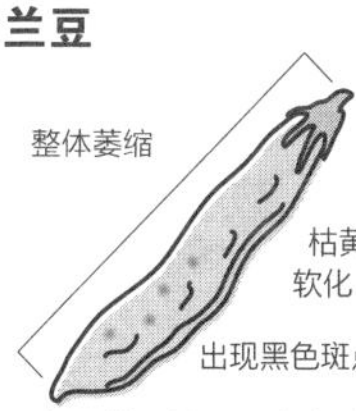

到货后立即进行冷处理。根部水分充足的为新鲜。陈列时易劣化，注意陈列量。斑点部混有腐烂部分。

小青椒

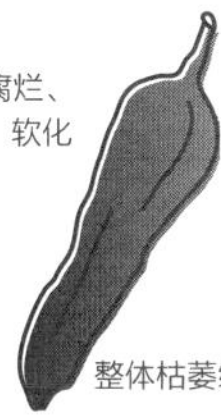

不耐风，冬季宜常温保存。从茎秆开始腐烂。注意茎秆有无霉变。

野姜

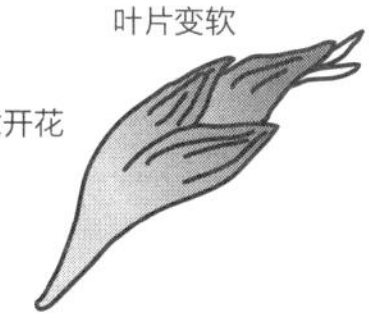

去掉开花部即为商品。叶片枯萎后处理费时，应趁新鲜时出售。

芦笋

茎部木质化快。笋头和茎部鳞片外层不能食用。芦笋呼吸作用强，适合冷藏保管。茎部吸收水分，注意不要对笋尖喷水。

大辣椒

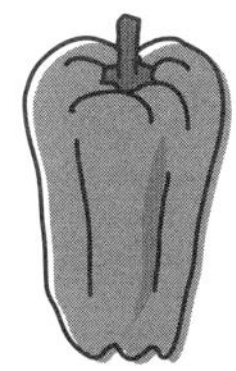

不耐长时间低温。夏季宜冷藏，冬季宜常温保存。一般从茎秆（蒂周）处开始腐烂。

青紫苏叶

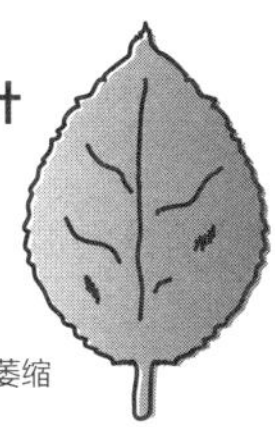

进货后，先冷水浸泡，迅速沥干水分后保管。用冷盐水保鲜。捆装品易生黑斑，须仔细检查。

大葱

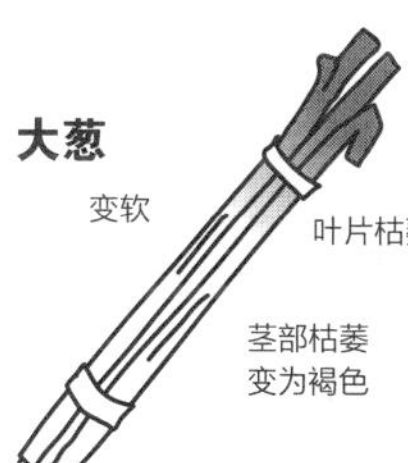

茎部枯萎的要剥掉外叶。叶片枯萎的要切割处理。冷藏保管。

蚕豆

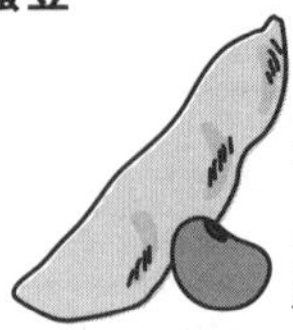

劣化变质快，到货后立即进行冷处理。加快卖场商品周转。发黑时，说明内部豆粒品质变劣。剥出豆粒，在冷水中浸泡装盒。

玉米

鲜度劣化快。重点检查玉米粒是否枯萎。老化后甜度变差。到货后立即进行冷处理，尽快售完。

扁豆

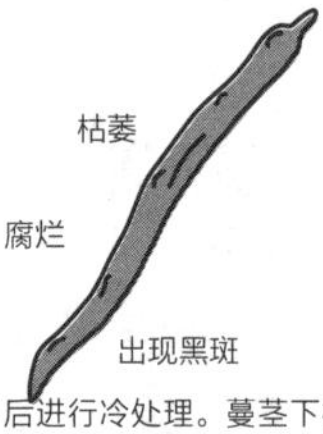

到货后立即后进行冷处理。蔓茎下枯萎后整体会逐渐劣化。重点检查有无枯萎。

青梗菜

新鲜时茎叶含水量充足。忌长时间在冷水中浸泡。茎部变软前出售。

青豆

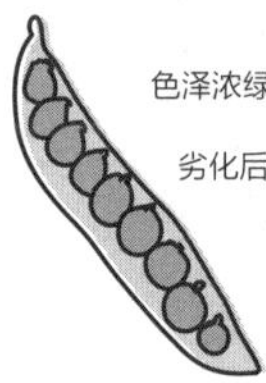

剥开的豆粒放在冷水中充分浸泡。绿色变浅说明鲜度下降。

毛豆

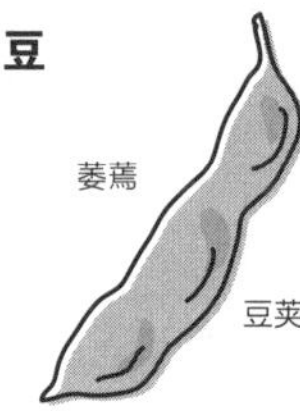

豆粒饱满，色泽浓绿的为新鲜。劣化快，到货后立即进行冷处理。

青梗菜

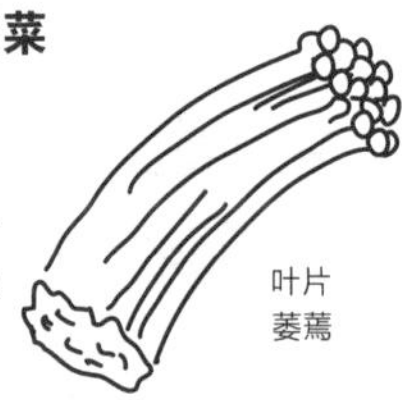

新鲜时茎叶含水量充足。忌长时间在冷水中浸泡。茎部变软前出售。

香菇

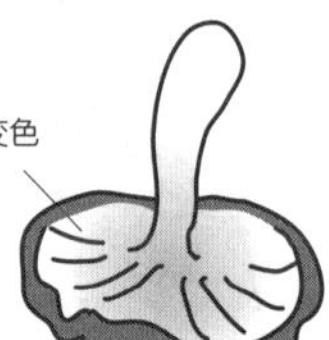

网袋销售时，遇冷气易干燥，须仔细检查。品质下降的菌褶变黑，菌盖湿润。

水煮竹笋

荧光灯下，笋体色泽白，不透光。敞开陈列时在平底方盘内注入水，小心替换。库存品用干净水浸泡，冷藏库保管（品质下降后发臭）。

朴蕈

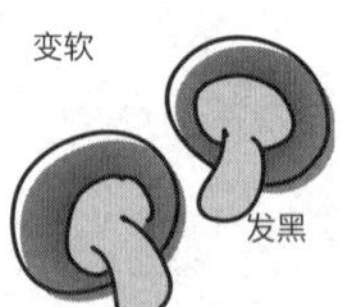

水洗后，从菌柄切割部开始劣化。可能是装袋时未摆放好、颠簸震荡后加速腐败所致。

双孢蘑菇

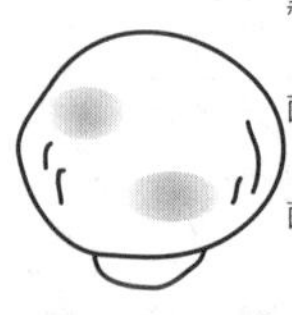

色泽是白色双孢菇鲜度的标志。发黑后应及时处理。褐色双孢菇菌体湿润、发黏时品质下降。

真姬菇

在气生菌的作用下，菌盖易长白色霉菌。对人体无害，但品相不好，应及时处理。不新鲜时，菌盖、菌柄变软。

莲藕

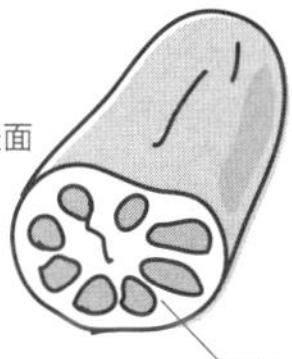

切口是否发生褐变是判断鲜度的标准。每日进行切割处理，冷藏（加湿）。

土豆

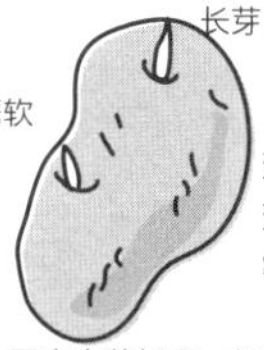

长芽的土豆应去芽处理。新鲜的土豆容易变绿，应尽快售完。常温保存。

百合

鲜度下降时表面变紫，紫色越来越深。置于锯末中冷藏保管。

南瓜

常温保存。美味的南瓜表皮坚硬，刀切不动。成熟的南瓜藤茎干燥。

胡萝卜

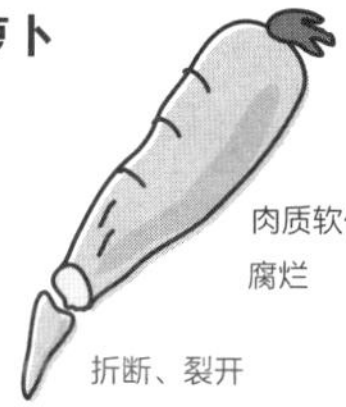

心柱短的新鲜、口感好。清洗后从表皮开始变软，宜冷藏陈列。

洋葱

常温保存。新鲜洋葱表皮较湿，容易变软。避免大量陈列。

山药

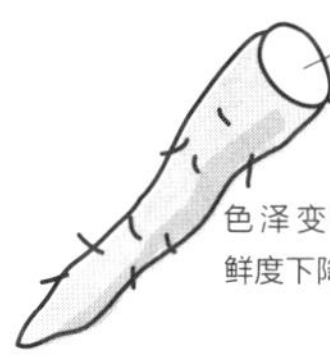

整体呈白色时新鲜度好。变红后山药泥也呈红色。色泽易改变，应特别注意切口。置于锯末中冷藏保管。

鲜竹笋

争取当天售完。不耐保存，越放越硬，过水焯也会很硬。

松茸

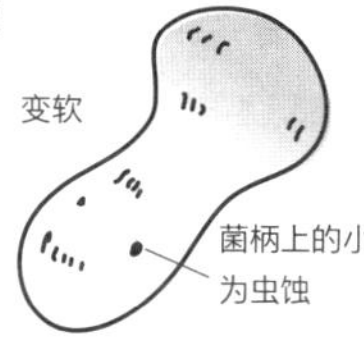

用手轻捏菌柄，感觉像海绵一样柔软时要注意是否被虫蚀。发现虫蚀可蘸盐水驱除。

芋头

常温保存。储存品，注意日周转量。卖场和库存疏于管理时极易腐烂。

红薯

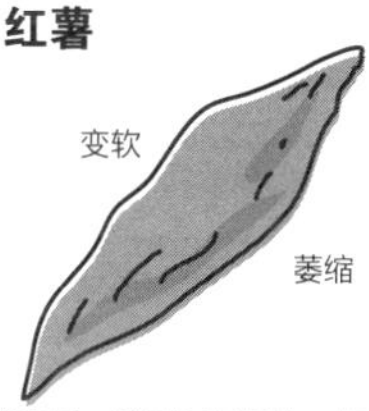

储存品，陈列时易损伤。属于地下根茎类，订购时应谨慎、小批量进货。

牛蒡

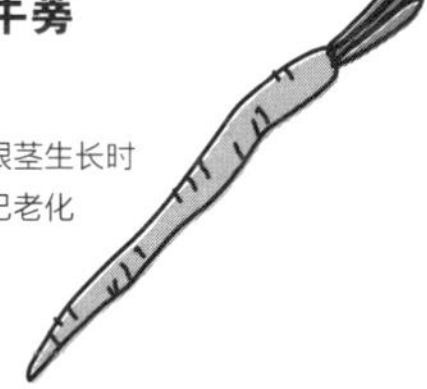

根茎生长，有须。常温保存。长期保存时宜冷藏。

小芜菁

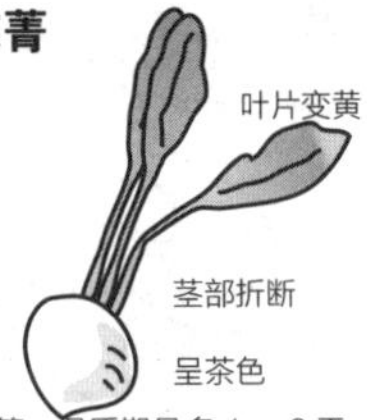

冷藏保管，保质期最多 1 ~ 2 天。卖场陈列品叶片变黄快，茎部易折断。尽量当天售完。

菠菜

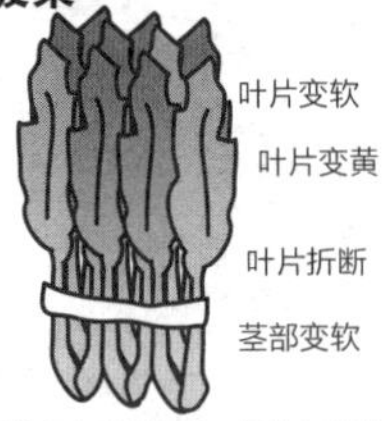

可进行复苏处理，但梅雨季节例外。冷藏保存一周左右。

近江生姜

老化后表皮变干，适合冷藏保存。

韭菜

不耐冷风。从叶尖开始蔫软。或装袋，或置于避风处。保管时用纸包裹较好。

茼蒿

遇冷风，叶尖易皱缩。应装入长形包装袋。装袋品茎部容易变软，争取尽快售完。

油菜

叶片变黄快。到货后立即进行复苏处理，然后冷藏保管。卖场陈列品应及时售完。

芽甘蓝

外层叶片变黄。适合冷藏保管。

鸭儿芹

与进行复苏处理相比，争取及时售完。

油菜花

注意是否开花。

白菜

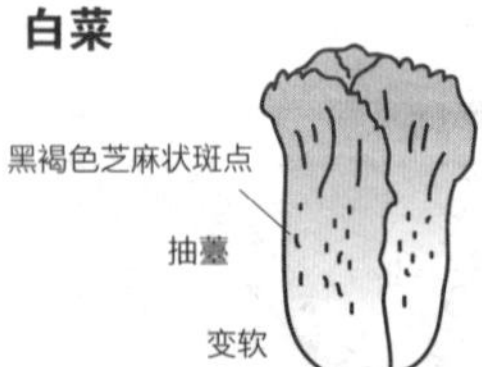

每天切开菜帮进行处理。切割面发红、凸起时说明鲜度下降。适合冷藏保管。

土当归

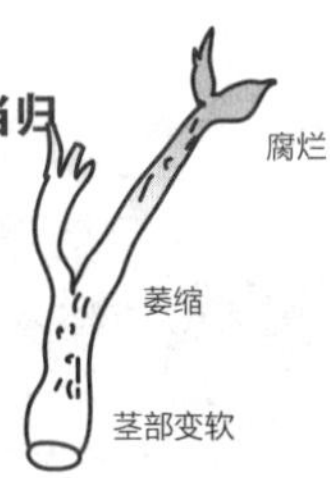

根茎色泽发绿的坚硬、涩味重。

白萝卜

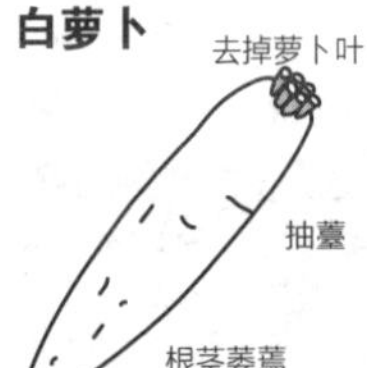

夏季适合冷藏保管。抽薹后长出根须。宜冷水冰镇。

生菜

冬季按产地包装销售。触感柔软时说明内叶萎蔫。

番茄

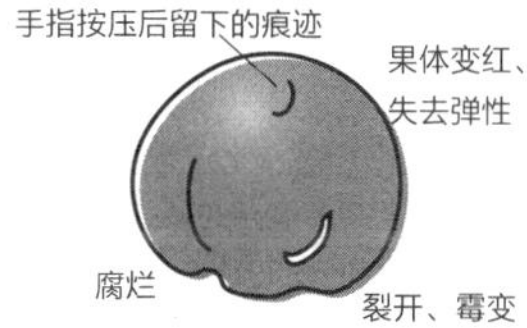

表皮变红成熟的果实宜冷藏。青色多的果实应常温催熟。

黄瓜

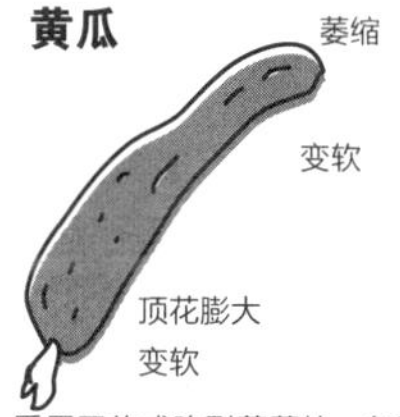

采用开放式陈列萎蔫快。争取傍晚前售完。容易发生低温障碍。

芹菜

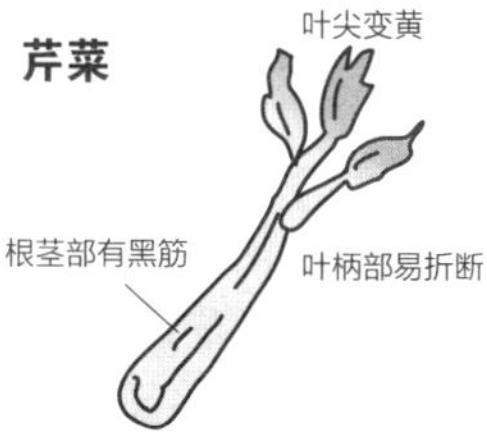

根茎部的鲜度是重点。须经复苏处理后上架。剪茎应将其放在水中进行。

波士顿萵苣

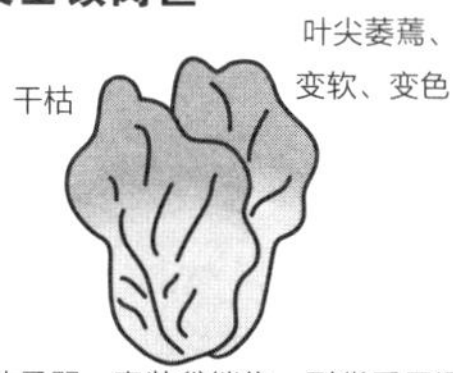

叶片柔弱，宜装袋销售。到货后用湿报纸包裹后冷藏保管。

阳光生菜

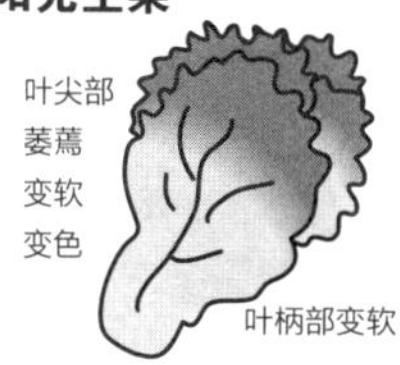

必须进行复苏处理。剪茎后浸水，冷藏保管后销售。

菜花

注意花蕾是否变软。

西兰花

注意花球是否散开。变黄说明鲜度下降、品质劣化。适合冷藏保管。

卷心菜

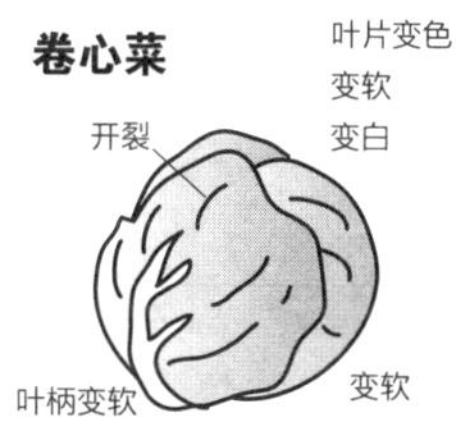

剥掉外层叶片后销售，宜冷藏保管。

豆瓣菜

争取尽快售完。

荷兰芹

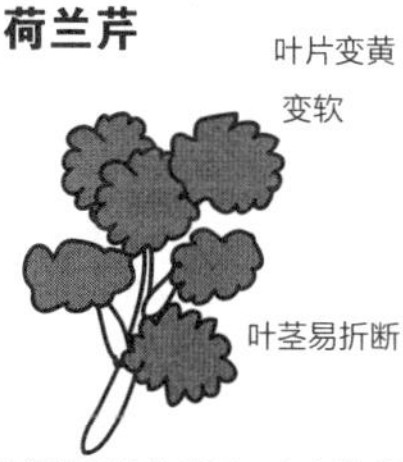

进行商品化处理后，向包装袋内注入少许水，冷藏保管。

萝卜缨

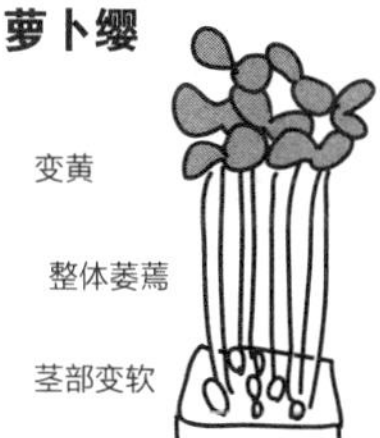

不耐冷风。叶片变黄是鲜度变化的标志。

西米诺尔橘柚、茂谷柑

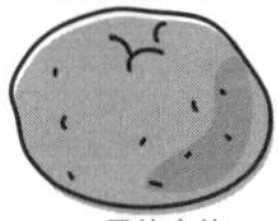

常温保存。

西瓜

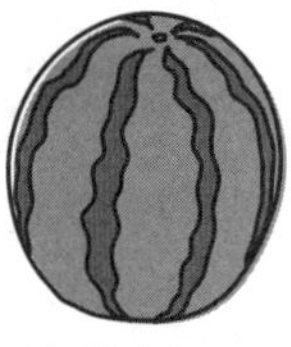

鲜度不易判断。最好每天切开检查。

椰子

放置一天即变软，此时口感最好，但不适合销售。注意霉变。宜冷藏保管。

香蕉

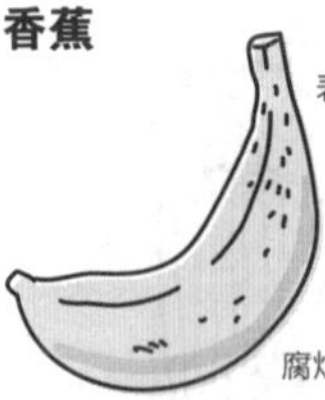

遇冷风会变黑。成箱销售时应打保鲜膜。蕉体表面出现斑点时口感好，但不适合销售。

八朔、甘夏、伊予柑

常温保存。

蜜瓜

很难判断成熟或过熟。瓜体略软，底部有少许弹性时口感最好。

葡萄

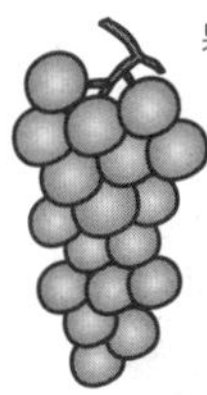

冷藏保存，遇湿的话果实表面的白霜会消失，果梗是否新鲜是判断鲜度的要点。

柠檬

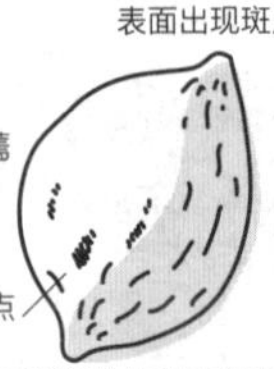

开放式陈列应注意果体是否萎蔫。包装品有无霉变、变软等现象。宜冷藏保管。

草莓

卖场陈列品应尽快售完。到货后立即冷藏保管。

西柚

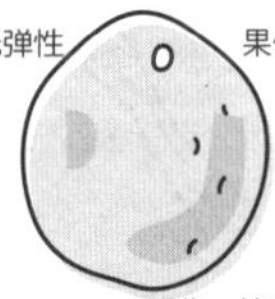

果体薄而重的果汁多。

李子

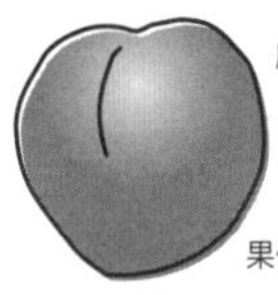

果体松软前口感最好，最佳销售时间稍提前。装袋易腐烂，需要特别注意。宜冷藏保管。

绿李子

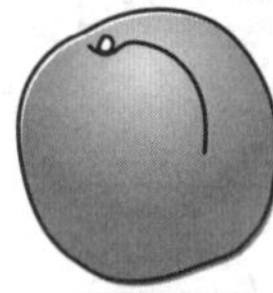

果体绿色透红时口感最好。略变红时是最佳销售时机。宜冷藏保管。

樱桃

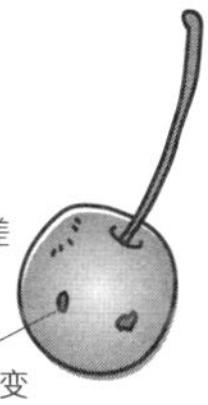

表皮出现斑点状，腐烂、霉变。容易遗漏，重点注意盒装品。冷藏保管。

柑橘

包装箱下层受压的果实易腐烂。腐烂的果实会传染其他果实，成箱销售时应开箱检查。网袋装应每天检查有无斑点、腐烂。

梨

开放式陈列时，果皮表面容易发生磕碰伤、损伤。从损伤处开始变软。冷藏保管。

柿子

果体变软时口感好，但不适合销售。常温保存。平柿易腐烂，进货时需注意。

奇异果

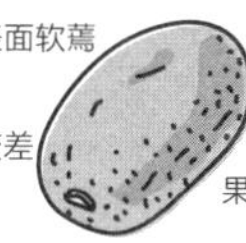

经催熟处理，变软后即可销售。催熟处理时，与苹果一起入袋封存，温度20～30℃时，成熟加快。变软后口感最好。

桃

表皮出现斑点状、茶色腐烂区。冷藏后甜度下降，最好当天售完。轻拿轻放。用手触摸，茶色区会进一步滋生斑点。

板栗

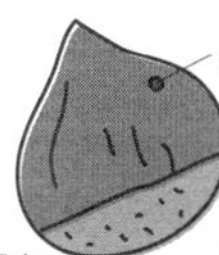

到货后立即冷藏。网袋装易干燥，争取当天售完，每天周转。冷藏保管。

苹果

长时间陈列的话，果肉会变差（肉质松绵、木质化）。果体变软时鲜度下降、品质劣化。表皮皱缩的品质不好。宜冷藏保存，冬季常温保存。

闭店时的八项业务

○ a 为次日清晨待加工的商品准备最小货量，集中堆放在地车上，摆在冷藏库入口附近。
○ b 整理后台操作间，确保次日清晨送货的商品的堆放空间。
○ c 补充常规陈列水果。
○ d 补充地下根茎类及含水量大的蔬菜。
○ e 闭店时撤掉卖场陈列的残次品。
○ f 丢弃后台操作间的垃圾、纸箱等。
○ g 确定次日半台陈列商品，准备 POP 等。
○ h 加工一些可提前加工的商品。

第6章

卖场和商品“卫生”管理

个人的健康管理和仪容仪表

员工进入店里后，一定要换上规定的工作服，其理由如下：

①方便作业

②防止给周围环境带来污染……人往往是周围环境的污染源

③给人以洁净感……穿上规定的工作服会给顾客带来安心感

工作服的颜色一般选用白色、蓝色、粉色等容易看出污垢的颜色。

穿工作服的理由

防止异物混入的基本对策

为防止异物混入，上衣的基本要求是：没有纽扣，拉链为螺旋式，外侧无口袋。使用螺旋式拉链是因为该拉链的组成部分（链牙部分）是连在一起的，即使在作业过程中拉链掉下来，链牙也不会脱落。

佩戴帽子、三角巾、口罩是为了什么呢?

答案是为了防止头发等的脱落。在食品销售中接到最多的异物混入的投诉就是头发等体毛。在欧美可能不会构成严重的问题，但在日本不同。

每个人平均有 10 万根头发，大概 5 年左右会全部代谢掉，平均算下来 1 天大约要掉 55 根头发。

所以头发必须用帽子遮盖起来，帽子遮不住全部头发的话，要在帽子下面用盘发网将头发罩起来。

工作人员必须在换上工作服后，戴上头套再进入食品加工区。头套的正确戴法是从上往下进行佩戴。

拉链的种类

× 金属拉链如果脱落的话，容易变成异物。

○螺旋式拉链即使脱落了，也不容易变成异物混入商品中。

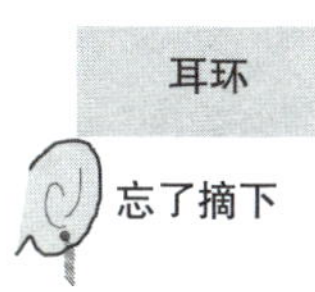

曾经发生过耳环混入商品中的情况

口罩要覆盖住鼻子吗?

原则上口罩不仅要将嘴部遮起来，还要覆盖住鼻子。这是因为鼻子或鼻子下方会存在黄色葡萄状球菌，如果手不经意间碰到了鼻子部位，就会污染到手指。同时这样也可以防止唾液的飞溅。

手表、戒指上会积攒污垢，所以严禁佩戴。如果不摘戒指，则要在戴上橡胶手套后再进行加工、烹调操作。

要保持指甲的清洁，为此在剪指甲的时候，要将超出指头部分的指甲剪干净。

要更换鞋子，这是防止将室外的污物带入店内。

从防止异物混入的角度，尽量不要佩戴耳环和耳钉。为了减少异物的数量，圆珠笔、油性笔等也不要用带笔套式的，而要使用按压式的。

最后，在食品加工场所，严禁使用味道很浓的发胶、香水等。

这些仪容仪表上的注意事项，都有非常正当的理由。

诺如病毒和个人健康管理的重要性

你知道食物中毒事故的高发期大概在什么时候吗？

如果你认为是“梅雨季节”或者“夏季”，就大错特错了。

实际上食物中毒事故全年都有发生，其中患者人数最多的时候是 12 月和 1 月。

这是因为，春、夏季节主要是由“细菌”引起食物中毒，秋、冬季节则主要是由诺如病毒引起食物中毒。

诺如病毒主要会导致腹泻和呕吐。通常会在 1 到 2 天内治愈，再过 2 天就完全恢复了。但身体恢复后马上上班的话会引起问题。

因为大量的病毒实际上会在腹部存活 1 到 2 周的时间。即使患者表面上看起来已经恢复健康了，实际上反而埋下了隐患。

直到 2014 年 2 月，都没有发现治疗诺如病毒的特效药。即使就医，医生也只是开给病人一些治疗肠胃的药剂，没有太大的用处。由于表面上看不出症状，所以必须通过化验排便（学名叫“肠内细菌检查”）来确认是否为“阴性”。

实际上，还存在一些“健康的细菌携带者”，他们虽然没有症状，但体内留有肠管出出血性大肠杆菌 O–157、沙门氏菌等细菌。因此，化验排便是非常有必要的。而且如果不让全体人员进行化验，是起不到预防作用的。

开店时进行“个人健康检查”也是非常重要的工作。即使本人没有问题，如果一起生活的家人出现腹泻、呕吐症状的也必须上报。这个对策也适用于应对流感。

食物中毒事故件数

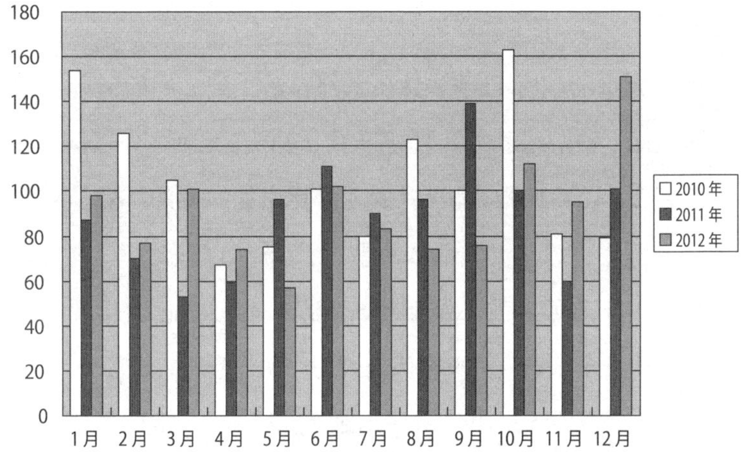

出自厚生劳动省主页的食物中毒事件一览速报

食物中毒患者人数

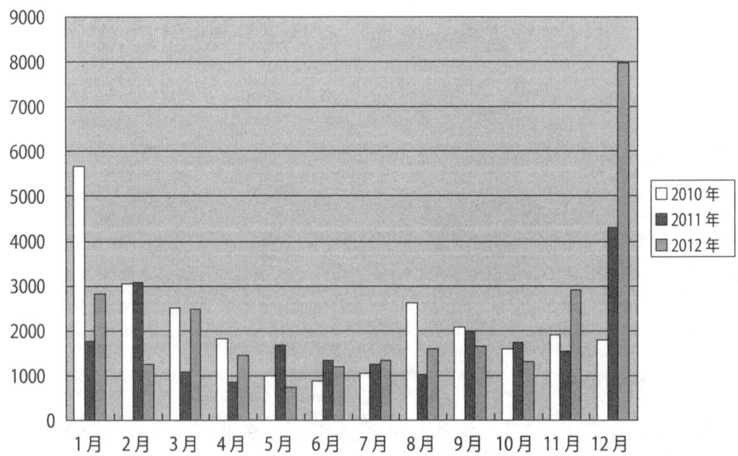

出自厚生劳动省主页的食物中毒事件一览速报

手粗糙或有伤口时要戴橡胶手套

手粗糙或有伤口时，有可能产生黄色葡萄状球菌（这种细菌用100℃高温消毒30分钟以上也不会被消灭掉）。

所以有这种情况的员工要被排除在装盘等工作外。

不过，在没有人代替工作的情况下，可以让其戴上橡胶手套进行工作。

在早上例会等时候要确认各自的健康状况，同时对全体从业人员进行工作分配和确认当天的工作量。

由此，不仅可以做好各自的健康管理，也可以确认整体的工作流程。

橡胶手套

手术中所使用的较紧的手套

塑料手套

稍大一点的一次性手套

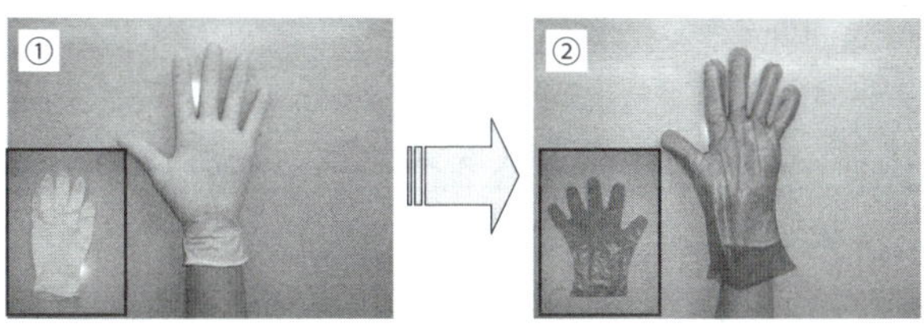

手上有伤的时候

①戴橡胶手套　②戴塑料手套

正确的洗手方法

大家从懂事起就知道要经常洗手，但事实上大部分人并没有掌握正确的洗手方法。

即使是热衷于培训的公司，也很少有公司会从零开始教员工怎么洗手。但是，洗手却是卫生管理的基本要求。

在应对流感和食物中毒的对策中，最重要的就是洗手。大家要对照迄今为止自己一直采用的洗手方法，确认一下正确的洗手方法。

（1）洗手池上需准备好的东西

①洗手液（固体肥皂是不行的，肥皂带来二次污染的可能性很高）。

②纸巾（不使用毛巾的理由同第①条。用烘手机的话，会使水滴飞溅到四周，不适合面积狭小的加工场所使用）。

③酒精喷雾。

④指甲刷（可以的话要准备 2 个，分单双日使用，这样的话隔天可以进行杀菌消毒）。

⑤垃圾桶（必须放置在靠近洗手池的地方）。

必备的洗手工具

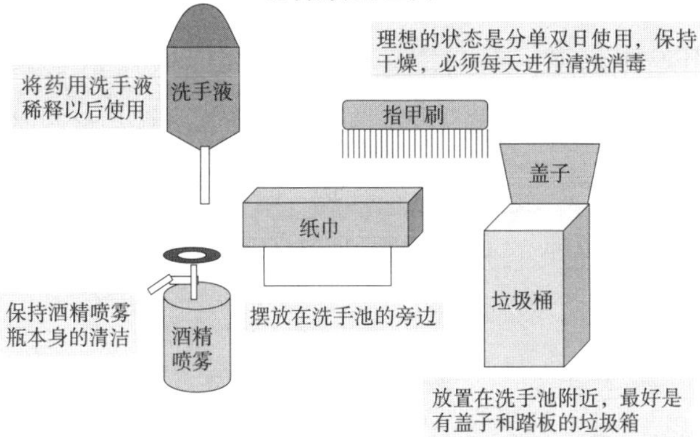

（2）洗手的基本顺序

①将手淋湿

②取洗手液并搓至起泡

③搓洗手背包括褶皱部位

④搓洗手指之间、手心、手背

⑤特别容易藏有污垢的大拇指，要用另一只手握住洗。被握着的大拇指要反复弯曲伸直，仔细清洗褶皱部位

⑥指甲里的污垢不容易洗掉，要用指甲刷轻轻地刷洗（要注意如果太用力的话，皮肤会变粗糙，起到反效果）

⑦清洗手腕。用另一只手抓住手腕进行清洗

⑧将洗手液冲干净

⑨用纸巾擦干水分（为了提高杀菌效果，一定要擦干水分）

⑩用酒精喷雾喷洒双手，两手互相揉搓

理想的做法是要清洗到手肘部位，最低要求是要养成清洗

到手腕的习惯。洗手要在以下的时间进行。

“开始作业前”“休息完后回到工作岗位时”“从卫生间出来时”“最后工序或者装盘工作以前”“处理完肉禽和水产时”。

在休息时或工作结束以后，要用护手霜来保养双手。

公司为防止员工手部粗糙，要准备好不含香料的护手霜。

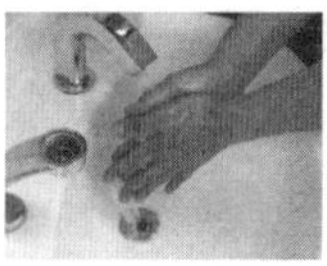

①将手淋湿

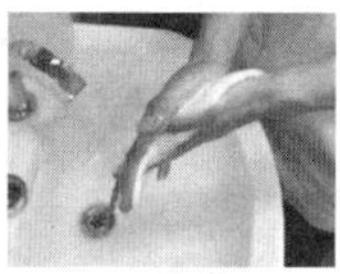

②取洗手液搓至起泡

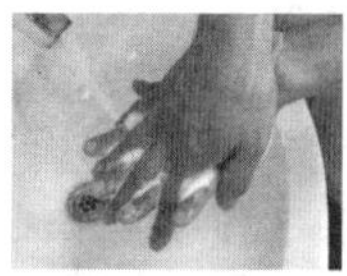

③④搓洗手指之间、手心、手背

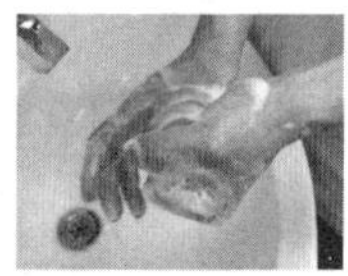

⑤握住大拇指清洗

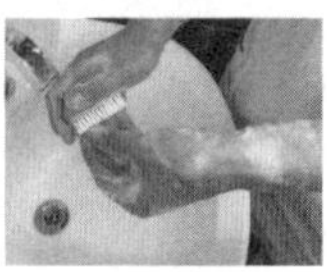

⑥用指甲刷洗指甲

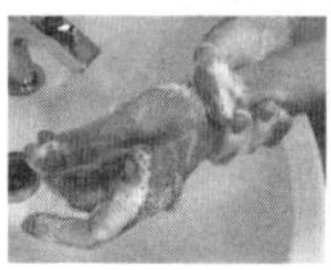

⑦清洗手腕

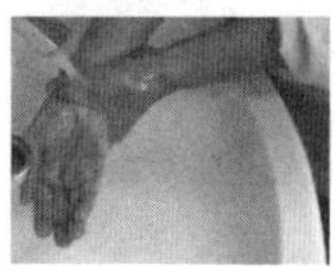

⑧将洗手液冲干净

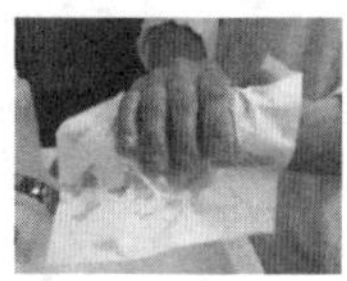

⑨用纸巾擦干水分

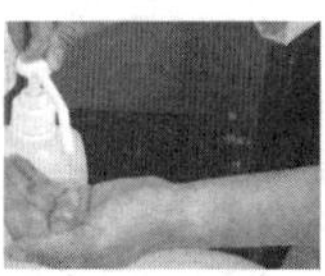

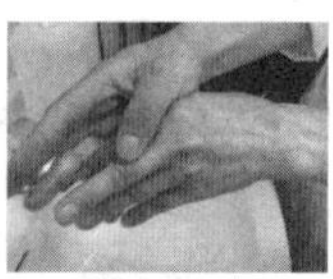

⑩喷酒精喷雾、两手互相揉搓

洗手的基本顺序

后备间的卫生管理

在店里工作的员工一般都会清洗案板和刀具，但很少会有人仔细地去看别人是如何进行清洗的。

在对器具的清洗、消毒缺乏监管的店，操作方法上会产生偏差，也有出现错误操作的情况。

对器具类进行清洗消毒的基本方法是什么？

下面我们来确认一下清洗频率较高的“案板”、“菜刀”等器具的清洗要点。

（1）要准备的东西

①刷子 2 个（单双日分开交替使用）……树脂的刷帚也可以，但刷子更方便使用（植物性的刷帚比较容易折断，原则上不可以使用）

②海绵刷

③装入专用容器的中性洗涤剂

④厨用无纺布

⑤酒精喷雾

（2）案板的清洗方法

①用流水冲洗案板，冲掉食材残渣

②控干水分

③将洗涤剂倒在案板上，以从下往上、从左往右的顺序纵向刷洗，着重清洗菜刀留下的刀痕部分

④按从右往左的顺序横向刷洗

⑤刷洗四个角落

⑥反面也要清洗

⑦冲洗案板正反两面

⑧去除水分，喷洒酒精喷雾

⑨开店时清洗的时候，要用厨用无纺布覆盖整个案板，然后用 200ppm 浓度的次氯酸钠（漂白剂）从上面进行喷洒，然后浸泡 20 分钟左右

案板的清洗消毒要点

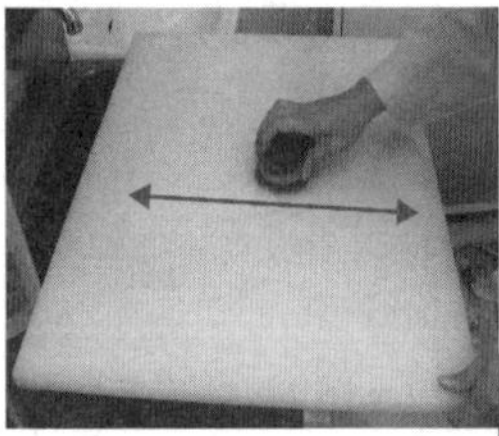

清洗要点是要用中性洗剂，沿着刀痕，用刷子进行刷洗

酒精消毒的要点是要在擦干水分之后进行

（3）菜刀的清洗方法

①刀刃部分用流水冲洗，冲去较大的食材残渣（基本上在案板上进行）

②用海绵蘸中性洗涤剂先洗刀柄（手握的部分）。仔细冲洗

刀刃和刀柄的连接部分

③接下来将菜刀放置在案板上，手拿着刀柄部分，清洗刀刃。这时要从离自己最近的一侧向刀刃的方向进行清洗。因为有可能会割到手，所以不要来回擦洗。以这样的方式清洗刀的正反两面

④拿着刀柄，用流水冲洗

⑤将生食用的厨用无纺布叠成四层放置在操作台上，将菜刀放在叠好的厨用无纺布上，然后手握着刀柄擦去水分

⑥用酒精喷雾进行全面喷洒，然后将菜刀放置在菜刀保管间（如果是放在带有杀菌灯的保管间，就没有必要进行步骤⑥的酒精喷洒了）

刚开始时可能操作起来有些慢，但重要的是要切实掌握正确的清洗方法。

菜刀的清洗要点
除了刀刃部分，还要注意
其他地方
①雕印
②刀刃和刀柄连接的地方
③刀柄
是很容易有污垢残留的

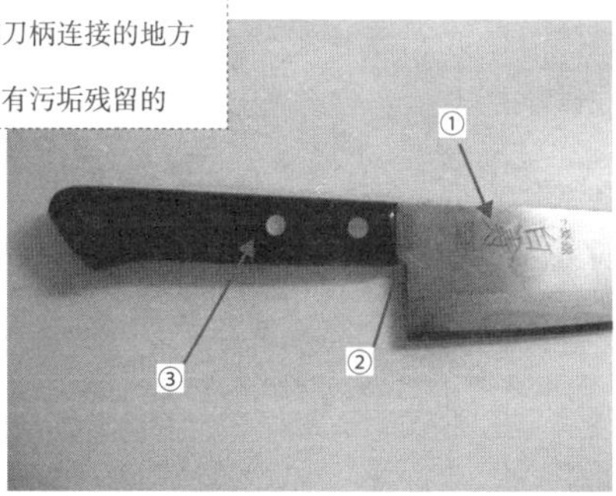

预防食物中毒和器具、备品的分类使用

为什么菜板、刀具、抹布必须分开使用呢？答案是为尽量减少细菌传播，防止食品中毒事件发生。

因此，门店明文规定菜板、刀具等操作工具必须按蔬菜用、水果用、切割水果用等不同用途分开。另外，无纺布（一种抹布）也应按生食用、清洁台面用等用途分开。

无纺布有很多种颜色，工作人员可以根据不同用途选择使用不同颜色的无纺布。

那么，食物中毒是怎么引起的？为了帮助大家理解物品分开使用的必要性，下面介绍两种常见的引发食物中毒的途径。

第一，食材本身携带引发食物中毒的细菌。

食品加工过程中，因加热不足，细菌残留、放置一段时间后再食用所引发的食物中毒被称为“一次污染”。

菜刀、菜板的用途分类

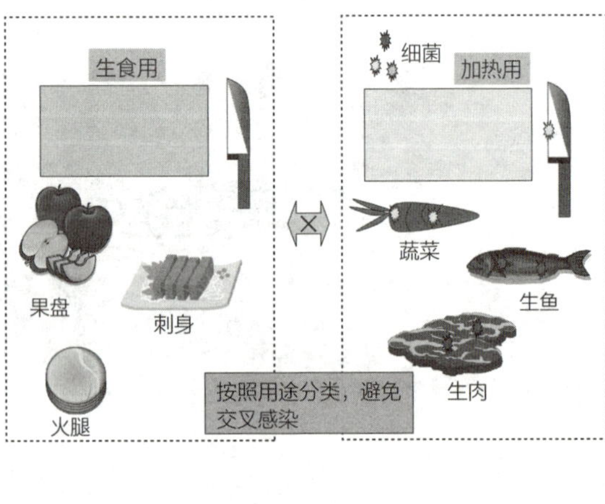

※厨用无纺布

由人造纤维等面料制造而成的无纺布，因为它不是一种通过纺纱织布制成的织物，只是将纺织短纤维或长纤维进行定向或随机排列，形成纤网结构，然后采用机械、热粘或化学等方法加固而成。与传统抹布相比，能够减少异物混入的概率并较易干燥，作为一种更为卫生方便的用品，渐渐成为食品加工业的普遍选择。

第二，“二次污染”。

以生鱼加工为例，操作人员先清除鱼内脏，将鱼肉切成三段后，简单地用水冲洗菜刀、案板、抹布等器具后，继续使用同一器具进行精加工（制作生鱼片等）操作。假设顾客购买这种生鱼片后当时不吃，而是搁置一段时间后再吃，此时发生的食物中毒被称为“二次污染”。

这种食物中毒是残留的细菌通过操作人员的手、器皿、备品等媒介污染食材而导致的事故。此类事故的发生率很高，约占所有食物中毒事故的70% ~ 80%。

健康成人在胃酸和肠道益生菌的作用下，能杀死部分引发食物中毒的细菌。但是，儿童、老年人等特殊群体的免疫力低下、胃酸分泌不足，对引发食物中毒的细菌缺乏抵抗力。

<厨用无纺布>
根据不同用途，对其进行颜色分类

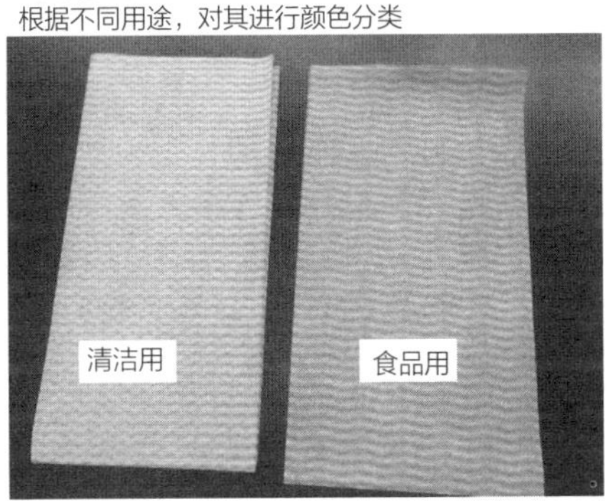

近年来，出现了一些少量侵入，即可致病的高致病性细菌，如肠道出血性大肠杆菌O157、弯曲杆菌、诺如病毒等细菌。

因此，员工进店后，必须认真洗手和清洗操作工具。另外，操作工具和备品必须分开。

同样，预处理和精加工作业最好不要在一个操作间进行。

操作间空间较大时，建议划设专门的生鱼片制作区。如果操作间狭窄，可以划定时间段，分别进行预处理和精加工操作。

“3S”“5S”“7S”是指什么?

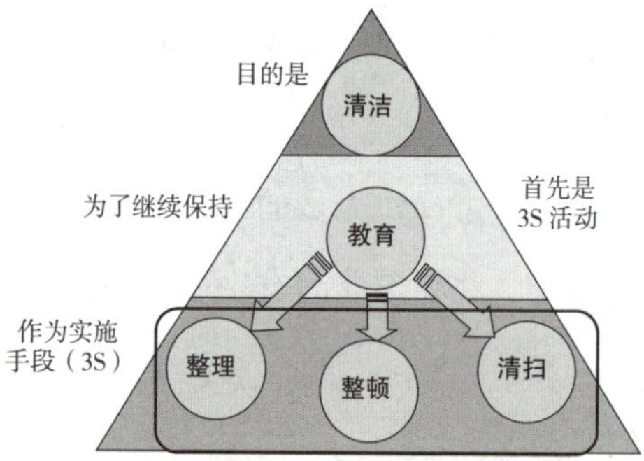

食品“5S 活动”“7S 活动”等是普遍被采取的措施。

把表示管理手段的三个词汇“整理（SEIRI）”“整顿（SEITON）”“清扫（SEISOU）”的日文罗马音标首字母放在一起称作“3S 活动”。把这个 3S 活动作为例行活动确定下来，并以此“教育（SITUKE）”员工，以达到保持“清洁（SEIKETU）”的目的，同样取这两个词的日文罗马音标首字母，就成了“5S 活动”。

在食品部门，“清扫”又进一步被划分为“洗净（SEIJYO）”和“消毒（SYODOKU）”，这样就成了“7S 活动”。

下面来解释一下作为 3 个活动基础的 3S 活动。

①整理（SEIRI）

这是 3S 活动中最重要的一个部分。具体来说就是将所需物品和不需要的物品分开，然后将不需要的物品处理掉。

难以做判断的时候，要制作一个“未整理箱”来收纳物品，并暂时放到别的场所保管起来，如果后阶段用不到的话就做废弃处理。

要养成每个月或换季时定期进行这个活动的习惯。尤其越狭小的加工场所越有必要将此活动放在重要位置来实施。

所谓的 3S →整理、整顿、清扫的首字母

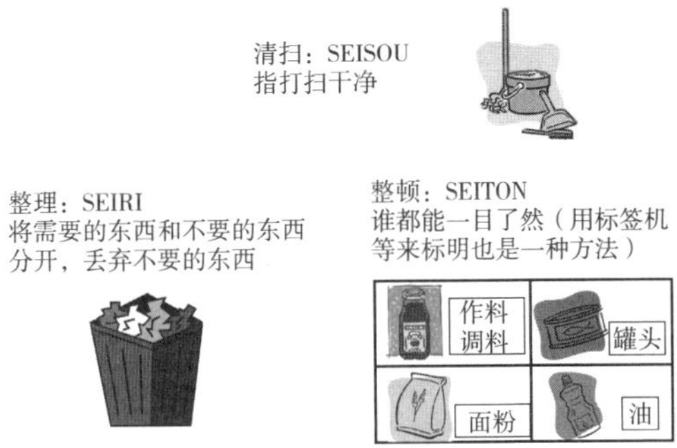

②**整顿（SEITON）**

这个活动是指要确定好必需品的放置位置和放置方法，并且要在显眼的位置标示其内容。

整顿这个词一般是“有序整理好”的意思，但还要进一步地在物品上贴上名称卡，让人一目了然。

贴名称卡这项工作刚开始时并不轻松，但从后续工作来考虑，能削减人工费和时间成本，所以很重要。

③**清扫（SEISOU）**

清扫一般是指为去除垃圾和灰尘而进行的打扫，在食品部门还包括清洗和杀菌工序。

在食品的清洁上，不光要处理肉眼看得到的污物，还要对微生物进行清洗和杀菌。所以不是只用肉眼来判断食材是干净还是脏，要对食材、员工的手会接触到的地方，按照公司规定的方法进行清洗和杀菌。

收货时检验商品的重要性

生鲜商品的重点是“鲜度”。但是，无论怎样加工、调味，如果原材料本身存在问题，做什么都没有意义。所以，交货时必须仔细检查。

验货的要点包括“包装外形”“商品外观、鲜度”“数量、重量”“温度”“时间”，应逐项核对。

① 确认包装外形

到货时检查外包装箱、聚苯乙烯泡沫箱、货柜等，发现外包装箱有水浸或损坏痕迹，即使商品外观完好无损，也应及时上报。

外包装箱有水浸痕迹，说明其可能因户外作业或被其他商品沾湿。所以，即使从督促供应商今后整改等角度考虑，也应及时上报。

外包装箱损坏时的处理方式相同。即使经检查商品无异常，也应考虑运输过程中是否存在问题。

折叠式周转箱（容器）污损明显、分类价签重叠贴标时，应督促供应商改善。

对在上述基本环节上有问题的供应商应特别注意。

② 食品外观、鲜度检查

食材颜色改变、表面淌出大量不明液体时，原则上必须退货。个别门店可能以“降低成本价”为条件签单收货，但从长远角度考虑，这样处理并不恰当。

①注意外包装
例如
a. 纸板箱是否变形
b. 是否有被雨淋过的痕迹
图例

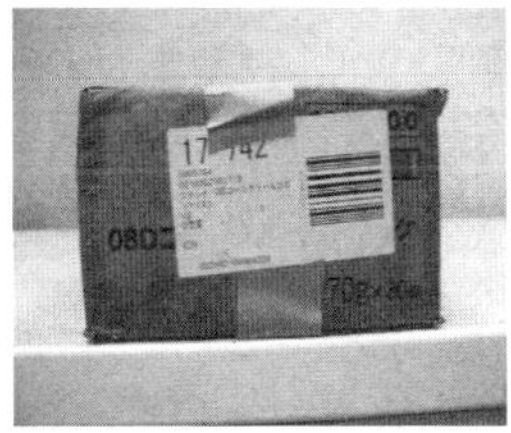

当然上述情况有可能属于个别现象，不至于全部退货，但原则上应按退货处理。

商品存在明显的品质（番茄的颜色差异）或等级（大小、形状差异）、拼配装盒错误也属于比较严重的问题。此时，应以退换货为前提与供应商进行交涉或将问题上报。

③ 确认数量、重量

确认数量和重量是验货的基础。具体工作：对记账单的内容和交货商品的数量、重量等进行核对。

③确认数量和重量

④确认温度

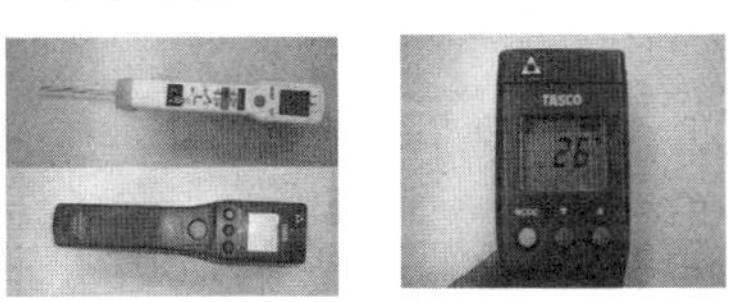

附带探针的放射温度计（左）
放射温度计（右）

收货时，用于检测商品的温度

为确保核对工作顺利进行，验货现场最好常设一台最大称重量 100kg 的地秤。

按重量订购的商品不必逐一检查，采取抽检很重要。

④ 确认温度

冷藏品（冷藏温度低于 10℃以下，冷冻温度低于 15℃以下）应在记账单或交货单上备注“交货温度”等内容。发现冷冻品解冻时，必须退货。

冬夏两季，还应对冷藏品以外的商品进行抽检，这样可以了解供货商的商品管理情况。

现在，市面上有一种不必直接接触，就能简单测定商品温度的放射温度计。

这种温度计的售价大约为1万日元，每家门店至少应配备一台。

⑤ 确认时间

对于标记加工日期、消费期限、保质期限的商品，到货时必须检查并确认时间。

验货时发现货品中有超过期限范围的，原则上可要求供应商退换货。商品本身没问题时，可以按照规定与供货商就降价折扣进行交涉。

最后，确认店内基础核对项目。

发生上述问题时，应迅速上报或联系商品部。直属领导休假不在时，应与供货商取得联系。

如果上述问题反复发生，且经多次交涉仍无改善，应研究是否更换供货商。

蔬果的特性和鲜度管理

蔬果类商品与鱼肉类制品最大的不同是有生命。

蔬果类商品采摘后，机体内的细胞会继续生长、呼吸，释放水分、二氧化碳和生长素（乙烯），为抑制这种呼吸、水分蒸腾、乙烯释放过程，保持商品的鲜度，很多门店均配有（1 ~ 7℃左右）超大型冷库。冷库内设置的加湿器能将库内湿度控制在90% ~ 95% 之间（这种冷库被称为“苏生库”）。

因为蔬果类商品的生长特性，所以，一家卖场的管理好坏与否，顾客往往是最有发言权的。此外，五颜六色的果蔬给人以强烈的季节感（时刻提醒人们自然季节的变化）。

另外，制作肉类菜肴往往需要搭配蔬菜，这在无形中促进了蔬菜的销售量，所以，在日本，很多门店的蔬果部都设在店门入口处。

所以，蔬果部门的鲜度管理是门店整体“鲜度”印象的决定性因素。

本节让我们一起学习蔬菜的特性和鲜度管理基础。

蔬菜类

萎蔫

1. 常温保存
2. 置于冷藏库长期保存

蔬菜组成成分中水分约占 90%

切割后还继续生长

原因：
呼吸、蒸腾作用，继续维持生命活动

↓

水分蒸发 养分消耗

生长中的蔬菜的正确管理

刚收获的新鲜蔬菜是品质最好的时候。

但是，如果长时间被雨水浸泡、折断、受损，蔬菜的品质就会迅速下降，必须尽快售出。

蔬菜、水果继续生长

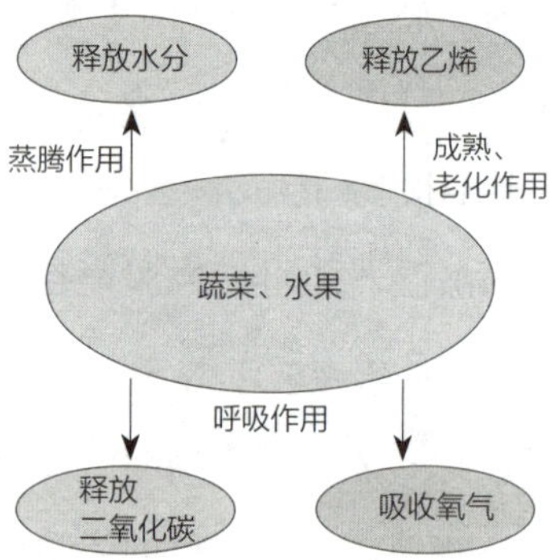

其中，叶菜类、生菜类最不耐保存，到货时必须加强检查，并养成清除劣化部分后保存的习惯。如果商品受损严重，修整价值不大，应考虑退货。

蔬菜是有生命的机体，有趋光生长的特点，如果储存过程中让蔬菜休眠，它们就会迎着光照向“上”伸展和消耗养分。特别是叶菜，储存时应尽量营造自然状态（农田），同时补充水分。

这就是人们通过“复苏”作业给蔬菜补充水分，并按植物生长发育状态保存的原因。

此外，还有一些原产于热带地区的蔬菜，如青椒、红薯、茄子、秋葵、黄瓜等，这些蔬菜遇低温会发生色泽改变或表面长斑。

常见蔬菜的最佳保存条件

蔬菜种类	最佳保存温度	最佳保存湿度
菜花	0 ~ 1℃	95% ~ 100%
白菜	0 ~ 1℃	95% ~ 100%
胡萝卜	0 ~ 1℃	95% ~ 100%
白萝卜	0 ~ 1℃	95% ~ 100%
卷心菜	0 ~ 1℃	95% ~ 100%
生菜	0 ~ 1℃	95% ~ 100%
菠菜	0 ~ 1℃	95% ~ 100%
洋葱	0 ~ 1℃	65% ~ 75%
青椒	7 ~ 10℃	95% ~ 100%
黄瓜	10 ~ 13℃	85% ~ 90%
茄子	10 ~ 13℃	90% ~ 95%
红薯	13 ~ 15℃	85% ~ 95%
南瓜	13 ~ 15℃	50% ~ 70%

一般情况下，温度每升高 10℃，蔬菜的鲜度下降速度加快 2 ~ 4 倍。尽管受进口、品种改良、技术革新等因素影响，现在很多蔬菜一年四季均有供应。但是，不同蔬菜对温度的要求不同，保存时仍需要注意温度控制。

水果的特性和正确保存

与蔬菜一样，水果也有生命。

一般情况下，新鲜采摘的水果品质最好，但也有例外。水果的品种不同，有的收获后需要搁置一段时间进行催熟，追熟后的果实口感变好。比如香蕉、蜜瓜、牛油果、洋梨、奇异果等，这类水果应结合运输等因素提前采摘。

采摘后搁置一段时间，经过催熟处理，这些水果的甜度会增加、果肉柔软、口感变好。这是因为收获后，果肉中的酶会变得活跃，在酶的作用下，把果肉中的淀粉转化为糖的缘故。

相反，这类水果进入成熟期后，呼吸作用增强。所以，如果成熟之前未能及时采摘，也没有进行合理的温度管理，就很难保证卖场陈列的商品口感。所以，此时需要人工催熟。

诱发劣化的生长素乙烯

对成熟的水果来说，植物生长素乙烯是导致品质下降的原因。乙烯释放量较多的水果如香蕉、番木瓜、芒果、牛油果、奇异果、苹果、柿子、桃子、无花果等（蔬菜如球芽甘蓝、菜花等）。

在这类商品附近放置其他蔬果，可能导致其他商品的品质迅速下降，因此必须特别注意。另外，还可以利用这种特性对其他未成熟的蔬果进行催熟。即使商品的品种不同，在乙烯的作用下仍会加速成熟（但是，这种方式需要相应的技术支持，管理起来有难度，在店内不易实施）。

另外，采用不同的温度管理，乙烯释放量会发生较大变化。一般来说，温度越低，乙烯释放量会受到抑制。

因此，进行蔬果

乙烯释放量多的水果

· 香蕉
· 番木瓜
· 芒果
· 牛油果
· 奇异果
· 苹果
· 柿子
· 桃子
· 无花果
其他

在这类乙烯释放量较多的水果旁边摆放其他蔬果，会加快其他商品的品质劣化。

复苏处理的地方同样存在场所和温度差等问题，需要具体情况具体对待。在了解的基础上对水果进行科学合理的保管，才能为消费者提供美味的商品。这一点与蔬菜相同。

怎样辨别水果的优劣

一般来说，水果以外观完好、果梗细、分量重的为好。果梗细，分量重，说明养分吸收旺盛。外观完好，说明果实生长均衡。

除了葡萄，水果可食用部分的下层最甜。

让人意外的是，从生物学分类来说，草莓、西瓜、蜜瓜这几种水果其实应归入蔬菜。但是，大多数门店和统计部门把它们归入"果实类蔬菜"，按水果分类和销售。

常见水果的保存条件和时间

水果种类	最佳保存温度	最佳保存湿度	保存天数
樱桃	0～1℃	85%～90%	10～14天
无花果	0～1℃	85%～90%	7～10天
橙子	0～1℃	85%～90%	8～12周
桃子	0～1℃	85%～90%	2～4周
牛油果	10℃左右	85%～90%	4周
西柚	10℃左右	85%～90%	4～8周
番木瓜	10℃左右	85%～90%	2～3周
芒果	10℃左右	85%～90%	2～3周

第7章

遵守法令和“标识”规范

食品标识法和基础

根据日本JAS法（《农林物质标准化及质量标识管理法》等相关法律）规定，“生鲜食品”和“加工食品”的标识内容不同。

与普通商品不同的“生鲜食品”和“加工食品”

因此，首先应搞清本店销售的商品应归入生鲜食品，还是加工食品。

从法律角度来说，一些日常生活中被人们习惯性地归入“生鲜食品”的品种其实应归入“加工食品”。尽管有时这些分类让人难以理解，但是，因为是法律规定，所以只能记牢。

相关分类如下。

（1）生鲜食品

① 蔬菜、水果、水产、肉禽等未加工的食品单品。

② 上述食品经切割、加工后，按单品销售时。

③ 紫甘蓝和卷心菜拼配、拆分/切丝组合等同种拼配销售时（紫皮洋葱和黄皮洋葱拼配同样）。

④ 冷冻、冷藏食品、解冻食品

上述品类均归入“生鲜食品”。

生鲜食品与加工食品的具体实例

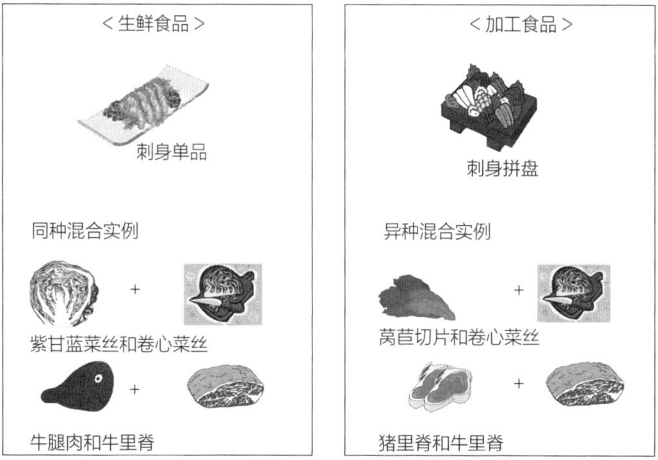

（2）加工食品

① 水果、水产、肉禽等不同种“生鲜食品”拼配组合的商品（比如菠萝、苹果等不同种类的鲜切水果拼配等）。

《JAS 法》关于生鲜食品和加工食品的分类

	切割前	单品	同种混合	异种混合	与加工品混合	加工品
刺身	鱼	大眼金枪鱼痩肉	大眼金枪鱼痩肉＋大眼金枪鱼肥肉	大眼金枪鱼痩肉＋大章鱼(生)	大眼金枪鱼痩肉＋煮章鱼	煮章鱼
切割蔬菜	蔬菜	卷心菜丝	卷心菜丝＋紫甘蓝菜丝	卷心菜丝＋莴苣切片	卷心菜丝＋莴苣切片＋玉米罐头(加工品)	玉米罐头(加工品)
肉片		牛里脊片	牛里脊＋牛五花肉	牛里脊＋猪里脊	牛里脊＋腌牛舌	腌牛舌

← **生鲜食品**　　　　**加工食品** →

②生鲜食品经调味、盐渍、风干处理时。

③生鲜食品经煮制、烧炖、蒸等加工处理时。

上述商品归入“加工食品”。

生鲜商品和加工商品标志的区别

在了解上述规定的基础上，下面对生鲜食品和加工食品标识的区别进行归纳。

JAS法规定生鲜食品必须标识“名称”和“原产地”两项。

加工食品必须标识“名称”“原材料名”“原料原产地名”（仅限部分商品）“内容量”“保质期标志”“保存方法”“原产国名”（仅限进口商品）“生产商”等。

生鲜食品的标识

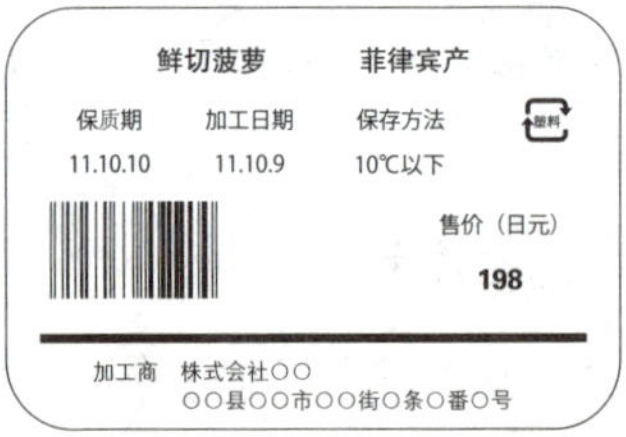

· 标识项目
名称
原产地
加工年月日
识别标志

· 标识项目
名称
原材料
添加剂
原料原产地
内容量
保质期
保存方法
生产厂家
过敏物标识
加工年月日
识别标志

加工食品的标识

店内加工食品和委托包装食品的标志

日本食品标志法规定，“为保证食品安全”以及“为消费者提供食品选购信息”，所有在售食品必须明确进行标识。

现在，上级管辖机构已改由消费者厅统一管理。但是，现行的食品标志制度是在多部法律的基础上制定的，所以，制度的内容比较复杂。

食品标志依据的基础法是JAS、食品卫生法以及计量法等。

参见附件汇总整理的加工食品标志事项，同时确认基础部分的相关内容。

店内加工食品和店外包装食品标示上的差异

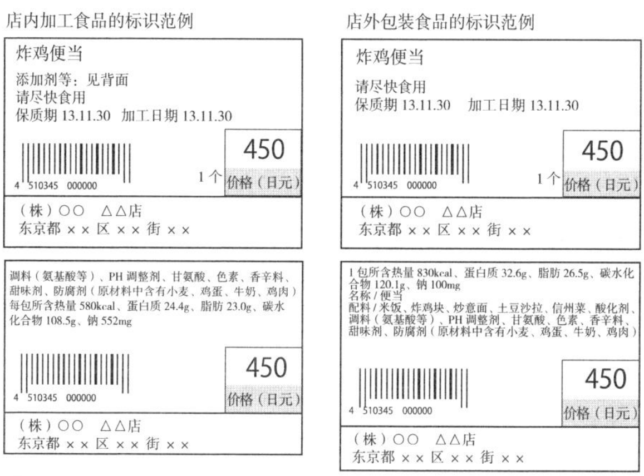

店内加工食品可以省略原材料名称的标示，但要以店内工作人员能够对不足信息进行说明为前提。

食品卫生法规定，采用容器包装的以加工食品、肉食、生食鱼类（含刺身）以及鲜切水果等为标志对象。

根据法律规定，要求必须标识的内容包括“品名”“原材料名”“原料原产地名”“食品添加剂”“过敏原标识”“保质期标识”“保存方法”（无存放温度标识时需标注常温保存）“生厂商”“转基因标识”等。

计量法规定：生鲜食品（含冷冻食品）中采用容器包装销售的特定商品必须标注内容量以及标识人的名称、住址等信息。

总之，加工食品必须标注以上全部项目。因此，订购的委托包装食品到货时，卖场工作人员必须核对食品标识与内容是否一致。

但是，根据JAS规定，店内加工食品，即使经过包装的商品可以不予标记。食品标识的JAS法规定必须标注的“原材料名”“原料原产地名”等项目可以省略不标。

前提是要求卖场工作人员必须能够向顾客说明未标的内容。因此，要求卖场全员提前共享信息或由标识责任人明确相关问题，构建能够对答如流的应对机制。

关于食品保质期

食品保质期是指必须在食品包装上标注到何时为止可以食用的期限。该期限标识是在生产商规定的存放条件和未开封的基础上确定的期限。

确定食品保质期时，可以根据经验判断。此外，还应结合细菌检查、水、PH值（※1）等物理化学检查、感官检查（※2）等检查项目进行综合判断。

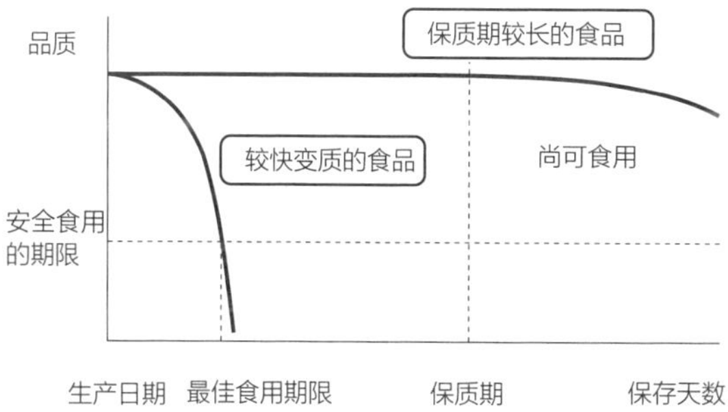

资料出自农林水产省官方网站

保质期和最佳食用期限的形象图解

如下所示，期限标识主要分为两种：

① 最佳食用期限

指品质容易发生变化的生鲜食品、便当、副食、西式糕点等食品使用的标识。提示消费者超过“该期限时建议不要继续食用”，这种期限标识主要用于不耐保存的食品。

②保质期

指品质劣化速度比较缓慢的食品使用的标识。这种期限标识以遵守生厂商确定的保存条件为前提，特指食品能够充分保证口感、品质的期限。

生厂商对食品的安全性进行评估，一般按实际存放天数的80% ~ 90% 为标准设定食品的保质期。

> ※1 什么是 PH 值？
>
> PH 值是一种衡量水溶液酸碱程度的单位。通常情况下，PH 值等于 7 时为中性，小于该数值为酸性，大于该数值为碱性。

※2 什么是感官检查?

感官检查是指利用人体的五种感觉（视觉、触觉、听觉、味觉、嗅觉）实施的检查。将人体的感觉按测量仪器的标准数值化，包括分析性和按“好恶”等喜好标准进行评价的两种方法。参加者需提前接受测试以判断是否合适，在此基础上选拔。

保质期一般以年月日为单位进行标识，罐头等保质期较长的（三个月以上）食品可以省略日期，仅以年月标识。

此外，还有一些无保质期限制的非常规食品，如食盐、砂糖、口香糖、冰块、冰淇淋等。这些食品在常规存放条件下不会变质，所以不设保质期。

与上述情况不同，对于一些无相关法规强制规定，但开封后需建议食用该食品截止日期的“最佳食用期限”，应由门店规定。

设定保质期的方法

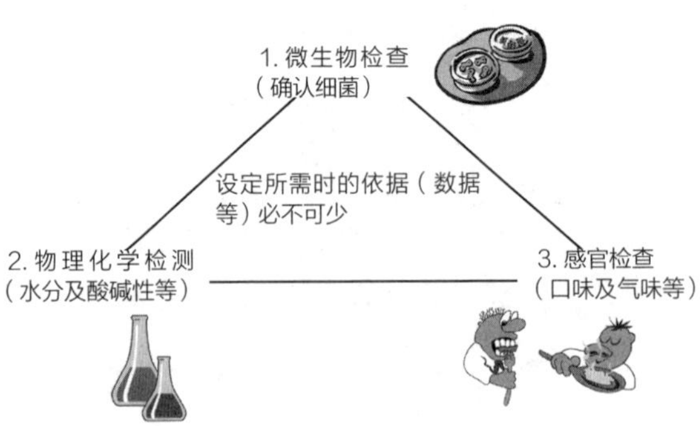

开封后由门店规定最佳食用期限的食品与食品安全问题密切相关，进一步讲，对食品的口感和鲜度管理也有好处。

受上市时间、品种、运输、送货条件等因素影响，蔬果、水产、肉禽等生鲜食品的品质劣化速度均不同，很难设定具体保质期限。有时需要分别设定保质期。

重要的过敏原标识

据报道，2012年12月，东京都调布市一女童在校内摄入含乳酪成分的韩式煎饼后发生过敏性休克并导致（※1）死亡，这是一起因该女童对乳酪过敏，而校方忽略乳酪粉问题发生的事故。

现在，越来越多的成年人开始对食物过敏。从食物过敏症例数据可知：占比例最高的是幼儿（1岁前）期，约10%。随年龄增长、机体免疫力增加，该值呈下降趋势。

关于店内加工品标识的注意事项

务必注明添加剂和过敏物！

原材料可不注明。

※1 全身型过敏反应：为全身各部位的一系列过敏症状，包括口腔和手足麻痹、荨麻疹、出冷汗，继而脉搏微弱、血压急剧下降、呼吸困难、意识丧失等。由于症状的出现和恶化速度极快，若不迅速、妥当地进行诊断和治疗，会造成重大事故。

但是，近年来这种趋势开始改变，成年人食物过敏患者呈上升趋势。

据统计，现在每100位成年人当中，大约1 ~ 2人发生过食物过敏反应。

因此，日本开始以法律形式明文规定食品必须标注过敏原。其中，可能引发严重过敏反应的食物包括“荞麦”“花生”两类。其次，引发过敏反应最多的食物是“鸡蛋”“牛奶”“小麦”“虾”“蟹”五类，根据法律规定，上述几类食物必须标注特定原材料。

此外，参照特定原材料，建议标注过敏原的食品有 18 种。

该特定原材料中，自 2014 年 8 月起新增“芝麻”“腰果”两种。

关于食物过敏，必须考虑食材形态发生改变的酱油、日本豆面酱、调料汁等佐料成分。

在所有原材料中，除了被称为“一次原料”的猪肉、橙子、乌贼等，被称为“二次原料”的调味品中所含的成分也应提前调查并标识。

过敏原标识与人的生命息息相关，所以，标注工作是必须的。因此，即使需要在店内加工，也应充分调查二次原料并进行标识。

此外，尽管面对面销售时允许不予标注，但前提是卖场员工必须能够流畅地回答顾客对食品安全和过敏原的所有询问。即使从避免面对面销售过程中可能发生的顾客投诉等角度出发来考虑，提前制作和张贴食物过敏原一览表也很有必要。

被列为过敏原标识对象的原材料

<table>
<tr><td rowspan="2">特定原材料 ※ 法律规定必须注明</td><td>蛋类 乳类 小麦 虾类 蟹类</td><td>过敏人群较广</td></tr>
<tr><td>荞麦、花生</td><td>过敏症状较重</td></tr>
<tr><td rowspan="5">视为特定原材料建议注明</td><td>鱼贝类：鲍鱼、乌贼、咸鲑鱼子、鲑鱼、青花鱼</td><td rowspan="5">过敏人群较少</td></tr>
<tr><td>水果：猕猴桃、桃子、苹果、橙子、香蕉</td></tr>
<tr><td>肉类：牛肉、猪肉、鸡肉</td></tr>
<tr><td>蔬菜等：核桃、大豆、松口蘑、山芋</td></tr>
<tr><td>其他：明胶</td></tr>
</table>

2014 年 8 月，又新增加了芝麻和腰果。

例如：
提前制作一份帮助卖场员工能够回答顾客问题的在售食品过敏原一览表。

过敏原一览表

品名	蛋类	小麦	乳类	荞麦	花生	虾类	蟹类
炸猪柳盖饭	○	○	○				
炸虾盖饭	○	○	○			○	
天妇罗拼盘	○	○	○			○	
干烧比目鱼		○					
日式牛肉火锅	○	○					

蔬果标识基础

蔬果部门要求必须标注商品的“品名”“原产地”两项。

必须标注品名及原产地

主要注意事项和要点如下：

①品名

一般采用最常见的“黄瓜”“番茄”等商品名称，可以备注“富士苹果”“苹果（富士）”“桃太郎番茄”等品种名，还可以用“富士”“桃太郎”“甜王”等品种名代替。

标识项目	JAS 法	食品卫生法	计量法	资源
名称	○			
原产地	○			
添加剂标识		○ ※1		
内容量			○ ※2	
销售商等			○ ※2	
识别标志				○ ※3

※1：柑橘类、香蕉等使用防霉剂时
※2：将豆类、大米、小麦等放入密封容器包装，进行销售时
※3：采用塑料及纸制容器包装时

此外，可以使用地方名，如“九条大葱”“三浦白萝卜”“加茂茄子”“夕张蜜瓜”等特殊名称。

②原产地

本土商品使用都道府县标识产区，县名可以用市町村名或一般广为人知的地名代替标识。主打品可以使用“旧用国名”，如“萨摩”“土佐”等以及“旧用国名”的别称“信州”“纪州”等代替。

进口商品使用“美国”“加拿大”等原产国国名标识，还可以使用人们熟知的“加利福尼亚”“佛罗里达”等美国州名以及“福建省”等中国省份名称进行标识。注意：禁止使用“USA”等英文标记。

下面介绍一些容易出错的例子。

例如：在产地包装的青椒等商品上出现“JA××”“××农协”等字句。个别门店的商品上无产地标识，这种情况涉嫌违法，是标记了农协名，但未标注产地。

当然，产地包装上除“××县产”外，附带农协名时则不在此列。

进口水果和生香菇标识例

① 添加剂标识义务

以香蕉、进口柑橘等水果为例，为防止采摘后发生霉变增殖等问题使用“防霉剂”时。

防霉剂属于被指定的食品添加剂，法律法规并未强制规定必须在商品上标识此类物质，但保健所明文规定全国范围内各店必须在 POP、价标等宣传品上进行标识。

上述商品装袋销售时，要求在外包装袋上标识相关信息。此时，除了防霉剂，“涕必灵（TBZ）”“邻苯基苯酚（OPP）”“邻苯基苯酚钠（OPP ~ Na）”“联苯（DP）”等药剂名也应标记。

另外，逢特卖、店内促销等卖场调整时，忘记标注食品添加剂的情况比较常见。注意更换商品包装时，连同食品添加剂标识一并更换。

具体标识例（蔬菜）

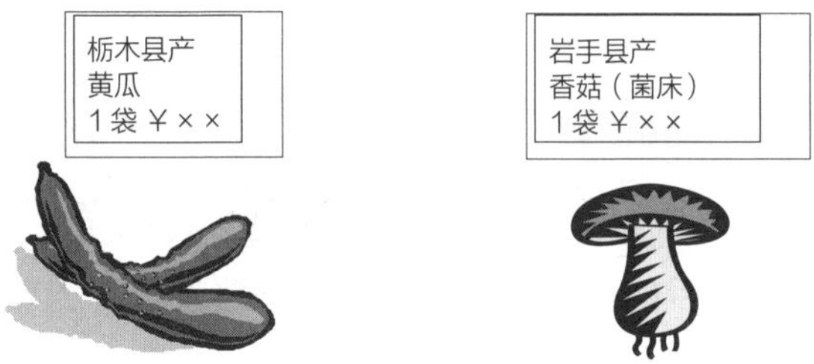

要点①
不要忘记产地标识
不只一个产地时，必须对全部产地进行标识
要点②
香菇必须标识种植方法
“原木”“菌床”

② 生香菇必须标识种植方法

生香菇的种植方法主要分为两种。一种是在橡树或栎树等原木上种植种菌；一种是在混合锯末、拉门、米糠、水等成分的培养基上种植种菌。

蔬果、添加剂标识

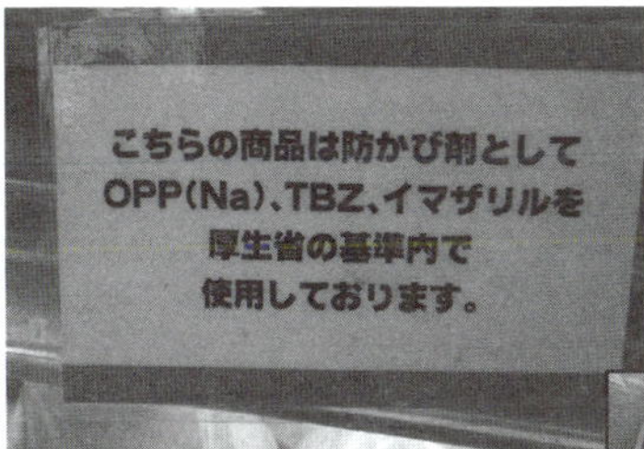

进口柑橘类
“橙子、西柚等”使用了防霉剂
的商品

现在，市面上出现了一种不使用
防霉剂的无化学添加柠檬！必须
仔细辨认产品的外包装标识。

上述两种香菇拼配销售时，应按重量顺序标识。

有机种植和特别种植的区别

为提高农产品附加值，不使用化学合成的农药、化肥的农产品或与周边地区常规农业习惯水平相比，尽量减少化学合成的农药、化肥等使用量的农产品受到越来越多的关注。其中，尤其是生产种植难的有机农产品，受到JAS法规定的生产方法等规范的严格制约。

对蔬果部门的负责人来说，必须正确掌握和了解相关规定。

①关于有机农产品

有机农产品的标准生产方法如下，只有完全符合标准的农产品才允许在产品外包装上贴“有机JAS认证标志”。但是，即使农产品符合标准，如果商品外包装上无 JAS 有机认证标志，也不允许使用“有机”标识。

A. 周围土壤无农药、化肥等人工合成物质污染（即使个人承包田未使用农药、化肥等人工合成物质，但周围 100 米范围内有土壤使用了，须确认有无相关化学物质随风飘入）。

什么是有机农产品？

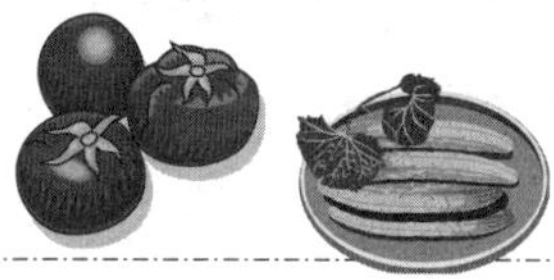

①周围土壤无农药、化肥等人工合成物质污染

②播种前两年以上，在未使用农药、化肥的场地种植

③原则上使用有机种植的种苗

④避免使用农药、化肥等人工合成物质

但是，部分农产品允许使用

JAS

认证机构名

⑤只有通过认证的农产品可以使用“有机”标识
未通过有机 JAS 认证的农产品严禁使用“有机”标识

⑥必须经第三方机构审查

B. 播种前两年以上，种植场地不使用农药、化肥（芦笋、果树等在收获前三年以上）。

C. 原则上使用有机种植的种苗（部分除外）。

D. 不得不使用农药、化肥等人工合成物质时，规定品种以外严禁使用。

E. 必须由农林水产大臣认证的第三方认证机构对生产种植过程进行审查。

即使符合相关生产种植方法，也不能使用“无农药”标志。

② 什么是特别农产品?

农作物种植过程中，将化肥、农药减至生产地区常规农业习惯水平 50% 以下种植的农产品。按日本农林水产省规定必须进行以下标识。

●名称（“特别农产品”或“特别种植 × ×”）。

●种植责任人及审核人的姓名、住址、联系方式。

什么是特别种植农产品？

有机种植和特别种植的区别

在农作物种植过程中，将化肥、农药减至生产地区常规农业习惯水平 50% 以下的农产品。

与有机农产品施用化肥、农药的水平不同

常规施用水平
各地区农作物常规施用化肥、农药的使用状况，具体参见都道府县官网。

東京都
認 証
生産者
①
特別栽培農産物

【备注】
需标记生产商（或团体名）

东京都标志

特別栽培農産物
埼玉県が認証しています

埼玉县标志

●种植期间，未使用农药、化肥等人工合成物质时，使用“种植期间未使用农药”“种植期间未使用化肥”等标识。

●种植期间使用农药、化肥时，采用“节减对象农药：当地比例减少 ××”“化肥：当地比例减少 ××”等标识。

在上述农产品的外包装上无法标识时，可以在网上标注信息提供概要。但这种情况下，严禁在 POP 等宣传品上标注“减农药”“减化肥”“无化肥”等内容。

标识和陈列注意事项

当然，如果对标识内容未经确认就上架销售，则可能因为考虑不周，受到监管机构的警告。

下面列举一些主要问题，需要特别注意。

广告标识和店内销售标识的区别

广告和商品目录中可以使用“无产地”、“埼玉县产等”内容

店内价标和 POP 禁止标识“日本产”

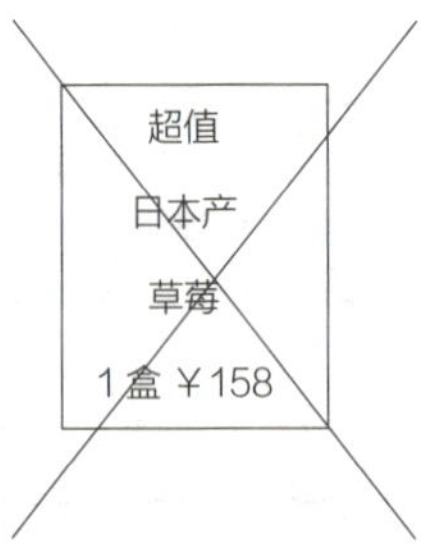

① 法律上关于传单广告和店内标识的区别

有时，传单广告上会标出生鲜商品的产地。但是，无论是

否受天气、运输等因素影响，导致产地商品无法及时送达，如直接在 POP 等宣传品上标注广告产地或销售商品，将按违法处理。

传单广告一般提前 1 ~ 2 周公布产地，但有时商品部根据情况进行商品调配或公布多个产地时，也可能在传单上不标产地。这种方式受传单广告的认可。

但是，店铺标识规定实际到货商品必须标注原产地。所以，根据该规定必须在收验货单上核实原产地，并在此基础上制作店标。

另外，同时销售来自多个产地的商品时，必须按陈列量标注原产地。

在卖场内采用突出陈列等方式，直接使用厂家包装销售时，要求外包装箱上的原产地、商品必须与标识一致。

②标识温度与卖场一致

外包装上标明“需 10℃以下冷藏保存”的商品必须置于 10℃以下冷柜中销售，否则视为违法。即使该商品可以常温销售，如果店内标注为“冷藏品”，也应在规定温度范围内销售，否则按违法处理。

相反，可以将无温度标识的商品置于冷柜中销售。

③ POP 上的功效标识和“药物疗效”

为维护促销活动的统一性，原则上不得使用“预防高血压”“恢复疲劳”“增强体力”“增进食欲”等表述。此外，对于不建议标注的内容，也不允许制作印刷品或复印后用于促销活动。

上述违法行为都是触犯了《健康促进法》及《药事法》。

< 利用 POP 强调功效、效果的标识例 >

吃章鱼可以提高视力、降低胆固醇。

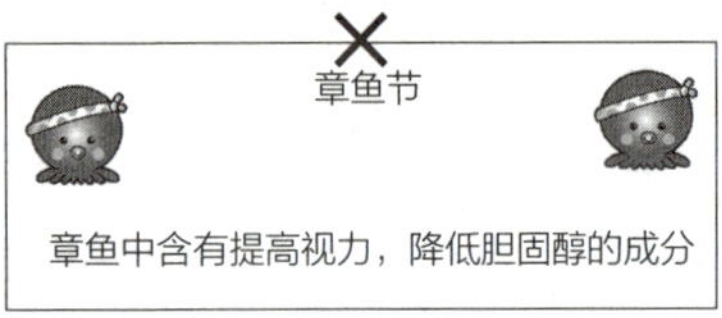

什么是优良误认和有利误认？

2013 年 10 月，在大阪的 H 宾馆发生了一起典型的菜单虚假标识事件。受这起事件的报道影响，《日本不当赠品及不当标识防止法》开始为人所知。

具体内容如下：

① 什么是优良误认？

优良误认是指因商品宣传标识与实际不符，让消费者产生商品比实际品质更好的误解。例如：商家将普通大葱按九条大葱出售；将使用肉类黏合剂制成的“假牛排”按牛腰肉销售等情况。

② 什么是有利误认？

对周边商铺的价格未经调查，就在商品上标注如“地区最低价”，或单件购买价格不变，却采用“超值惊爆价”等虚假标识。

降价促销和清仓处理标识注意事项

采用推车或装袋等方式进行降价促销或清仓处理时也需要注意一些问题。

① 冷藏商品的常温销售

对部分冷藏商品进行降价处理时，尽管属于临时行为，但从法律角度上来说，仍不允许常温销售。即使仅在常温环境下放置 1 ~ 2 小时，也可能受到监管部门的警告。经督促仍屡教不改的，还会要求企业高层提交书面检查。

总之，冷藏商品必须放在冷柜中销售。

② 严禁忘记的标识

无论是处理商品还是生鲜商品，必须标注“名称”和“原产地”。

所有商品都必须注明名称及原产地

一些门店会将最后未售出的白萝卜、卷心菜等商品集中放在推车上销售。此时，各商品上必须标识上述两项内容。

③ 拼配销售等标识

采用“均一价”促销对商品进行集中清仓处理，比如将橙子、富士苹果等水果搭配装袋销售时需要注意，此时应归入生鲜商品，标注商品的“名称”和“原产地”。

另外，使用“防霉剂”等添加剂的柑橘类商品还应标注防霉剂标识。

进行面对面销售时，可以只使用POP广告一种促销手段。

④ 注意包装商品上打折标签的位置

在包装商品上贴减价标签时，注意不得隐藏标识。即使外包装上有标识，看不到处理价标时，也视为违法。

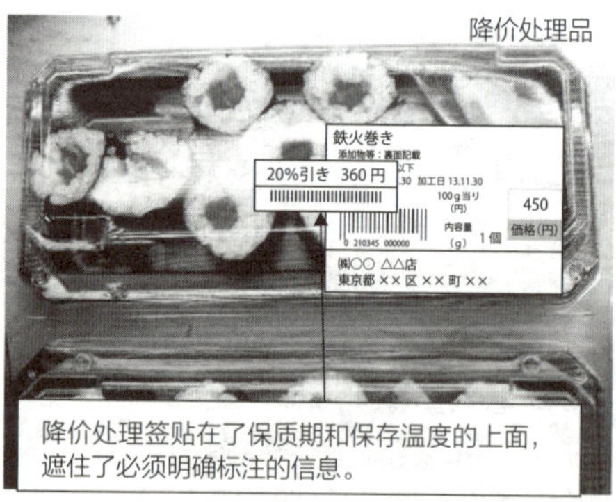

腌渍蔬菜标识

腌渍蔬菜一般按日配品处理，也有不少门店将这类商品归入水果。

腌渍蔬菜与切割蔬果不同，标识规定较多，应充分了解有关规定。

此外，腌渍蔬菜采用统一标识。

①名称

采用“一夜渍”“浅渍”等方式制作时，一般按“腌渍物”标记。腌渍品只有一种时，应加标农产品的名称，比如“盐渍黄瓜”。

采用切薄片、切碎、切成小块等方式制作时，可以按“腌渍蔬菜”（切薄片）“腌渍蔬菜”（切碎）等进行标识。

②原材料名

腌渍蔬菜的原材料通常按固定顺序标识。

1. 腌渍农产品

农产品按原材料所占重量标识。

2. 腌渍原材料

尽管很多原料名比较拗口，但腌渍时使用的名称是“调味汁”“香辛料”。例如：“腌渍原料（食盐、酵母精华）”，标记“腌渍原料”后附括号填写上述名称。

3. 食品添加剂、过敏原标识

食品添加剂中的“调味料”（谷氨酸钠）、过敏物质中含小麦成分或使用“酱油”等原料时，必须按规定标识。

4. 原料原产地名

原料名一栏下方设原料产地名栏，此外不再另设他栏，也可以在原料名后加括号。

腌渍蔬菜标识例

名称	腌渍蔬菜（薄片）
原材料	茄子、黄瓜、腌渍原料（麦芽糖醇、食盐）、抗氧化剂（V、C）、明矾
原料原产地	茄子（福岛县）、黄瓜（山形县）
内容量	160g
保质期	2012.11.30
保存方法	需冷藏（10℃以下保存）
生产商	株式会社 ×× ××县××市××街×～×

5. 内容量

除盐糠、酒糟、调味汁等内容量，原则上按 g 或 kg 标识。外观容易判别的可以省略不标。

此外，如期限标识、保存方法、生产商等内容应按顺序标识。从市场订购时也应遵循该规定。尽管关于标记的规定比较繁琐，但这类规定同样属于需要掌握的商品知识。

第8章

部门年度“各周”促销计划

1月

第一周活动计划

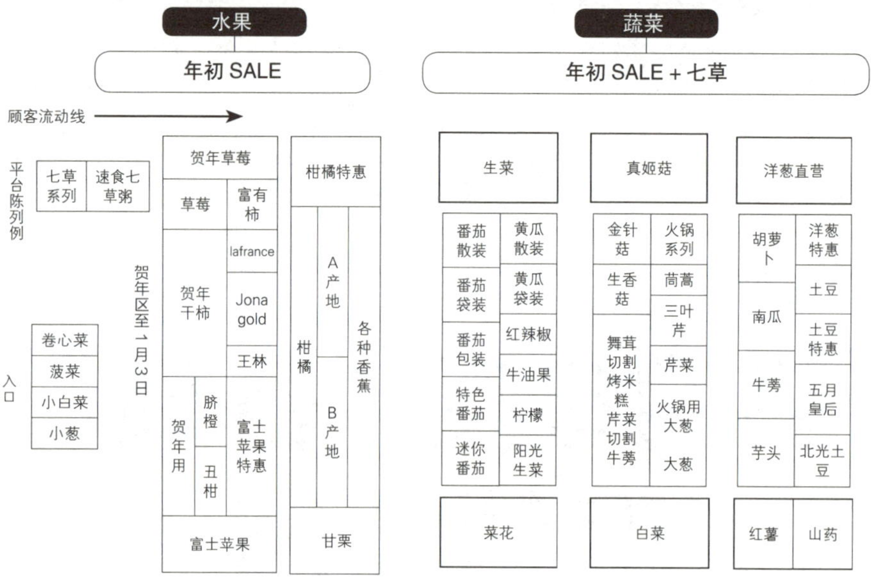
水果
年初 SALE
蔬菜
年初 SALE + 七草
顾客流动线
平台陈列例
七草系列
速食七草粥
卷心菜
菠菜
小白菜
小葱
入口
贺年区至1月3日
贺年草莓
草莓
富有柿
lafrance
贺年干柿
Jona gold
王林
贺年用
脐橙
丑柑
富士苹果特惠
富士苹果
柑橘特惠
柑橘
A产地
B产地
各种香蕉
甘栗
生菜
番茄散装
黄瓜散装
番茄袋装
黄瓜袋装
红辣椒
番茄包装
牛油果
特色番茄
柠檬
迷你番茄
阳光生菜
菜花
真姬菇
金针菇
火锅系列
生香菇
茼蒿
三叶芹
舞茸
切割烤米糕
芹菜
切割牛蒡
芹菜
火锅用大葱
大葱
白菜
洋葱直营
胡萝卜
洋葱特惠
土豆
南瓜
土豆特惠
牛蒡
五月皇后
芋头
北光土豆
红薯
山药

蔬菜 年初 SALE + 七草

新的一年开始了，年初促销推荐以清淡饮食和七草粥等为主。

通过生菜、番茄、黄瓜、菜花、萝卜缨、散叶生菜等沙拉类商品和白菜、大葱、菌菇类、三叶芹等火锅类商品吸引顾客。年初开始筹备七草粥专卖区。

卖场布局恢复原样，设置七草粥专区，同时推出七草系列、速食七草粥、冷冻食品等关联商品。

从 5 日开始，进一步增加芜菁、白萝卜、芹菜、小葱等相关品种。

POP 宣传围绕七草起源、七草粥制作等展开。年初交易市场休市，应加强卖场商品管理。

水果 年初 SALE

正月初一至初三期间，重点推出新年礼品果盒，确保草莓、甘栗、干柿、柑橘、杂交橘礼品果盒等专卖区空间。

针对正月期间来店客流大等特点举办促销活动。档期策划注重趣味性，如推出柑橘随便装、花生随便装等多种促销方式。

第二周活动计划

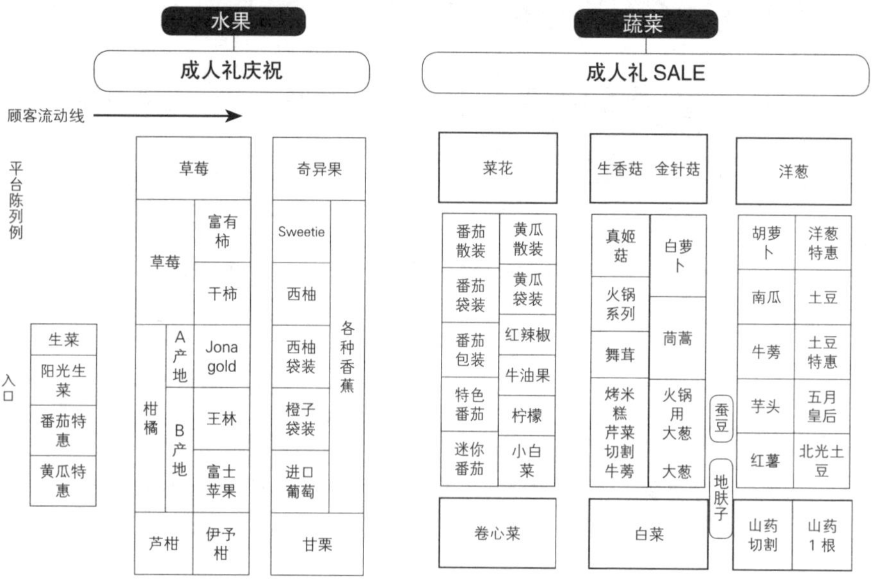

水果
成人礼庆祝
顾客流动线
平台陈列例
入口
生菜
阳光生菜
番茄特惠
黄瓜特惠
草莓
草莓
富有柿
干柿
柑橘
A产地
Jona gold
B产地
王林
富士苹果
芦柑
伊予柑
奇异果
Sweetie
西柚
西柚袋装
橙子袋装
进口葡萄
各种香蕉
甘栗
蔬菜
成人礼 SALE
菜花
番茄散装
黄瓜散装
番茄袋装
黄瓜袋装
番茄包装
红辣椒
牛油果
特色番茄
柠檬
迷你番茄
小白菜
卷心菜
生香菇 金针菇
真姬菇
白萝卜
火锅系列
茼蒿
舞茸
烤米糕
芹菜切割
牛蒡
火锅用大葱
大葱
蚕豆
地肤子
白菜
洋葱
胡萝卜
洋葱特惠
南瓜
土豆
牛蒡
土豆特惠
芋头
五月皇后
红薯
北光土豆
山药切割
山药1根

蔬菜 成人礼 SALE

档期推荐以家庭聚餐为主。毛豆、山药、地肤子、莼菜等下酒菜类食材设置专卖区。

成人节推荐主题如火锅、手卷寿司和蔬菜沙拉。其中，火锅类推出白菜、大葱、菌菇、白萝卜、茼蒿、芹菜、烤米糕等。手卷寿司推出黄瓜、阳光生菜、萝卜缨等。沙拉食材推出番茄、生菜、菜花、红辣椒、紫玉洋葱、胡萝卜、土豆、洋葱等。

从营造浓郁的家庭聚餐氛围出发，下酒菜类食材另设陈列区。此外，火锅系列、下酒菜系列可推荐方便装。

水果 成人礼庆祝

档期策划案重点围绕家庭聚会展开。促销品推出草莓、伊予柑、芦柑、富士苹果和鲜切水果。鲜切水果中，扩大聚餐水果的销量。卖场针对成人节推出轻便礼盒区，推荐商品以200 ~ 300日元价位的便携礼盒为主。

此外，按礼品馈赠标准，准备各种大号（3、4L）单品。

第三周活动计划

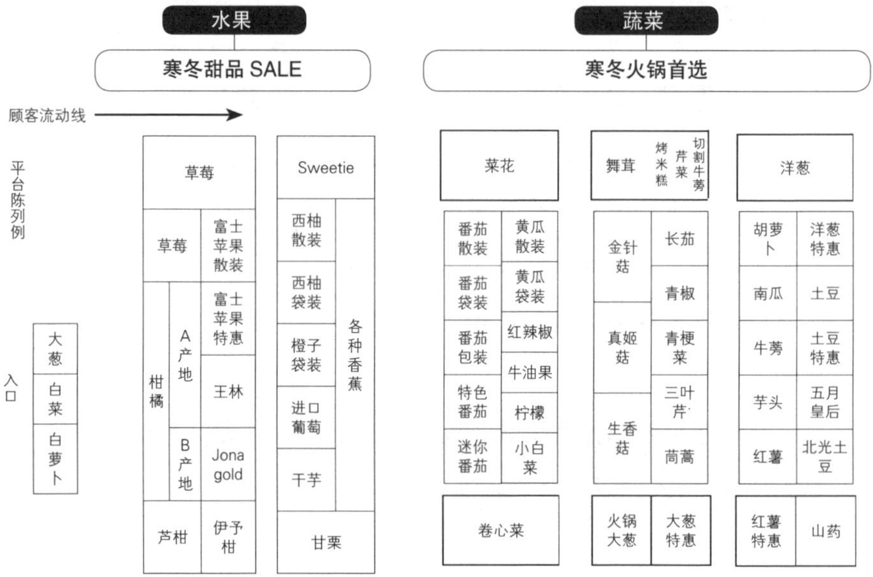
水果
寒冬甜品 SALE
蔬菜
寒冬火锅首选
顾客流动线
平台陈列例
入口
大葱
白菜
白萝卜
草莓
草莓
富士苹果散装
富士苹果特惠
柑橘
A产地
王林
B产地
Jona gold
芦柑
伊予柑
Sweetie
西柚散装
西柚袋装
橙子袋装
进口葡萄
干芋
各种香蕉
甘栗
菜花
番茄散装
黄瓜散装
番茄袋装
黄瓜袋装
番茄包装
红辣椒
牛油果
特色番茄
柠檬
迷你番茄
小白菜
卷心菜
舞茸
烤米糕
芹菜
切割牛蒡
金针菇
长茄
青椒
真姬菇
青梗菜
三叶芹
生香菇
茼蒿
火锅大葱
大葱特惠
洋葱
胡萝卜
洋葱特惠
南瓜
土豆
牛蒡
土豆特惠
芋头
五月皇后
红薯
北光土豆
红薯特惠
山药

蔬菜 寒冬火锅首选

本周天气越来越冷，各地特色火锅品种繁多，让人眼花缭乱。此外，还有番茄锅、蔬菜锅、猪骨锅、生姜锅、豆浆锅等各种新食材火锅。

新鲜蔬菜是火锅的必备品，火锅区重点推出火锅必备品。例如：白菜推出1/2装、1/4装、单品装。白洋葱推出2L装、袋装。另外，保证火锅大葱、叶葱、生香菇、真姬菇、舞茸、芹菜、茼蒿、小白菜等品种齐全。

“烤米糕火锅区”单独设置，尽量充实烤米糕、舞茸、切割牛蒡、烤米糕火锅底料等陈列区品种。此外，将番茄、生姜等特殊商品摆放在货架最前方。

水果 寒冬甜品SALE

柑橘、草莓、苹果是寒冬甜品的代表。平台陈列以销量最好的品种为中心展开。

柑橘、草莓、伊予柑、富士苹果、香蕉等品种放在平台两侧或特设区，争取扩大销量。

本周各种草莓纷纷上市，注意卖场品种齐全（枥乙女、甜王、幸香、红颊、爱之莓等）。

第四周活动计划

水果
节分准备 SALE
蔬菜
产地直送 SALE
顾客流动线
平台陈列例
入口
产地直送区
黄瓜袋装
番茄袋装
青椒
茄子
草莓
芦柑
富士苹果散装
伊予柑
富士苹果特惠
柑橘
A产地
王林
Jona gold
B产地
富有柿
花生
进口葡萄
西柚散装
西柚袋装
Sweetie
橙子袋装
干芋
各种香蕉
甘栗
番茄散装
黄瓜散装
番茄特惠
黄瓜特惠
红辣椒
番茄包装
牛油果
特色番茄
柠檬
小白菜
迷你番茄
阳光生菜
菜花
真姬菇
金针菇
青梗菜
生香菇
白萝卜
舞茸
火锅大葱
烤米糕
芹菜
切割牛蒡
大葱
白菜
洋葱
胡萝卜
洋葱特惠
南瓜
土豆
牛蒡
土豆特惠
芋头
五月皇后
红薯
北光土豆
红薯特惠
山药

蔬菜 产地直送 SALE

进入本周，蔬菜产地开始向西南温暖的地方转移。九州各县、四国等作为特定产地，档期策划案以呼唤春天为主题举办产地直送促销。

以高知产地直送促销为例，注意黄瓜、番茄、青椒、茄子、米茄、小茄、小绿辣椒、生姜等商品必须在标注产地名后上架，同时用当地产蔬果等品种调节卖场氛围。

另外，可以举办九州产直送 SALE、熊本产直送 SALE、宫崎产直送 SALE 等促销活动。注意附加产地（县）地图 / 图片，突出产地直送特色。另外，灵活运用平台两侧空间，扩大特设区的主力品种。主力品种周围还可以摆放一些小品种蔬菜。

水果 节分准备 SALE

从本周开始为 2 月 3 日的节分做准备。从节分前 10 天开始，卖场陈列以花生为主，同时摆放甘栗、干果、小袋果仁等节分撒豆驱邪用的替代品。

为突出节分的时节特点，特设区可以运用鬼面、柊树等装饰元素。

此外，推出（中国产）袋装花生随便装促销，营造节气促销氛围。

2月

第一周活动计划

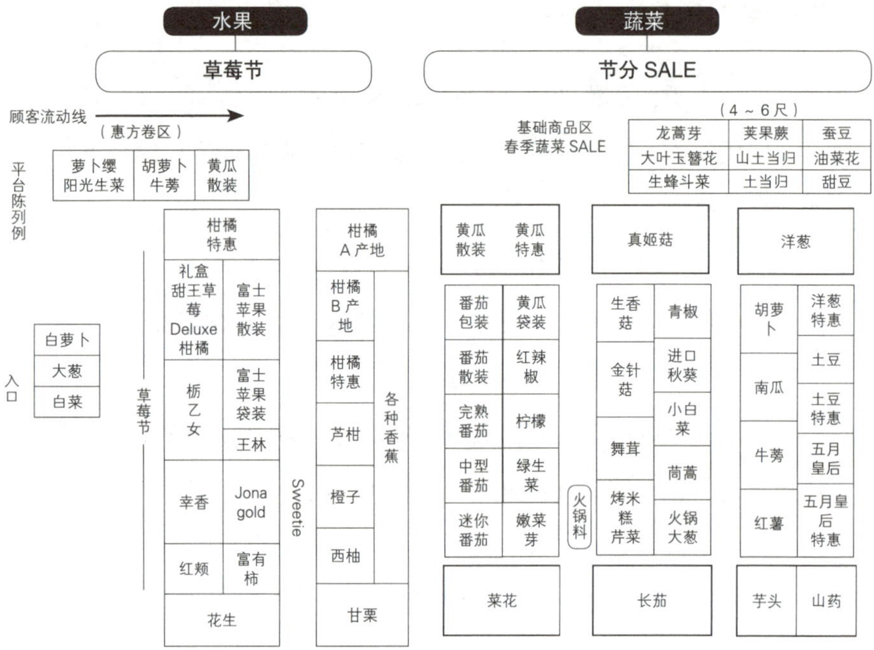
水果
草莓节
蔬菜
节分 SALE
顾客流动线
（惠方卷区）
萝卜缨 阳光生菜
胡萝卜 牛蒡
黄瓜 散装
平台陈列例
入口
白萝卜
大葱
白菜
草莓节
柑橘 特惠
礼盒 甜王草莓 Deluxe 柑橘
富士 苹果 散装
枥乙女
富士 苹果 袋装
王林
幸香
Jona gold
红颊
富有柿
花生
Sweetie
柑橘 A产地
柑橘 B产地
柑橘 特惠
芦柑
橙子
西柚
各种香蕉
甘栗
基础商品区 春季蔬菜 SALE
（4～6尺）
龙蒿芽
荚果蕨
蚕豆
大叶玉簪花
山土当归
油菜花
生蜂斗菜
土当归
甜豆
黄瓜 散装
黄瓜 特惠
真姬菇
洋葱
番茄 包装
黄瓜 袋装
番茄 散装
红辣椒
完熟番茄
柠檬
中型番茄
绿生菜
迷你番茄
嫩菜芽
火锅料
生香菇
青椒
金针菇
进口秋葵
小白菜
舞茸
茼蒿
烤米糕 芹菜
火锅大葱
胡萝卜
洋葱 特惠
土豆
南瓜
土豆 特惠
牛蒡
五月皇后
红薯
五月皇后 特惠
菜花
长茄
芋头
山药

蔬菜 节分 SALE

在日本，节分是“将四季分开的日子”之意。其中，春节分特指一年中从冬到春的交替时节。节分日这天，为了驱散灾厄，人们通常用吃豆、沙丁鱼、荞麦面等方式祈福。

在大阪，当地人还有吃惠方卷祈福的传统。现在，吃惠方卷已经成为节分日人们普遍的活动。根据节分的时节特征，卖场档期推荐应以制作惠方卷的食材为主。设置黄瓜、萝卜缨、阳光生菜、胡萝卜、牛蒡、大葱等手工惠方卷食材专卖区。火锅食材等店内促销品可增加白菜、菌菇类、白萝卜、小白菜、茼蒿、韭菜等。

在这个春天的脚步日益临近的时节，春季蔬菜区可以摆放菜花、蚕豆、豌豆、蜂斗菜、龙蒿芽等品种。

水果 草莓节

春天的脚步近了，草莓成为水果中的龙头商品。档期策划案应以多品种草莓为中心展开。受草莓销售长期化等因素影响，卖场布局缺乏新意。草莓节的促销重点可以放在新上市的品种上，注意标识产地、品种特色等，同时突出季节感。除了枥乙女、幸香、甜王、清香等主力品种，增加红颊、爱之莓、章姬等地方特色品种。

第二周活动计划

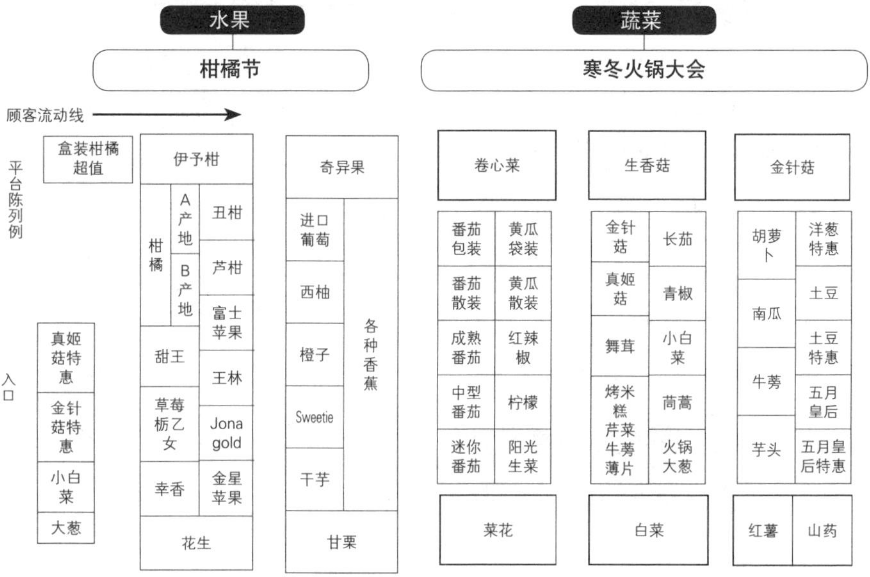
水果
柑橘节
蔬菜
寒冬火锅大会
顾客流动线
平台陈列例
入口
盒装柑橘超值
真姬菇特惠
金针菇特惠
小白菜
大葱
伊予柑
柑橘
A产地
B产地
丑柑
芦柑
富士苹果
甜王
王林
草莓栃乙女
Jona gold
幸香
金星苹果
花生
奇异果
进口葡萄
西柚
橙子
Sweetie
干芋
各种香蕉
甘栗
卷心菜
番茄包装
黄瓜袋装
番茄散装
黄瓜散装
成熟番茄
红辣椒
中型番茄
柠檬
迷你番茄
阳光生菜
菜花
生香菇
金针菇
长茄
真姬菇
青椒
舞茸
小白菜
烤米糕
芹菜
牛蒡薄片
茼蒿
火锅大葱
白菜
金针菇
胡萝卜
洋葱特惠
南瓜
土豆
土豆特惠
牛蒡
五月皇后
芋头
五月皇后特惠
红薯
山药

蔬菜 寒冬火锅大会

热气腾腾的火锅是寒冷天气里的首选，档期推荐应以各地的人气火锅为主。常见的火锅食材如白菜、大葱、香菇、金针菇、真姬菇、舞茸、茼蒿、芹菜、小白菜、白萝卜等。在推荐各地特色火锅的基础上，可以适当增加一些其他商品做店内促销。为增加销量，将菌菇类分别放在固定区和特设区陈列。卖场摆放火锅料等关联商品，同时集中火锅必备品（白菜、大葱、菌菇三种），营造热闹的火锅区氛围。

此外，传单的宣传推广力度稍显不足，可以通过店内促销推荐沙拉类食材。为确保部门盈利，应保证完熟番茄、黄瓜、卷心菜等单品销量好的商品种类齐全。

水果 柑橘节

冬季是杂交柑橘大量上市的季节，在此期间，柑橘类水果人气火爆、销量大增。但是，2 月过后，柑橘的储藏量开始减少。

与此同时，伊予柑、芦柑等相继上市，可以扩大这些品种的销售。

此外，伊予柑、丑柑等柑橘新品种以及八朔、甘夏、文旦等传统品种也纷纷登场。

卖场设置综合柑橘区，摆放芦柑、伊予柑等主力品种、新品种和传统品种。所有商品统一进行散装销售，同时配合免费试吃。

第三周活动计划

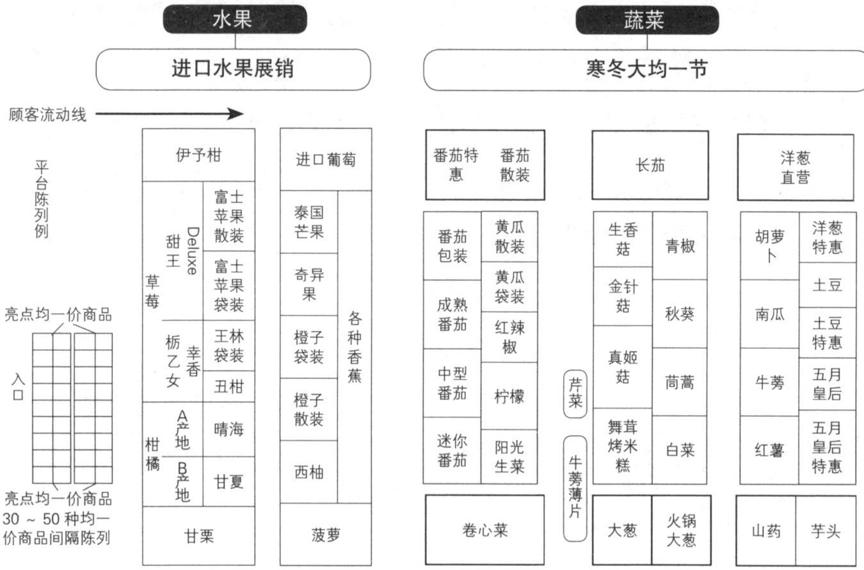

水果
进口水果展销
蔬菜
寒冬大均一节
顾客流动线
平台陈列例
亮点均一价商品
入口
亮点均一价商品
30 ~ 50 种均一价商品间隔陈列
伊予柑
草莓
甜王
Deluxe
富士苹果散装
富士苹果袋装
枥乙女
幸香
王林袋装
丑柑
柑橘
A产地
B产地
晴海
甘夏
甘栗
进口葡萄
泰国芒果
奇异果
橙子袋装
橙子散装
西柚
各种香蕉
菠萝
番茄特惠
番茄散装
番茄包装
黄瓜散装
黄瓜袋装
成熟番茄
红辣椒
中型番茄
柠檬
迷你番茄
阳光生菜
卷心菜
芹菜
牛蒡薄片
长茄
生香菇
青椒
金针菇
秋葵
真姬菇
茼蒿
舞茸烤米糕
白菜
大葱
火锅大葱
洋葱直营
胡萝卜
洋葱特惠
土豆
南瓜
土豆特惠
牛蒡
五月皇后
红薯
五月皇后特惠
山药
芋头

蔬菜 寒冬大均一节

本周是冬季蔬菜市场价格最高的一段时间，均一促销案最容易收获好评。均价促销成功的秘诀是最大限度地提供多品种、多规格商品。均价商品以 100 日元为准，规格不做过多要求，采用可确保盈利的商品组合。

均一品规格可以与普通规格不同，例如：100 日元切割山药，100 日元果实蔬菜 / 地下根茎类等。

非常规均价品的好处是有新鲜感，顾客反应好。均价区与常规区分开，单位顾客购买数量在五件以上即视为合格。

水果 进口水果展销

2 ~ 4 月是国产水果最匮乏的时期。4 月之前，以美国进口柑橘为主，东南亚热带水果为辅，进行档期活动策划。

作为 2 月后半期的前哨战，集中精力设置进口水果专卖区。

此外，以迎接情人节为主题推出巧克力香蕉、巧克力草莓、巧克力菠萝等情人节礼品。

第四周活动计划

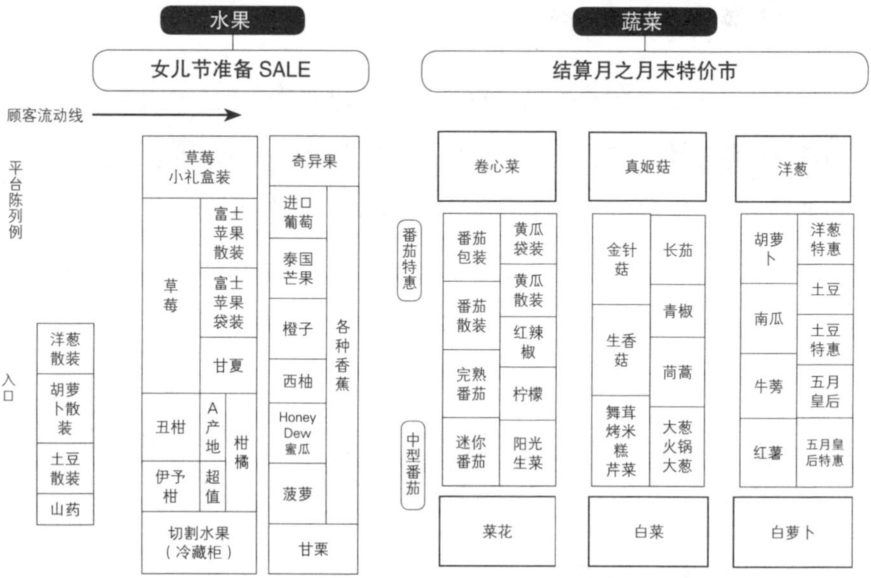

水果
女儿节准备 SALE
蔬菜
结算月之月末特价市
顾客流动线
平台陈列例
入口
洋葱散装
胡萝卜散装
土豆散装
山药
草莓小礼盒装
草莓
富士苹果散装
富士苹果袋装
甘夏
丑柑
A产地
柑橘
伊予柑
超值
切割水果（冷藏柜）
奇异果
进口葡萄
泰国芒果
橙子
西柚
Honey Dew 蜜瓜
菠萝
各种香蕉
甘栗
卷心菜
番茄特惠
番茄包装
黄瓜袋装
黄瓜散装
番茄散装
红辣椒
完熟番茄
柠檬
中型番茄
迷你番茄
阳光生菜
菜花
真姬菇
金针菇
长茄
青椒
生香菇
茼蒿
舞茸烤米糕芹菜
大葱火锅大葱
白菜
洋葱
胡萝卜
洋葱特惠
土豆
南瓜
土豆特惠
牛蒡
五月皇后
红薯
五月皇后特惠
白萝卜

蔬菜 结算月之月末特价市

本周再次迎来常规月末特价市，进入结算期的门店应根据总体情况弥补不足部分。

冬季蔬菜价格停留在高价位，销量可以保证。档期促销以主力品种为中心，同时推出超值装商品。

重点有洋葱、土豆、胡萝卜、香菇、真姬菇、金针菇、菠菜、大葱、黄瓜、番茄、白萝卜以及高利润单品。

促销内容以超值装、提高单位顾客消费金额为主。入口特设区扩大单品陈列空间。促销期间，注意每天调整卖场品种。

水果 女儿节准备 SALE

为迎接 3 月 3 日女儿节的到来，进行女儿节准备 SALE。

促销商品以草莓（各种）、香蕉、橙子、西柚、奇异果、菠萝等鲜切水果为主。档期推荐侧重芦柑、伊予柑、Setoka 等受孩子们欢迎的柑橘品种。

卖场布置可以运用各种烘托女儿节节日特点的装饰性元素，渲染欢快愉悦的卖场气氛。

此外，为增加空间的活跃感，建议摆设糕点糖果等其他部门的关联商品。

3月

第一周活动计划

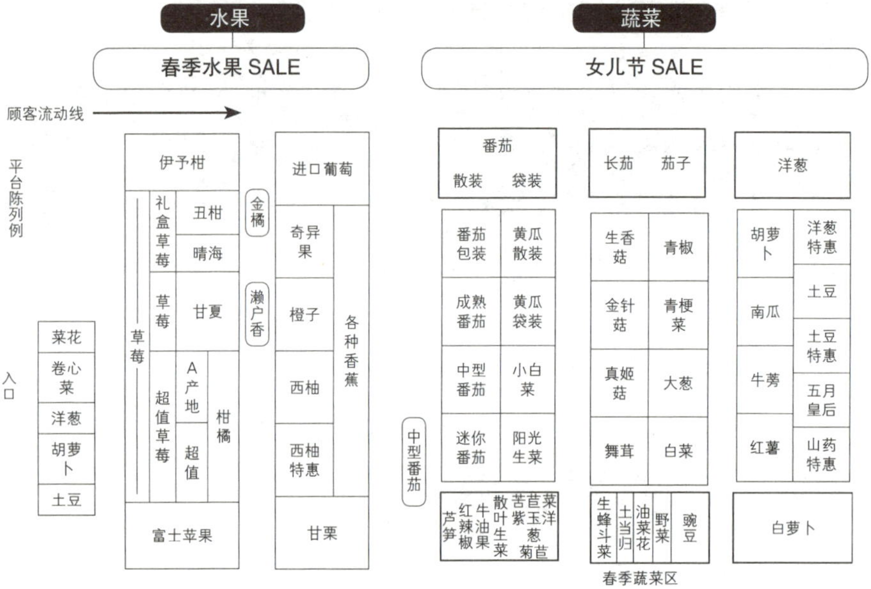

水果
春季水果 SALE
蔬菜
女儿节 SALE
顾客流动线
平台陈列例
入口
菜花
卷心菜
洋葱
胡萝卜
土豆
伊予柑
礼盒草莓
丑柑
晴海
草莓
甘夏
草莓
超值草莓
A产地
超值
柑橘
富士苹果
金橘
濑户香
进口葡萄
奇异果
橙子
西柚
西柚特惠
各种香蕉
甘栗
番茄
散装
袋装
番茄包装
黄瓜散装
成熟番茄
黄瓜袋装
中型番茄
小白菜
迷你番茄
阳光生菜
中型番茄
芦笋
红辣椒
牛油果
散叶生菜
苦苣
紫菊苣
菜洋葱
玉葱
长茄
茄子
生香菇
青椒
金针菇
青梗菜
真姬菇
大葱
舞茸
白菜
生蜂斗菜
土当归
油菜花
野菜
豌豆
春季蔬菜区
洋葱
胡萝卜
洋葱特惠
土豆
南瓜
土豆特惠
牛蒡
五月皇后
红薯
山药特惠
白萝卜

蔬菜 女儿节 SALE

本期推荐围绕“家庭聚会”进行，主题侧重豪华版家常沙拉拼盘。卖场集中生菜、黄瓜、番茄、菜花、芦笋、洋葱、土豆等品种。此外，增加红辣椒、苦苣、菊苣、苦白菜、散叶生菜等聚会沙拉食材。

火锅食材、春季时令拌菜食材等作为店内促销品推出。菌菇类放在特设平台陈列，火锅区摆放白菜、大葱等常规品种。开辟部分平台空间作为春季时令拌菜推荐区，用蜂斗菜、土当归、芥菜花等山野菜营造春季女儿节浓浓的节日氛围。

水果 春季水果 SALE

进入 3 月，举办女儿节促销活动的同时，注意运用促销元素烘托春季卖场氛围。

作为本期水果部门的第一主打品重点推出草莓。确保平台货架前端的陈列空间，集中不同产地、品种、销售规格的商品。

新采草莓的品质一般分为一级果、二级果，之后果实品质逐步下降（降至 M 或 B 级）。随着各地草莓陆续上市，草莓的价格也开始走低。

为增加销量，市场价较低的草莓可以推出 2 ~ 4 盒装。此外，注意继续扩大杂交柑橘和进口水果的销量。

第二周活动计划

水果
产地直送 SALE
蔬菜
春季蔬菜均一价 SALE
顾客流动线
平台陈列例
均一价 SALE
品种数保证 50 种
入口
集中陈列
富士苹果超值装
丑柑
礼盒草莓
伊予柑
晴海
草莓
甘夏
A产地超值柑橘
柑橘
草莓超值
富士苹果
濑户香
奇异果
进口葡萄
橙子袋装
西柚
散装
袋装
各种香蕉
Honey Dew 蜜瓜
甘栗
番茄特惠
黄瓜特惠
番茄袋装
黄瓜包装
成熟番茄
小白菜
红辣椒
中型番茄
柠檬
迷你番茄
绿生菜
卷心菜
长茄
真姬菇
青椒
生香菇
杏鲍菇
青梗菜
金针菇
大葱
舞茸
白菜
生蜂斗菜
土当归
油菜花
野菜
豌豆
春季蔬菜区
新玉洋葱
洋葱
胡萝卜
土豆
南瓜
新土豆
牛蒡
五月皇后
红薯
五月皇后特惠
山药 1 根

蔬菜 春季蔬菜均一价 SALE

初春蔬菜的市场价格居高不下，推出均价促销活动的效果较好。品种数保证在 50 种左右，促销商品集中陈列。

均价促销成功的重点是品种数和卖场布置。从洋葱、土豆、胡萝卜、黄瓜、番茄、菌菇、白萝卜、卷心菜、白菜等大型蔬菜到小品种蔬菜，保证品种、规格、数量齐全，突出特设促销区的与众不同之处。单位顾客购买数量以 3 ~ 5 件为准，均价促销超过五件即视为合格。

只有通过举办均价促销活动确保销量，才能让常规策划案真正落实为超强力度的促销活动。

水果 产地直送 SALE

杂交柑橘的主产地是四国和九州，熊本县产芦柑等人气最高，建议举办特定产地直送活动。档期策划以柑橘、草莓等为主，具体推出德岛促销展、爱媛促销展等活动，以特产杂交柑橘为中心，同时配合草莓、奇异果、蜜瓜、西瓜等品种。

本周白色情人节临近，档期推荐可以围绕草莓、蜜瓜、鲜切水果等小型礼盒展开。

第三周活动计划

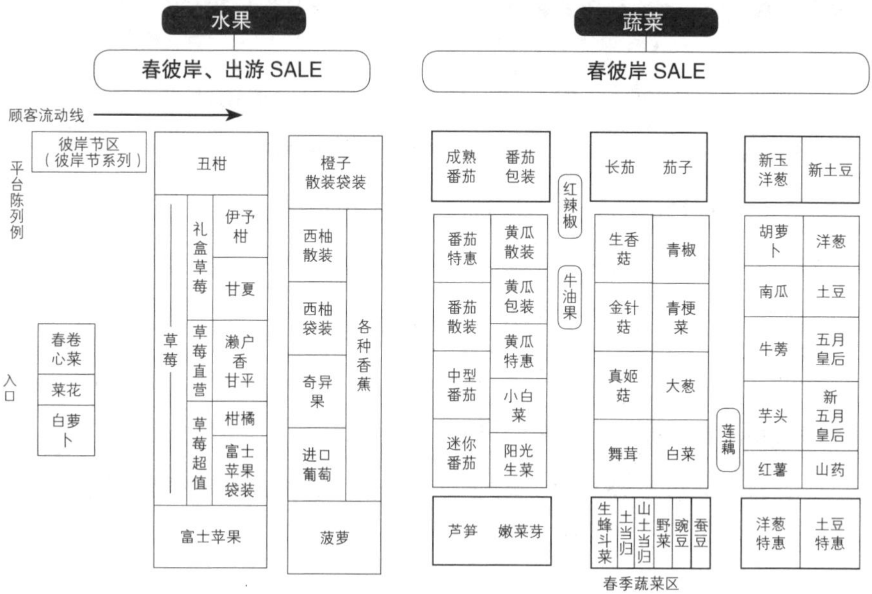
水果
春彼岸、出游 SALE
顾客流动线
平台陈列例
彼岸节区（彼岸节系列）
入口
春卷心菜
菜花
白萝卜
丑柑
草莓
礼盒草莓
伊予柑
甘夏
草莓直营
濑户香甘平
草莓超值
柑橘
富士苹果袋装
富士苹果
橙子散装袋装
西柚散装
西柚袋装
奇异果
进口葡萄
各种香蕉
菠萝
蔬菜
春彼岸 SALE
成熟番茄
番茄包装
番茄特惠
黄瓜散装
黄瓜包装
番茄散装
黄瓜特惠
中型番茄
小白菜
迷你番茄
阳光生菜
芦笋
嫩菜芽
红辣椒
牛油果
长茄
茄子
生香菇
青椒
金针菇
青梗菜
真姬菇
大葱
舞茸
白菜
生蜂斗菜
土当归
山土当归
野菜
豌豆
蚕豆
春季蔬菜区
莲藕
新玉洋葱
新土豆
胡萝卜
洋葱
南瓜
土豆
牛蒡
五月皇后
芋头
新五月皇后
红薯
山药
洋葱特惠
土豆特惠

蔬菜 春彼岸 SALE

彼岸节是日本的传统节日，主要纪念仪式是祭祖扫墓，档期推荐围绕祭祀礼盒、炖煮食材等展开。

彼岸节期间，人们通常会返回家乡扫墓祭祖，亲朋好友聚餐的机会较多，可针对时节特点推荐以下品种：（1）祭祀礼盒、炖煮食材（莲藕、芋头、胡萝卜、牛蒡、水煮竹笋、水煮蜂斗菜、水煮薇菜等）；（2）拌菜食材（菠菜、油菜、油菜、三叶芹等）；（3）天妇罗食材（鲑鱼、大葱、青紫苏叶等）；（4）沙拉食材（黄瓜、番茄、生菜、菜花、芦笋等）。此外，将主打品种作为宣传商品重点推出，同时扩大陈列空间。

水果 春彼岸、出游 SALE

档期推荐以彼岸礼盒和祭祀水果为主。

彼岸礼盒推出 680 日元、980 日元等超值装，同时配合彼岸富士苹果、香蕉、甘夏、伊予柑等品种。

香蕉、橙子、西柚、甘栗、水果布丁等出游推荐品摆放在常规区。

彼岸系列和关联商品设专区销售。

第四周活动计划

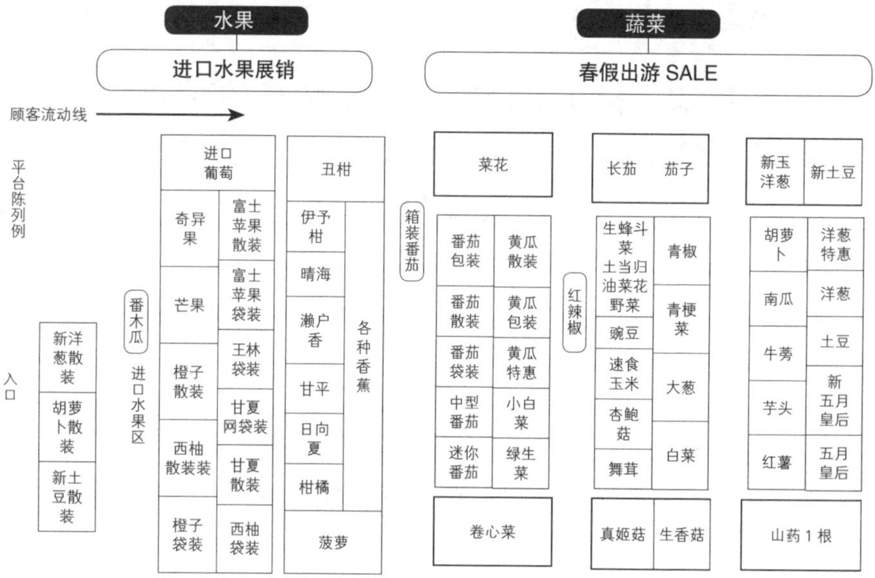
水果
进口水果展销
蔬菜
春假出游 SALE
顾客流动线
平台陈列例
入口
新洋葱散装
胡萝卜散装
新土豆散装
番木瓜
进口水果区
进口葡萄
奇异果
富士苹果散装
富士苹果袋装
芒果
王林袋装
橙子散装
甘夏网袋装
西柚散装装
甘夏散装
橙子袋装
西柚袋装
丑柑
伊予柑
晴海
濑户香
甘平
日向夏
柑橘
各种香蕉
菠萝
箱装番茄
菜花
番茄包装
黄瓜散装
番茄散装
黄瓜包装
番茄袋装
黄瓜特惠
中型番茄
小白菜
迷你番茄
绿生菜
卷心菜
红辣椒
长茄
茄子
生蜂斗菜
土当归
油菜花
野菜
青椒
豌豆
青梗菜
速食玉米
大葱
杏鲍菇
舞茸
白菜
真姬菇
生香菇
新玉洋葱
新土豆
胡萝卜
洋葱特惠
南瓜
洋葱
牛蒡
土豆
芋头
新五月皇后
红薯
五月皇后
山药 1 根

蔬菜 春假出游 SALE

本周档期推荐以便当和烧烤相关商品为主。出行便当推荐品如（1）沙拉食材（黄瓜、迷你番茄、生菜、菜花、芦笋、洋葱、土豆、胡萝卜等）；（2）炒蔬菜食材（青椒、卷心菜、青梗菜、韭菜、大蒜、生姜、真姬菇、杏鲍菇等）。

此外，本周是日本的毕业季，学生们怀揣着对未来的憧憬离开母校，开始走向社会。推荐内容围绕好友聚会和户外烧烤展开。

特设区集中通用料理食材（卷心菜、洋葱、土豆、胡萝卜）。

作为提升月末销售额的对策，做好卖场品种日调的同时加强价格管理。春季时令蔬菜、山野菜价格下降时，还可以采取措施增加销量。

水果 进口水果展销

继 2 月份之后，本周举办第二波进口水果展销活动，重点扩大进口柑橘类商品（橙子、西柚）的销量。这段时期是进口柑橘的最佳食用时间，可以推出免费试吃活动。

以大号散装销售为主，同时配合 4 个、6 个、8 个等超值装并增加品种。此外，设进口水果区（进口香蕉、菠萝、牛油果、芒果、奇异果等）。

4月

第一周活动计划

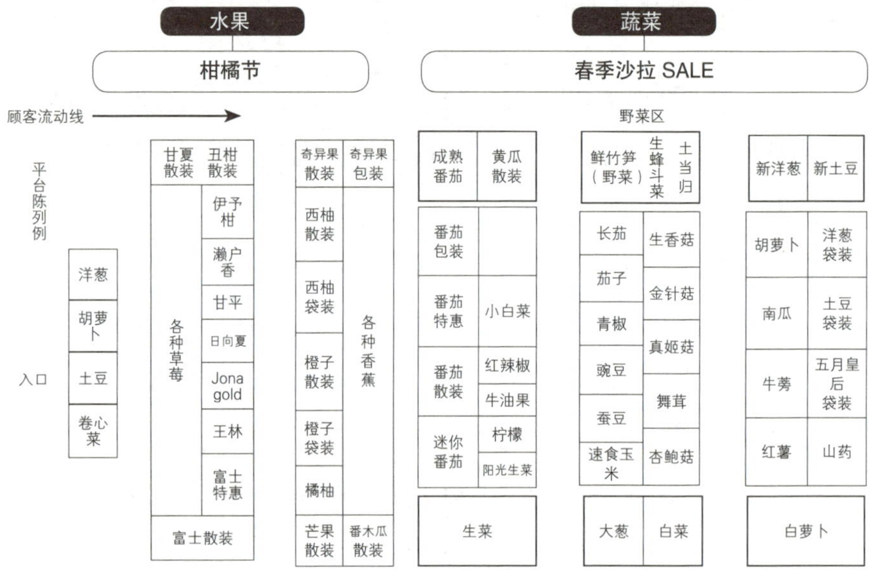

蔬菜 春季沙拉 SALE

（一年之计在于春）随着新生活的开始，想出各种方法大展厨艺，为餐桌献上丰富多样的菜肴，为制作早餐、午餐便当等忙碌的人们多了起来。顺应春季新鲜蔬菜大量上市的特点，档期推荐以利用时令蔬菜为家人制作美味蔬菜沙拉为主题，促销品种如春季卷心菜、新采摘的土豆、新洋葱、芦笋、菜花、春黄瓜、成熟番茄、胡萝卜等。

例如：将嫩菜芽、芹菜、萝卜缨、波士顿莴苣、迷你番茄等小品种蔬菜摆放在一起销售。此外，春季是国产芦笋的上市旺季，可以和美国产芦笋等进口品种放在一起，设置芦笋区吸引顾客。

水果 柑橘节

春天正值国产柑橘上市，这段时期柑橘的口感好、价格适中。此外，美国产西柚、橙子进入最佳食用时间，可以将国产、进口两种柑橘摆放在一起进行柑橘类促销。

促销活动可以推出散装销售和超值装销售两种，同时配合免费试吃。散装销售时，个头小的果实和异形果容易有剩余，建议定期将品质劣化的商品放在一起进行降价处理。

第二周活动计划

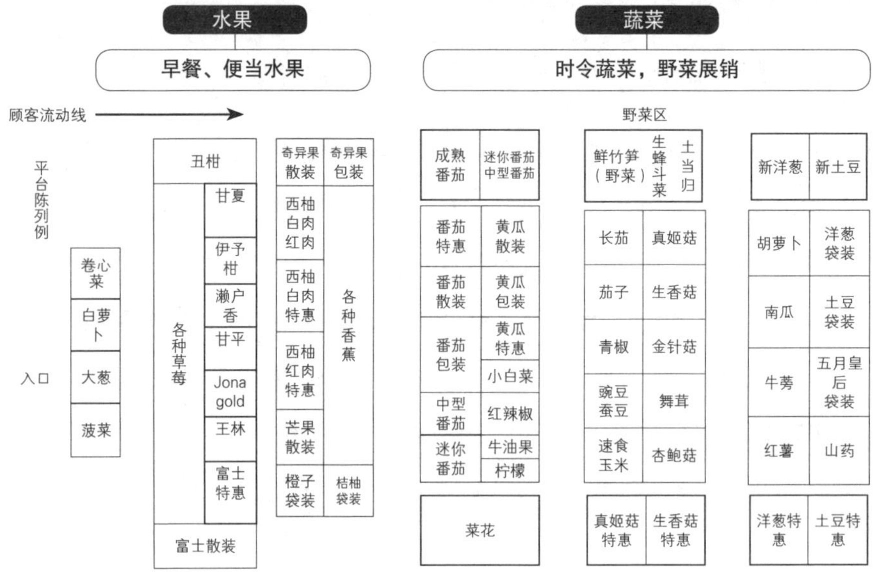
水果
早餐、便当水果
蔬菜
时令蔬菜，野菜展销
顾客流动线
平台陈列例
入口
卷心菜
白萝卜
大葱
菠菜
丑柑
各种草莓
甘夏
伊予柑
濑户香
甘平
Jona gold
王林
富士特惠
富士散装
奇异果散装
奇异果包装
西柚白肉红肉
西柚白肉特惠
西柚红肉特惠
芒果散装
各种香蕉
橙子袋装
桔柚袋装
成熟番茄
迷你番茄中型番茄
番茄特惠
黄瓜散装
番茄散装
黄瓜包装
番茄包装
黄瓜特惠
小白菜
中型番茄
红辣椒
迷你番茄
牛油果
柠檬
菜花
野菜区
鲜竹笋（野菜）
生蜂斗菜
土当归
长茄
真姬菇
茄子
生香菇
青椒
金针菇
豌豆蚕豆
舞茸
速食玉米
杏鲍菇
真姬菇特惠
生香菇特惠
新洋葱
新土豆
胡萝卜
洋葱袋装
南瓜
土豆袋装
牛蒡
五月皇后袋装
红薯
山药
洋葱特惠
土豆特惠

蔬菜 时令蔬菜、野菜展销

本周新鲜竹笋正值产期，上市的野菜种类丰富。与秋季采摘的松茸一样，新鲜竹笋品种珍贵，一年只采摘一次。因此，建议以季节感为主题，设置平台端架专卖区。

在销售鲜竹笋、油菜花、蜂斗菜、土当归、荚果蕨、大叶玉簪花等品种的基础上，为确保部门销售额，可以加强店内促销（如卷心菜、白萝卜、胡萝卜、菠菜、长茄、真姬菇等）。

一般从 2 月份开始，早收产地采摘的新鲜竹笋陆续上市。每根成品笋约重 1.5kg，销售品一般在 1kg 以上。竹笋一年只订购 2 ~ 3 次，建议根据上市高峰调整销量。

水果 早餐、便当水果

进入新的一年，新生活即将拉开序幕，人们开始变着花样地制作各种早餐和午餐便当。这段时期，柑橘、香蕉、奇异果、草莓、苹果等简单易制的甜点类水果大量上市，这类水果的销量看好。

为了向顾客推荐各种创意吃法，可以采取散装销售，利用草莓、西柚、橙子、丑柑等品种打开销路。价格最好调整的草莓单设专卖区销售。

第三周活动计划

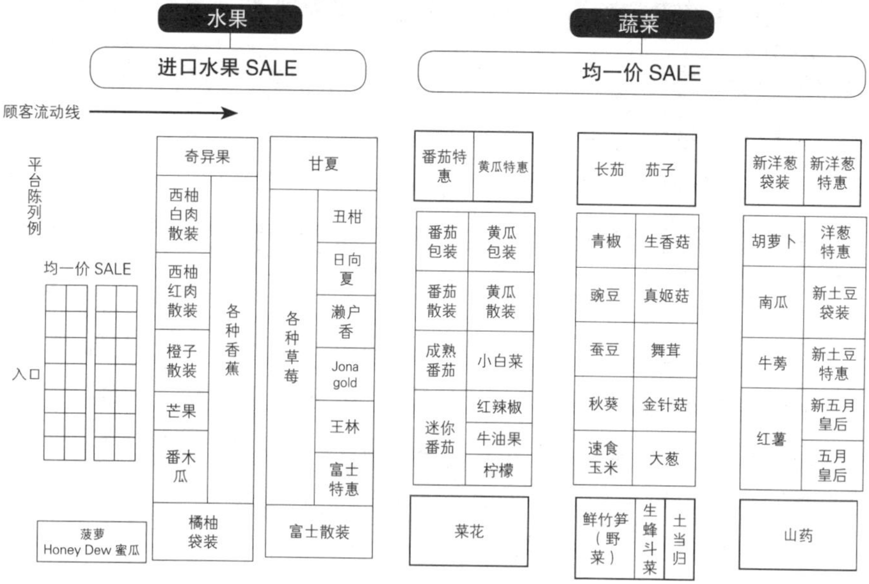

水果
进口水果 SALE
蔬菜
均一价 SALE
顾客流动线
平台陈列例
均一价 SALE
入口
菠萝 Honey Dew 蜜瓜
奇异果
西柚白肉散装
西柚红肉散装
橙子散装
芒果
番木瓜
各种香蕉
橘柚袋装
甘夏
丑柑
日向夏
濑户香
Jona gold
王林
富士特惠
各种草莓
富士散装
番茄特惠
黄瓜特惠
番茄包装
黄瓜包装
番茄散装
黄瓜散装
成熟番茄
小白菜
迷你番茄
红辣椒
牛油果
柠檬
菜花
长茄
茄子
青椒
生香菇
豌豆
真姬菇
蚕豆
舞茸
秋葵
金针菇
速食玉米
大葱
鲜竹笋（野菜）
生蜂斗菜
土当归
新洋葱袋装
新洋葱特惠
胡萝卜
洋葱特惠
南瓜
新土豆袋装
牛蒡
新土豆特惠
红薯
新五月皇后
五月皇后
山药

蔬菜 均一价 SALE

春季蔬菜产地更迭频繁，市场行情变动活跃。随着均一价可售品种的增加，更容易制定均一价促销活动方案。

这段时期的特点是品种丰富，从吸引顾客眼球的角度出发，策划案可适当增加冬季市价偏高的叶菜、果实蔬菜类以及市价变动较小的地下根茎类、蘑菇类等品种。

策划案应灵活调整毛利组合，总加价率设为20% ~ 22%。以提升利润为重点。商品品种越多，策划案越容易制定，利润越稳定。卖场基本原则是集中销售，通过预测人均购买量、部门构成比等数值对促销活动的效果进行评估。

水果 进口水果展销

春季是美国产柑橘（西柚、橙子等）进入上市旺季的时期，也是最佳食用时间。

本月水果中进口商品的构成比较高，可以和美国产等进口商品摆放在一起销售。

促销品种：菲律宾产香蕉、菠萝，墨西哥产牛油果、芒果，泰国产芒果，智利产葡萄，美国产蜜瓜、橙子、西柚、柠檬等。

第四周活动计划

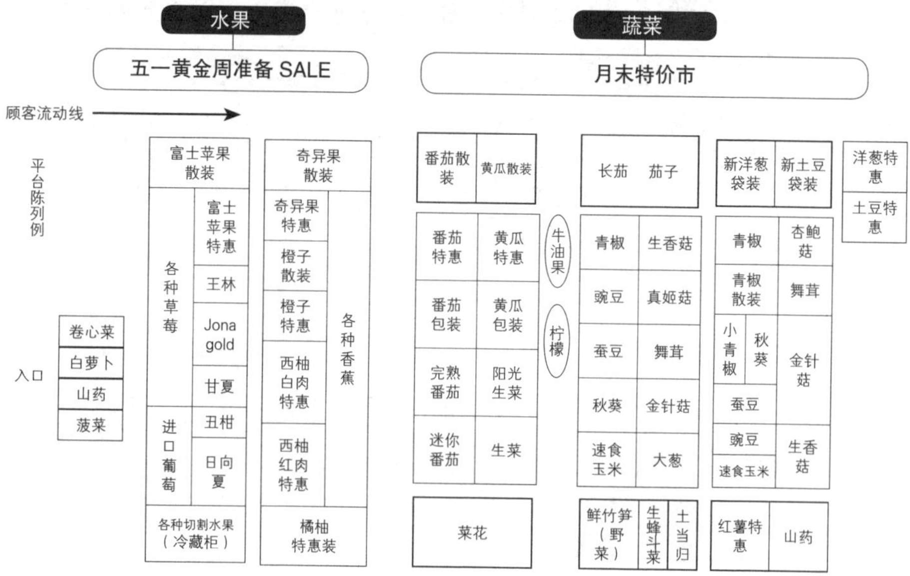
水果
五一黄金周准备 SALE
蔬菜
月末特价市
顾客流动线
平台陈列例
入口
卷心菜
白萝卜
山药
菠菜
富士苹果散装
各种草莓
富士苹果特惠
王林
Jona gold
甘夏
进口葡萄
丑柑
日向夏
各种切割水果（冷藏柜）
奇异果散装
奇异果特惠
橙子散装
橙子特惠
西柚白肉特惠
西柚红肉特惠
各种香蕉
橘柚特惠装
番茄散装
黄瓜散装
番茄特惠
黄瓜特惠
番茄包装
黄瓜包装
完熟番茄
阳光生菜
迷你番茄
生菜
牛油果
柠檬
菜花
长茄　茄子
青椒
生香菇
豌豆
真姬菇
蚕豆
舞茸
秋葵
金针菇
速食玉米
大葱
鲜竹笋（野菜）
生蜂斗菜
土当归
新洋葱袋装
新土豆袋装
青椒
杏鲍菇
青椒散装
舞茸
小青椒
秋葵
金针菇
蚕豆
豌豆
生香菇
速食玉米
红薯特惠
山药
洋葱特惠
土豆特惠

蔬菜 月末特价市

按惯例推出“月末特价市”，以主打品种为中心加强价格管理。

五一黄金周即将到来，节前策划案以便当、户外烧烤等出行为主题展开。每天调整在架品种：加强卷心菜、白萝卜、山药、菠菜、长茄、青椒、黄瓜、番茄等商品的价格管理，在此基础上增加蘑菇、大葱、洋葱、土豆、胡萝卜、迷你番茄、生菜、芦笋等品种。

五一黄金周备战举措：推出“散装销售大会”等主题活动。洋葱、土豆、胡萝卜、青椒、黄瓜、番茄、茄子等零售品种推出均价促销活动。

水果 五一黄金周准备 SALE

随着五一黄金周的临近，准备出行、户外烧烤等亲友聚会型商品。

从香蕉、西柚、橙子、奇异果、菠萝、草莓到切割水果等品种，保证在架商品品种齐全。切割水果推出旅行单人装、全家装等聚会品种。

以出行为主题营造卖场氛围，同时确保切割水果区、聚会水果等商品的陈列空间。

5月

第一周活动计划

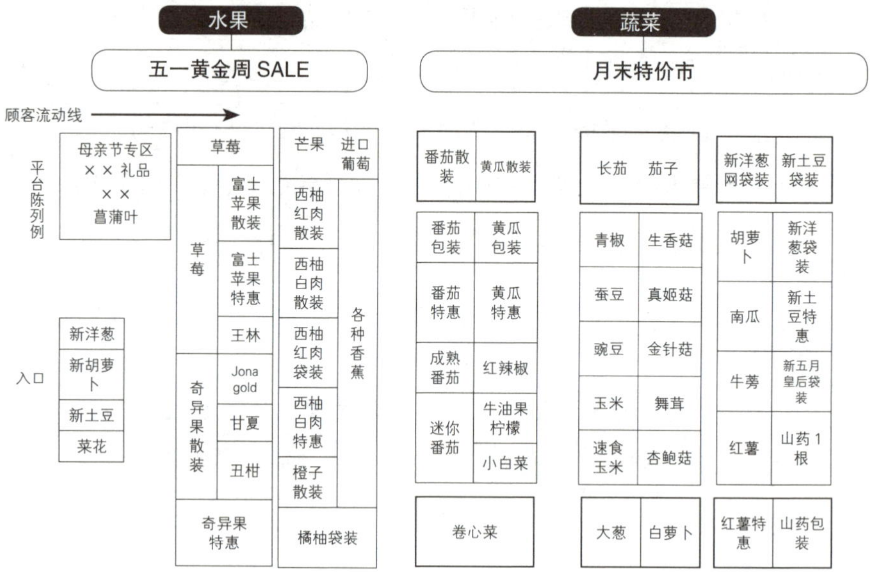

水果
五一黄金周 SALE
蔬菜
月末特价市
顾客流动线
平台陈列例
母亲节专区
×× 礼品
××
菖蒲叶
入口
新洋葱
新胡萝卜
新土豆
菜花
草莓
草莓
富士苹果散装
富士苹果特惠
王林
奇异果散装
Jona gold
甘夏
丑柑
奇异果特惠
芒果
进口葡萄
西柚红肉散装
西柚白肉散装
西柚红肉袋装
西柚白肉特惠
橙子散装
各种香蕉
橘柚袋装
番茄散装
黄瓜散装
番茄包装
黄瓜包装
番茄特惠
黄瓜特惠
成熟番茄
红辣椒
迷你番茄
牛油果柠檬
小白菜
卷心菜
长茄
茄子
青椒
生香菇
蚕豆
真姬菇
豌豆
金针菇
玉米
舞茸
速食玉米
杏鲍菇
大葱
白萝卜
新洋葱网袋装
新土豆袋装
胡萝卜
新洋葱袋装
南瓜
新土豆特惠
牛蒡
新五月皇后袋装
红薯
山药 1 根
红薯特惠
山药包装

蔬菜 五一黄金周特辑＋儿童节

推荐主题以出行便当和迎接儿童节的家庭聚会为中心。受市场休市影响，部分商品存在调配难问题，可以选择黄瓜、番茄、生菜、芦笋、菜花、新洋葱、土豆、胡萝卜、长茄、青椒、生香菇、真姬菇、菠菜等容易订购的商品。此外，沙拉类、天妇罗、烧烤、拌菜、炖菜等品种外调。

针对儿童节推出主题促销活动，例如：在卖场内设菖蒲叶沙拉区，打造家庭聚会氛围……此外，采用平台端架陈列黄瓜、番茄、茄子、蘑菇等烧烤食材，构建单品精选卖场。

水果 五一黄金周 SALE

五一黄金周期间，受出行等因素影响，来店客源大幅减少，但还有少量顾客有出游、家庭聚会等购物需求，建议根据时间段（上午、傍晚等）做好卖场规划。

档期方案以节庆活动为主题吸引顾客，同时推出免费试吃。

具体促销方式：随便装促销（在日本，随便装促销是指超市提供固定大小的袋子和特定商品，顾客根据自己需要任意装，以不超过袋子为准）、捆绑销售、试吃大会、游戏大会等。

第二周活动计划

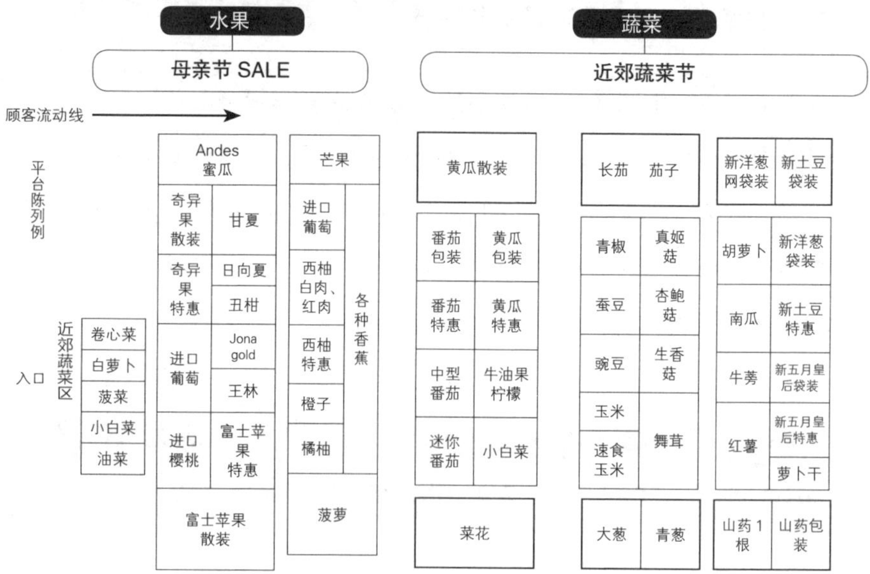
水果
母亲节 SALE
蔬菜
近郊蔬菜节
顾客流动线
平台陈列例
入口
近郊蔬菜区
卷心菜
白萝卜
菠菜
小白菜
油菜
Andes 蜜瓜
奇异果散装
甘夏
奇异果特惠
日向夏
丑柑
进口葡萄
Jona gold
王林
进口樱桃
富士苹果特惠
富士苹果散装
芒果
进口葡萄
西柚白肉、红肉
西柚特惠
橙子
橘柚
各种香蕉
菠萝
黄瓜散装
番茄包装
黄瓜包装
番茄特惠
黄瓜特惠
中型番茄
牛油果柠檬
迷你番茄
小白菜
菜花
长茄　茄子
青椒
真姬菇
蚕豆
杏鲍菇
豌豆
生香菇
玉米
舞茸
速食玉米
大葱
青葱
新洋葱网袋装
新土豆袋装
胡萝卜
新洋葱袋装
南瓜
新土豆特惠
牛蒡
新五月皇后袋装
红薯
新五月皇后特惠
萝卜干
山药1根
山药包装

蔬菜 近郊蔬菜节

本周近郊蔬菜陆续上市，以近郊蔬菜为中心拟订档期方案。

以叶菜为中心，增加卷心菜、生菜、菠菜、油菜、白萝卜、番茄、黄瓜等近郊商品。这些蔬菜品种相对单调，可以增加新洋葱、新土豆、新胡萝卜、生香菇、真姬菇、茄子、青椒等外运商品。

注意外包装上必须标注县名、地区名等产地，加深顾客对近郊蔬菜的印象。本月产地品种调整较多，注意 POP 等宣传品上有无产地标识错误等问题。

水果 母亲节 SALE

玫瑰花是母亲节馈赠礼品的中心，档期提案以水果礼盒为主。推荐商品如小型礼品、4 ~ 6 种水果搭配礼盒等，采用小礼盒或篮装礼盒等精品包装。

此外，作为“母亲节馈赠水果”，推出时令蜜瓜与橙子、西柚、奇异果、菠萝、草莓等多种切割水果拼盒。

第三周活动计划

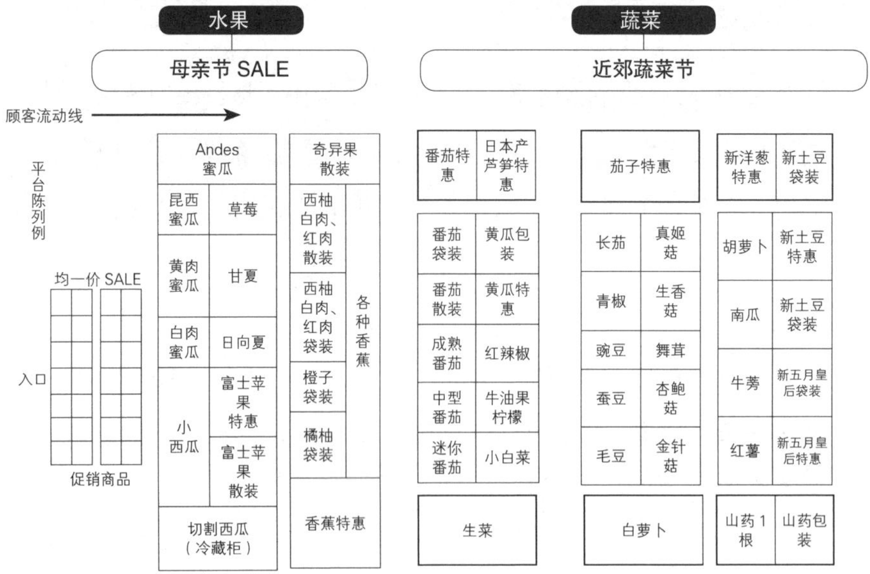

水果
母亲节 SALE
蔬菜
近郊蔬菜节
顾客流动线
平台陈列例
均一价 SALE
入口
促销商品
Andes蜜瓜
昆西蜜瓜
草莓
黄肉蜜瓜
甘夏
白肉蜜瓜
日向夏
小西瓜
富士苹果特惠
富士苹果散装
切割西瓜（冷藏柜）
奇异果散装
西柚白肉、红肉散装
西柚白肉、红肉袋装
橙子袋装
橘柚袋装
各种香蕉
香蕉特惠
番茄特惠
日本产芦笋特惠
番茄袋装
黄瓜包装
番茄散装
黄瓜特惠
成熟番茄
红辣椒
中型番茄
牛油果柠檬
迷你番茄
小白菜
生菜
茄子特惠
长茄
真姬菇
青椒
生香菇
豌豆
舞茸
蚕豆
杏鲍菇
毛豆
金针菇
白萝卜
新洋葱特惠
新土豆袋装
胡萝卜
新土豆特惠
南瓜
新土豆袋装
牛蒡
新五月皇后袋装
红薯
新五月皇后特惠
山药1根
山药包装

蔬菜 均一价 SALE

均一价促销是一种确保部门盈利的行之有效的销售手段。

为保证促销活动实施成功，卖场品种数必须保证在 50 种以上。一般来说，推出 100 日元均一价促销，可以保证企划商品的总毛利组合。

均一品种的优点是能分别调整各种商品的毛利率。除了热门商品，还可以加入高毛利品种。目标毛利率设定为 20%。以主力品种为中心，加入时令商品、蔬果加工品等。

均一价促销活动的重点是活用特设区和集中陈列。

水果 初夏水果节

五月中旬是夏季早收水果上市的季节，各种蜜瓜（Andes、昆西、王子、金将蜜瓜、Yellow King）纷纷上市，这段时期蜜瓜的市场价格偏高，量贩售卖为时尚早，可以每天调整 1 ~ 2 种，加价销售。

此外，美国大樱桃开始采摘，建议对售价和口感进行评估后上架销售。为营造夏季水果卖场形象，可以适当增加 Delaware、李子、桃子等夏季应季水果。

第四周活动计划

水果
美国大樱桃惊艳登场
蔬菜
月末特价 SALE
顾客流动线
平台陈列例
盒装番茄销售
入口
卷心菜
白萝卜
菜花
菠菜
枇杷
小西瓜
美国大樱桃
美国大樱桃特惠
甘夏
日向夏
日本产樱桃
Jona gold
Andes蜜瓜
王林
昆西蜜瓜
富士苹果特惠
黄蜜瓜 白蜜瓜
富士苹果散装
切割西瓜（冷藏柜）
李子
芒果黄
芒果红
进口葡萄
西柚袋装
西柚散装
各种香蕉
橙子
橘柚
奇异果
黄瓜特惠
番茄特惠装
黄瓜散装
番茄包装
黄瓜包装
番茄散装
红辣椒
完熟番茄
牛油果柠檬
迷你番茄
小白菜
菜花
长茄
茄子
舞茸
青椒
金针菇
豌豆
杏鲍菇
蚕豆
大葱
玉米
真姬菇
生香菇
新洋葱网袋装
新土豆袋装
胡萝卜
新洋葱特惠
红辣椒
新土豆特惠
红薯
新五月皇后特惠
牛蒡
新五月皇后袋装
大蒜
胡萝卜特惠
山药包装
新洋葱盒装
新土豆盒装
红薯盒装
盒装销售

蔬菜 月末特价 SALE

5 月末推出常规月末集客促销。档期活动方案围绕“日日新特惠品种”展开，通过耐存放品种超值装等吸引顾客。

例如：洋葱、土豆、番茄、红薯等品种推出 3 ~ 5kg 装。黄瓜、茄子、番茄、青椒等果实蔬菜类推出增量装。此外，还有进口芦笋特惠装（200 ~ 250g）；山药单根装；生姜（150g）、生香菇、真姬菇 / 特惠装及常销品种。

特设区集中陈列特惠品，日日新促销品采用平台端架。月度促销品等作为特定商品推出，注意促销方式，突出档期策划案的魅力。

水果 美国大樱桃惊艳登场

本周美国大樱桃正式进入上市高峰期。尽管 5 月上旬美国大樱桃已经开始销售，但当时售价偏高，口感欠佳，所以，这段时期可以在促销上多下功夫。

本周开始销售夏季应季水果（蜜瓜、西瓜、Delaware 等）以及柑橘类、香蕉、奇异果等进口商品。适当扩大美国大樱桃陈列区，蜜瓜区提至前方，采用平台陈列。

6月

第一周活动计划

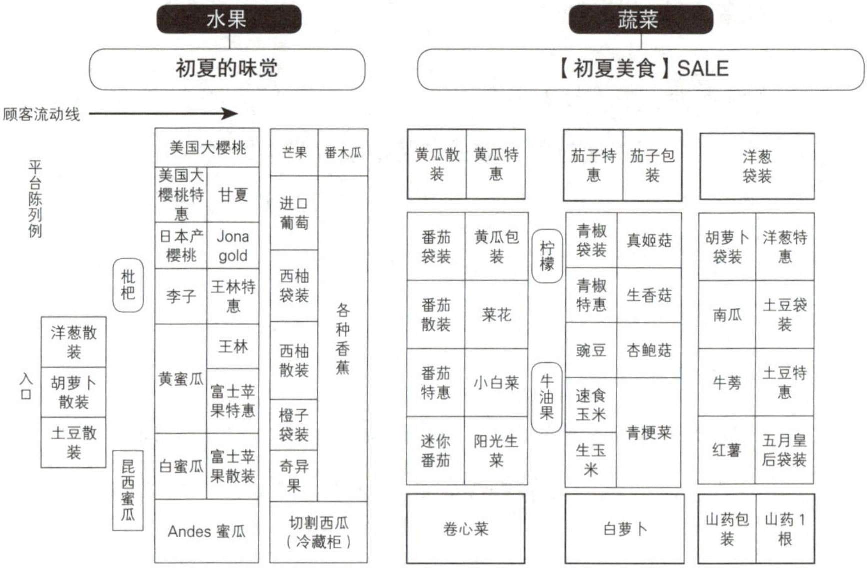
水果
初夏的味觉
蔬菜
【初夏美食】SALE
顾客流动线
平台陈列例
入口
洋葱散装
胡萝卜散装
土豆散装
枇杷
昆西蜜瓜
美国大樱桃
美国大樱桃特惠
甘夏
日本产樱桃
Jona gold
李子
王林特惠
王林
黄蜜瓜
富士苹果特惠
白蜜瓜
富士苹果散装
Andes 蜜瓜
芒果
番木瓜
进口葡萄
西柚袋装
西柚散装
橙子袋装
奇异果
各种香蕉
切割西瓜（冷藏柜）
黄瓜散装
黄瓜特惠
番茄袋装
黄瓜包装
番茄散装
菜花
番茄特惠
小白菜
迷你番茄
阳光生菜
卷心菜
柠檬
牛油果
茄子特惠
茄子包装
青椒袋装
真姬菇
青椒特惠
生香菇
豌豆
杏鲍菇
速食玉米
生玉米
青梗菜
白萝卜
洋葱袋装
胡萝卜袋装
洋葱特惠
南瓜
土豆袋装
牛蒡
土豆特惠
红薯
五月皇后袋装
山药包装
山药 1 根

蔬菜“初夏美食”SALE

6月第一周进入梅雨季，这段时期的特点是气温波动大。档期策划案应围绕制作蔬菜沙拉、烧烤、煮菜、天妇罗等食材展开。

推荐品种如洋葱、土豆、胡萝卜、青椒、茄子、芦笋、大葱、白萝卜、卷心菜等。店内优惠促销可以增加生菜、黄瓜、番茄等。

各卖区进行美食料理推荐，设置特设平台集中摆放大型蔬菜类。

美食推荐可考虑商品关联陈列，明确推荐内容。本周洋葱、土豆等初夏蔬菜迎来各地大号果实收获季，建议另设散装销售区吸引顾客购买。

水果 初夏的味觉

随着梅雨季的到来，档期策划案应以蜜瓜、西瓜等品种为中心，同时增加正值销售高峰的美国大樱桃。本周蜜瓜进入采摘高峰，以青肉、红肉为重点扩大销售品种和规格，采用平台顶端陈列。

西瓜应确保小号西瓜专卖区，以小巧方便为卖点吸引顾客。大号西瓜切开后放入冷藏柜或专用冷藏容器中销售。

第二周活动计划

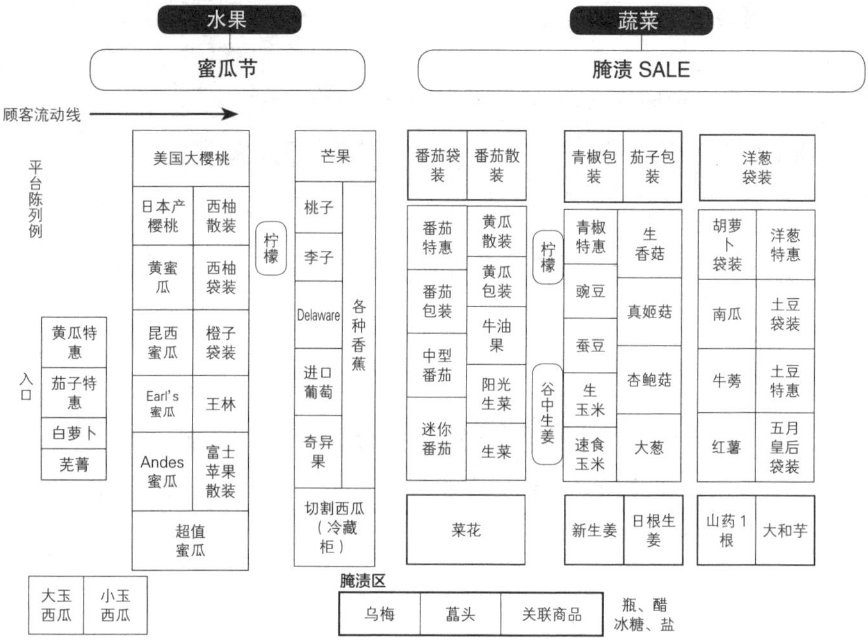
水果
蜜瓜节
蔬菜
腌渍 SALE
顾客流动线
平台陈列例
入口
黄瓜特惠
茄子特惠
白萝卜
芜菁
大玉西瓜
小玉西瓜
美国大樱桃
日本产樱桃
西柚散装
黄蜜瓜
西柚袋装
昆西蜜瓜
橙子袋装
Earl's蜜瓜
王林
Andes蜜瓜
富士苹果散装
超值蜜瓜
柠檬
芒果
桃子
李子
Delaware
各种香蕉
进口葡萄
奇异果
切割西瓜（冷藏柜）
番茄袋装
番茄散装
番茄特惠
黄瓜散装
黄瓜包装
番茄包装
牛油果
中型番茄
阳光生菜
迷你番茄
生菜
菜花
柠檬
谷中生姜
青椒包装
茄子包装
青椒特惠
生香菇
豌豆
真姬菇
蚕豆
杏鲍菇
生玉米
速食玉米
大葱
新生姜
日根生姜
洋葱袋装
胡萝卜袋装
洋葱特惠
南瓜
土豆袋装
牛蒡
土豆特惠
红薯
五月皇后袋装
山药1根
大和芋
腌渍区
乌梅
藠头
关联商品
瓶、醋
冰糖、盐

蔬菜 本季腌渍正式 SALE

本周迎来乌梅、藠头、新姜等品种一年一度的腌渍季，此时，选择合适的腌渍时间很重要，建议提前确认各品种的具体腌渍时间和安排档期活动。

以清洗藠头、土藠头、青梅、新姜为中心，销售规格分别定为 1 kg 装、3 kg 装、5 kg 装、10kg 装。

腌渍策划案中加入常见的黄瓜、茄子、卷心菜、白萝卜、芜菁等品种。腌渍食材设置专卖区，其他商品归入各卖区。腌渍区同时摆放腌渍容器、盐、冰糖、藠头醋、红紫苏醋等关联商品。

另外，做好腌渍方法推荐等准备工作，客流高峰时段增设预约区。

水果 蜜瓜节

本周蜜瓜迎来上市高峰，建议按品种、产地等推出蜜瓜节活动。

卖场集中摆放 5 ~ 6 种，灵活运用平台前端或特设区展示。

推出商品描述、试吃比较等促销活动突出蜜瓜季的特色。蜜瓜的成熟度不易判断，应定期对商品进行检查。

第三周活动计划

水果
樱桃节
蔬菜
初夏均一价 SALE
顾客流动线
平台陈列例
均一促销区
均一区亮点
入口
均一区亮点
日本产樱桃
日本产樱桃
西柚散装
西柚袋装
美国大樱桃
橙子袋装
黄蜜瓜
王林
富士苹果特惠
昆西蜜瓜
Andes蜜瓜
富士苹果散装
超值蜜瓜
Earl's 蜜瓜
奇异果
桃子
李子
枇杷
Delaware
芒果红肉
芒果黄肉
各种香蕉
切割西瓜（冷藏柜）
腌渍区
乌梅
藠头
关联商品
菜花
番茄特惠
黄瓜散装
番茄包装
黄瓜特惠
番茄散装
牛油果
中型番茄
小白菜
迷你番茄
阳光生菜
卷心菜
柠檬
长茄特惠
茄子特惠
青椒特惠
真姬菇
蚕豆
杏鲍菇
豌豆
生香菇
生玉米
速食玉米
青梗菜
长葱
青葱
洋葱特惠
土豆特惠
胡萝卜袋装
洋葱袋装
南瓜
土豆袋装
牛蒡
五月皇后袋装
红薯
山药包装
山药 1 根

蔬菜 初夏均一价 SALE

本月蔬菜产地更迭，商品价格开始走低。

对蔬果部门来说，均一价促销能够确保部门盈利，可每月定期实施并作为常规方案实施。

初夏市场价格处于低位运行状态，均一品种可以通过增加分量来吸引顾客。例如：果实蔬菜类、地下根茎类等品种推出增量装（增加分量和数量）；白萝卜、卷心菜等改为超大超值装，注意均一价不得低于正常市场价。

按常规均一价促销模式布置卖场。均价品集中摆放在特设区。此外，也可以从均一品中推出亮点商品，侧重点放在增加顾客的购买量上。

水果 樱桃节

本周，国产樱桃“佐藤锦”迎来上市高峰。美国大樱桃进入生长后期，以华盛顿州产高品质樱桃为主。

这段时期以味觉为卖点，为增加商品销量，应确保充足的卖场陈列空间。

保证品种数多样化，推出200g装、500g装、盒装等销售规格。美国大樱桃改为大容量特惠装，注意烘托樱桃节的节庆氛围。

第四周活动计划

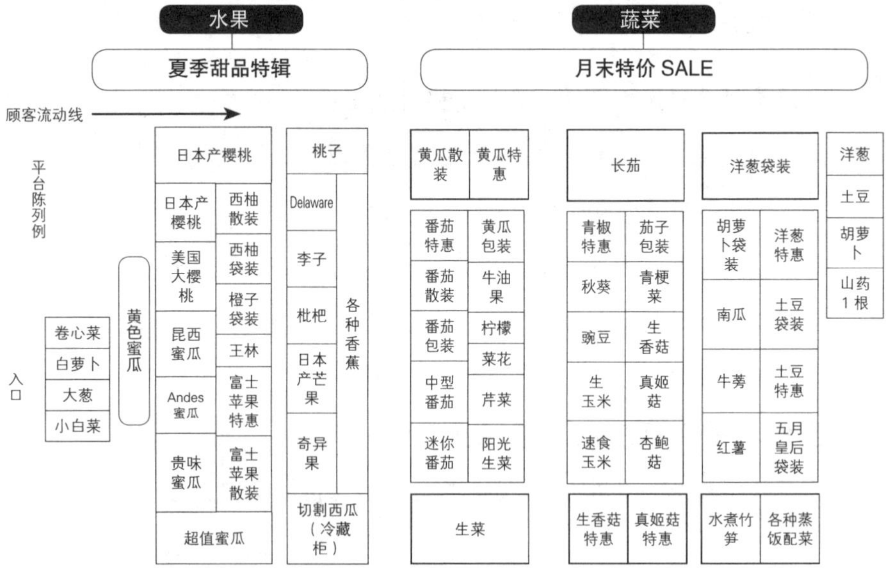

水果
夏季甜品特辑
蔬菜
月末特价 SALE
顾客流动线
平台陈列例
入口
卷心菜
白萝卜
大葱
小白菜
黄色蜜瓜
日本产樱桃
日本产樱桃
西柚散装
美国大樱桃
西柚袋装
橙子袋装
昆西蜜瓜
王林
Andes蜜瓜
富士苹果特惠
贵味蜜瓜
富士苹果散装
超值蜜瓜
桃子
Delaware
李子
枇杷
日本产芒果
奇异果
各种香蕉
切割西瓜（冷藏柜）
黄瓜散装
黄瓜特惠
番茄特惠
黄瓜包装
番茄散装
牛油果
番茄包装
柠檬
菜花
中型番茄
芹菜
迷你番茄
阳光生菜
生菜
长茄
青椒特惠
茄子包装
秋葵
青梗菜
豌豆
生香菇
生玉米
真姬菇
速食玉米
杏鲍菇
生香菇特惠
真姬菇特惠
洋葱袋装
胡萝卜袋装
洋葱特惠
南瓜
土豆袋装
牛蒡
土豆特惠
红薯
五月皇后袋装
水煮竹笋
各种蒸饭配菜
洋葱
土豆
胡萝卜
山药1根

蔬菜 月末特价 SALE

月末档期活动以减价促销为重点，加强应季商品的价格管理。

促销品以卷心菜、生菜、白萝卜、洋葱、土豆、胡萝卜、牛蒡、菠菜、大葱、黄瓜、番茄、茄子、青椒、生香菇、真姬菇、山药等利润高的单品为主。

注意每天调整品种，避免利润出现大幅下滑。此外，活动期间通过店内促销及时补充和增加高毛利品种。为确保毛利水平，高毛利品种同样采用平台陈列。

另外，利用鲤鱼旗、围膜、POP 等装饰元素装点卖场。

水果 夏季甜品特辑

随着梅雨季的结束，正式进入盛夏，档期策划方案以盛夏应季甜品为主。

卖场陈列品种如蜜瓜、西瓜、桃子、葡萄、李子等。

扩大蜜瓜、西瓜等品种的陈列空间。葡萄、桃子等另设专卖区，配合免费试吃，推出夏季水果味觉促销。

7月

第一周活动计划

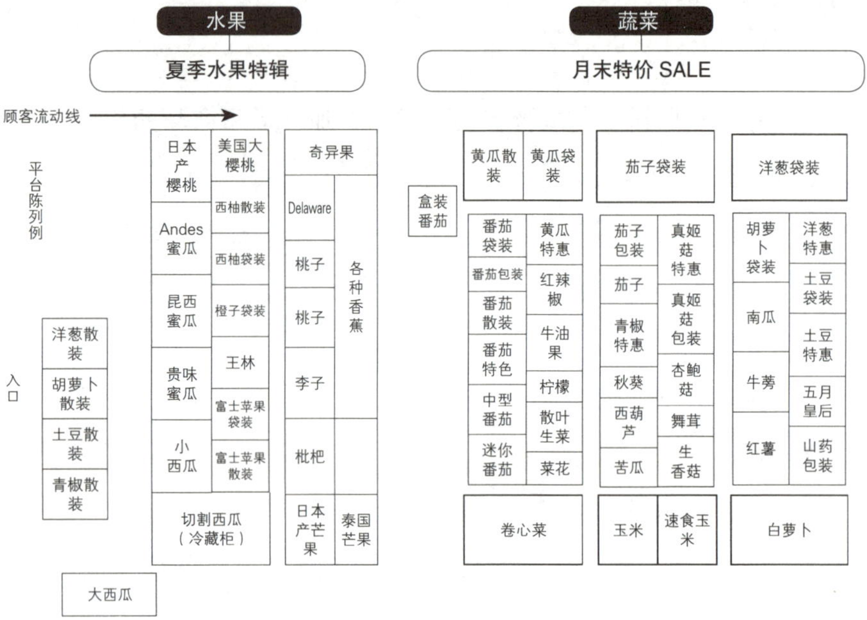

水果
夏季水果特辑
蔬菜
月末特价 SALE
顾客流动线
平台陈列例
入口
洋葱散装
胡萝卜散装
土豆散装
青椒散装
大西瓜
日本产樱桃
美国大樱桃
西柚散装
Andes蜜瓜
西柚袋装
昆西蜜瓜
橙子袋装
贵味蜜瓜
王林
富士苹果袋装
小西瓜
富士苹果散装
切割西瓜（冷藏柜）
奇异果
Delaware
桃子
桃子
各种香蕉
李子
枇杷
日本产芒果
泰国芒果
盒装番茄
黄瓜散装
黄瓜袋装
茄子袋装
洋葱袋装
番茄袋装
黄瓜特惠
番茄包装
红辣椒
番茄散装
牛油果
番茄特色
柠檬
中型番茄
散叶生菜
迷你番茄
菜花
茄子包装
真姬菇特惠
茄子
真姬菇包装
青椒特惠
杏鲍菇
秋葵
西葫芦
舞茸
苦瓜
生香菇
胡萝卜袋装
洋葱特惠
土豆袋装
南瓜
土豆特惠
牛蒡
五月皇后
红薯
山药包装
卷心菜
玉米
速食玉米
白萝卜

蔬菜 夏季盛宴菜单

夏季盛宴菜单的主题是亲朋好友聚在一起享受烧烤、炒蔬菜和沙拉等美食的乐趣。本周进入盛夏初期，人们食欲大开，档期方案以营养丰富的菜肴和富含维生素、口感清爽的沙拉类商品为主。

烧烤、炒蔬菜推荐品如洋葱、青椒、胡萝卜、玉米、卷心菜、茄子、生香菇等。沙拉推荐品如番茄、生菜、黄瓜、芹菜等。店内促销推荐品如散叶生菜、青梗菜、大葱、生姜、大蒜、山药等。利用上述商品吸引顾客。

卷心菜、洋葱、大葱等放在特设区陈列，固定平台区摆放番茄、黄瓜、茄子等，毛豆、秋葵、西葫芦、苦瓜等应季商品同样采用平台陈列，注意运用季节元素（装饰品等）增加销量。

水果 夏季水果特辑

本周应季水果的价格更加“亲民”，可以考虑推出量贩装。

针对时节特点，适当扩大桃子、西瓜、Delaware、蜜瓜、李子、樱桃等品种的销量。设置鲜切水果专区、切割品集中放在冷藏平台区销售。

第二周活动计划

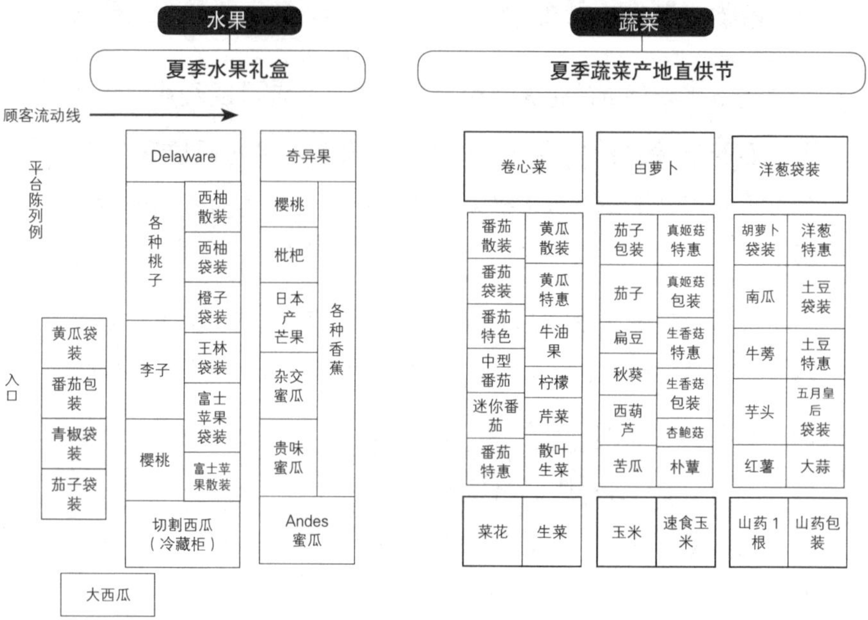
水果
夏季水果礼盒
顾客流动线
平台陈列例
入口
黄瓜袋装
番茄包装
青椒袋装
茄子袋装
大西瓜
Delaware
各种桃子
西柚散装
西柚袋装
橙子袋装
李子
王林袋装
富士苹果袋装
樱桃
富士苹果散装
切割西瓜（冷藏柜）
奇异果
樱桃
枇杷
日本产芒果
杂交蜜瓜
贵味蜜瓜
各种香蕉
Andes蜜瓜
蔬菜
夏季蔬菜产地直供节
卷心菜
番茄散装
黄瓜散装
番茄袋装
黄瓜特惠
番茄特色
牛油果
中型番茄
柠檬
迷你番茄
芹菜
番茄特惠
散叶生菜
菜花
生菜
白萝卜
茄子包装
真姬菇特惠
茄子
真姬菇包装
扁豆
生香菇特惠
秋葵
生香菇包装
西葫芦
杏鲍菇
苦瓜
朴蕈
玉米
速食玉米
洋葱袋装
胡萝卜袋装
洋葱特惠
南瓜
土豆袋装
牛蒡
土豆特惠
芋头
五月皇后袋装
红薯
大蒜
山药1根
山药包装

蔬菜 夏季蔬菜产地直供节

进入本周，长野、群马、福岛、岩手、青森、北海道等产地正式拉开夏季蔬菜上市的序幕。

档期策划案以特定产地集中展示为主。例如：群马产卷心菜，长野产生菜，福岛产黄瓜 / 番茄，北海道产白萝卜，茨城产茄子 / 玉米，北海道产山药等。可以选择洋葱、土豆、胡萝卜、豌豆、大葱、西葫芦、秋葵、大蒜、生姜、菠菜等及菌菇类作为店内促销品。

产地直供节以烘托各品种和产地形象为重点。除了县名标识，还应标注具体地区名，突出产地直供的活动主题，烘托卖场气氛。

水果 夏季水果礼盒

中元节将至，档期推荐以产地直供水果礼盒（如桃子、葡萄、蜜瓜等）为主，展示简易礼盒装（约 300 日元）样品。

采用拼盘装、称量装等开放式销售，注意突出商品特色。本周西瓜进入销售旺季，扩大切割水果区的展示空间。切割商品推出 2 ~ 8 等份装，和其他不同规格。

第三周活动计划

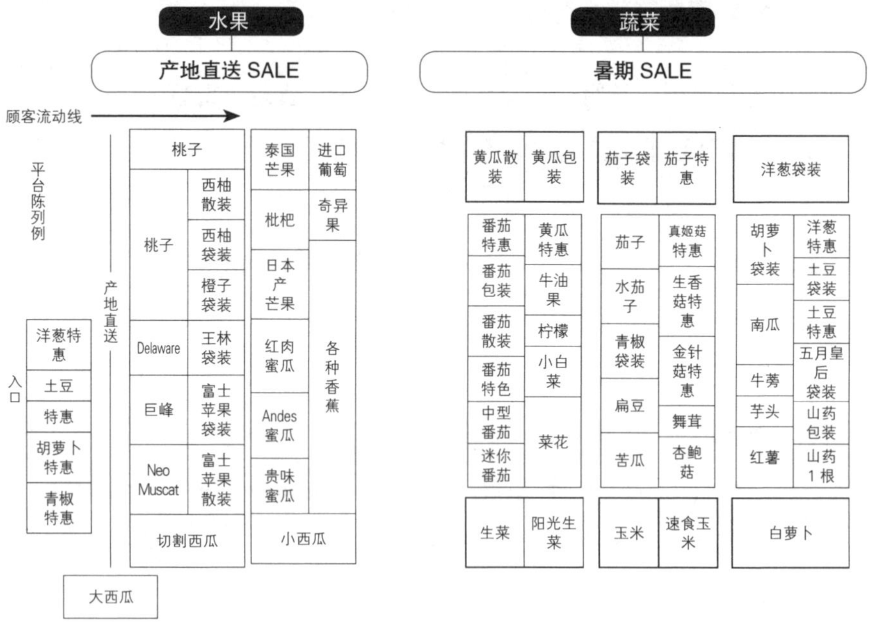
水果
产地直送 SALE
顾客流动线
平台陈列例
入口
洋葱特惠
土豆
特惠
胡萝卜特惠
青椒特惠
产地直送
大西瓜
桃子
桃子
西柚散装
西柚袋装
橙子袋装
Delaware
王林袋装
巨峰
富士苹果袋装
Neo Muscat
富士苹果散装
切割西瓜
泰国芒果
进口葡萄
枇杷
奇异果
日本产芒果
红肉蜜瓜
各种香蕉
Andes蜜瓜
贵味蜜瓜
小西瓜
蔬菜
暑期 SALE
黄瓜散装
黄瓜包装
番茄特惠
黄瓜特惠
番茄包装
牛油果
番茄散装
柠檬
番茄特色
小白菜
中型番茄
菜花
迷你番茄
生菜
阳光生菜
茄子袋装
茄子特惠
茄子
真姬菇特惠
水茄子
生香菇特惠
青椒袋装
金针菇特惠
扁豆
舞茸
苦瓜
杏鲍菇
玉米
速食玉米
洋葱袋装
胡萝卜袋装
洋葱特惠
土豆袋装
南瓜
土豆特惠
五月皇后袋装
牛蒡
芋头
山药包装
红薯
山药1根
白萝卜

蔬菜 暑期准备 SALE

本周暑期临近，“暑期准备 SALE”以出行和暑假儿童食谱为中心，策划案围绕沙拉、炒蔬菜等拟订。

卖场品种侧重出行便当食材、午餐能量炒蔬菜、大批量超值装等商品。此外，卷心菜、大葱、洋葱超值装、土豆超值装、大蒜、菜花、生香菇超值装、真姬菇超值装、杏鲍菇、青椒、茄子、黄瓜、番茄、各种拌饭食材、豆芽、炒蔬菜等品种要一应俱全。

暑期孩子们在家用餐的机会较多，各种简易炒蔬菜装、简易拌饭食材等采用平台展示或突出陈列，注意烘托简单快捷、旅游出行必备等卖场氛围。

水果 产地直送 SALE

本周夏季时令水果大量上市，档期内容以强调产地为主。与常规促销相比，建议扩大“产地直供品”的陈列品种数，同时保证足够的卖场陈列空间。

除了标注产地名，提供产品特点介绍外，推出免费试吃活动，以强调商品品质。

此外，注意突出如山梨产桃 /Delaware/ 巨峰 / 李子、鸟取产西瓜、山形产蜜瓜等不同产地品种的特色。

第四周活动计划

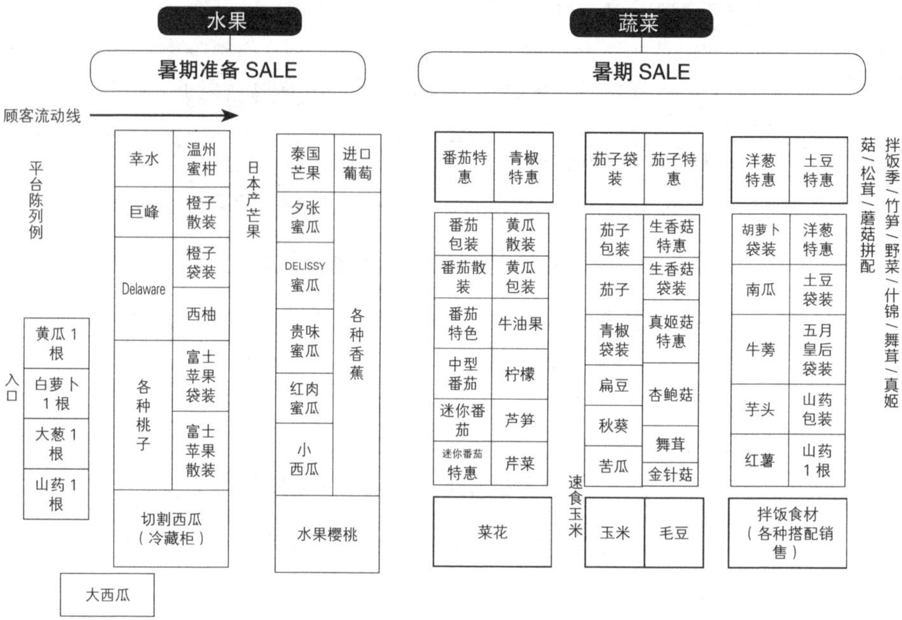
水果
暑期准备 SALE
顾客流动线
平台陈列例
入口
黄瓜 1 根
白萝卜 1 根
大葱 1 根
山药 1 根
幸水
温州蜜柑
巨峰
橙子散装
橙子袋装
Delaware
西柚
各种桃子
富士苹果袋装
富士苹果散装
切割西瓜（冷藏柜）
大西瓜
日本产芒果
泰国芒果
进口葡萄
夕张蜜瓜
DELISSY 蜜瓜
贵味蜜瓜
红肉蜜瓜
小西瓜
各种香蕉
水果樱桃
蔬菜
暑期 SALE
番茄特惠
青椒特惠
番茄包装
黄瓜散装
番茄散装
黄瓜包装
番茄特色
牛油果
中型番茄
柠檬
迷你番茄
芦笋
迷你番茄特惠
芹菜
菜花
茄子袋装
茄子特惠
茄子包装
生香菇特惠
生香菇袋装
茄子
青椒袋装
真姬菇特惠
扁豆
杏鲍菇
秋葵
舞茸
苦瓜
金针菇
速食玉米
玉米
毛豆
洋葱特惠
土豆特惠
胡萝卜袋装
洋葱特惠
南瓜
土豆袋装
牛蒡
五月皇后袋装
芋头
山药包装
红薯
山药 1 根
拌饭食材（各种搭配销售）
拌饭季/竹笋/野菜/什锦菇/松茸/蘑菇拼配
舞茸/真姬

蔬菜 暑期超值 SALE

本周开始正式进入暑期，随着出行、户外活动以及聚会等活动的增加，蔬菜消费量日趋攀升。月末推出批量购，主打价格牌，同时扩大应季商品和主力品种的销量。

采用盒装、超值装等包装，包装菜侧重大分量（普通商品的 2 ~ 3 倍）。这段时期果实蔬菜类价格偏低，与普通超值装相比，可以推出超量特惠装。

例如：黄瓜 1kg 或 10 根装，番茄 3 ~ 5kg/ 盒，茄子 10 根装，青椒 400g 装，生香菇 300g 装，真姬菇 200g 装，山药单根装，大蒜 1kg 装，洋葱 3 ~ 5kg 装，土豆 3 ~ 5kg 装等，突出超值促销主题。价格每天调整，打折幅度 20%。

水果 暑期准备 SALE

进入暑期，档期推荐以出行、户外用商品为主。出行必备水果如香蕉、橙子、西柚、葡萄、苹果、西瓜、蜜瓜等。

超值促销和散装销售结合，增设夏季出行商品区。通过摇摇杯水果拼盘、4 ~ 5 人份聚会果盘、去芯菠萝等鲜切水果推荐品种扩大销量。

8月

第一周活动计划

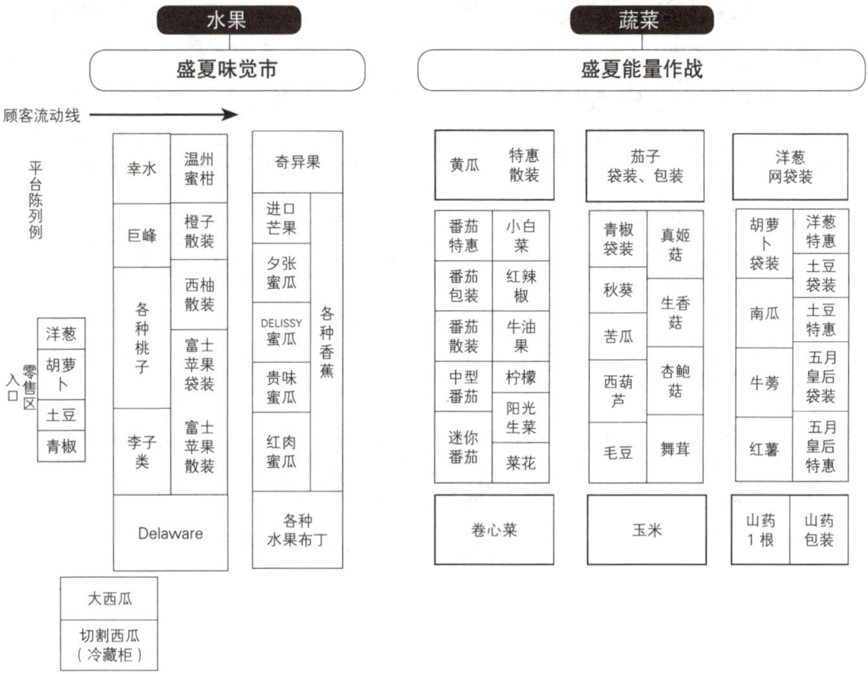

水果
盛夏味觉市
蔬菜
盛夏能量作战
顾客流动线
平台陈列例
入口
零售区
洋葱
胡萝卜
土豆
青椒
幸水
温州蜜柑
巨峰
橙子散装
各种桃子
西柚散装
富士苹果袋装
李子类
富士苹果散装
Delaware
大西瓜
切割西瓜（冷藏柜）
奇异果
进口芒果
夕张蜜瓜
DELISSY蜜瓜
贵味蜜瓜
红肉蜜瓜
各种香蕉
各种水果布丁
黄瓜
特惠散装
番茄特惠
小白菜
番茄包装
红辣椒
番茄散装
牛油果
中型番茄
柠檬
迷你番茄
阳光生菜
菜花
卷心菜
茄子袋装、包装
青椒袋装
真姬菇
秋葵
生香菇
苦瓜
杏鲍菇
西葫芦
毛豆
舞茸
玉米
洋葱网袋装
胡萝卜袋装
洋葱特惠
土豆袋装
南瓜
土豆特惠
牛蒡
五月皇后袋装
红薯
五月皇后特惠
山药1根
山药包装

蔬菜 盛夏能量作战

为安度炎炎夏日，本周档期推荐以能量料理为主。利用炒蔬菜、烧烤类、沙拉类、拌菜类等品种吸引顾客。

推荐品种如洋葱、土豆、胡萝卜、卷心菜、青椒、茄子、杏鲍菇、真姬菇、生香菇、玉米、毛豆、番茄、黄瓜等。

为扩大销量，烧烤类 / 炒蔬菜用菌菇类、玉米、毛豆、青椒、茄子等品种设置专卖区。番茄、黄瓜等推出沙拉类超值装。

此外，利用大蒜、生姜、豆芽、小葱、烧烤酱等关联品种吸引顾客。洋葱、土豆、大蒜等散装、捆扎装另设销售区，注意烘托卖场的促销氛围。

水果 盛夏味觉市

本周，西瓜、蜜瓜等盛夏应季水果的产地向东北、北海道等地转移。

葡萄、桃子、李子等的优质品种进入上市高峰。本周盂兰盆节将至，卖场品类规划以祭祀用品、中元节礼品、暑期问候品为主。为扩大销量，重点从味觉出发吸引顾客，同时推出免费试吃活动。

第二周活动计划

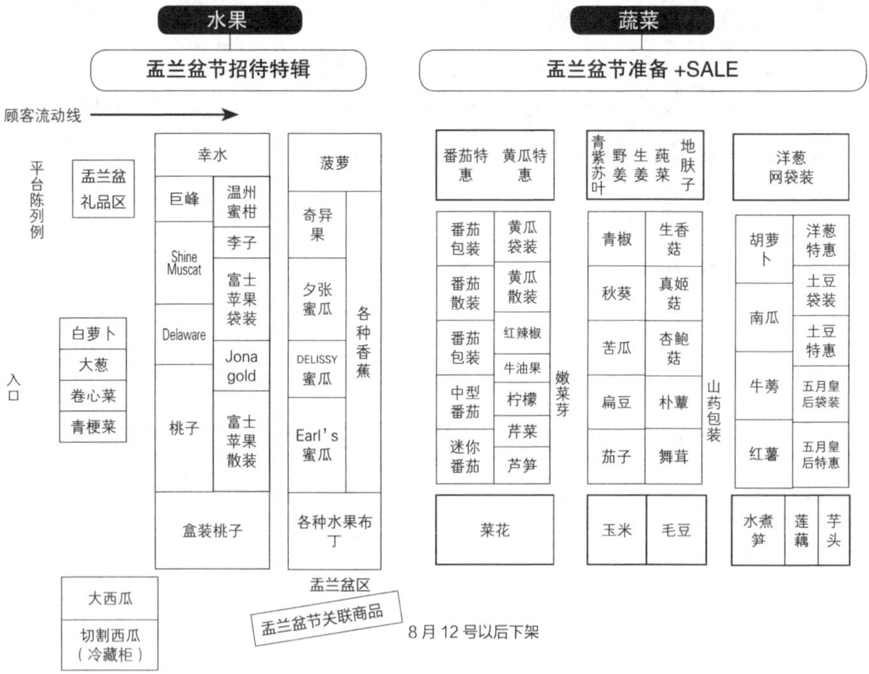
水果
盂兰盆节招待特辑
蔬菜
盂兰盆节准备 +SALE
顾客流动线
平台陈列例
盂兰盆礼品区
入口
白萝卜
大葱
卷心菜
青梗菜
大西瓜
切割西瓜（冷藏柜）
幸水
巨峰
温州蜜柑
李子
Shine Muscat
富士苹果袋装
Delaware
Jona gold
桃子
富士苹果散装
盒装桃子
菠萝
奇异果
夕张蜜瓜
DELISSY 蜜瓜
Earl's 蜜瓜
各种香蕉
各种水果布丁
盂兰盆区
盂兰盆节关联商品
8月12号以后下架
番茄特惠
黄瓜特惠
番茄包装
黄瓜袋装
番茄散装
黄瓜散装
番茄包装
红辣椒
牛油果
中型番茄
柠檬
芹菜
迷你番茄
芦笋
嫩菜芽
菜花
青紫苏叶
野姜
生姜
莼菜
地肤子
青椒
生香菇
秋葵
真姬菇
苦瓜
杏鲍菇
扁豆
朴蕈
茄子
舞茸
山药包装
玉米
毛豆
洋葱网袋装
胡萝卜
洋葱特惠
土豆袋装
南瓜
土豆特惠
牛蒡
五月皇后袋装
红薯
五月皇后特惠
水煮笋
莲藕
芋头

蔬菜 盂兰盆节准备＋盂兰盆节 SALE

进入盂兰盆节，档期推荐以送祖灵火、迎魂火用品、回乡探亲祭祖供品、祭祀品等土特产以及迎接返乡客流的招待食材为主。

盂兰盆节准备 SALE 必备的仪式用品摆放在最前方。卖场陈列品如送祖灵火、迎魂火用品（麻秆儿、白桦树皮）、装饰用品、祭祀品、拜佛供品（供品盘）、插花等。

从 8 月 12 号开始为迎接盂兰盆节做准备，8 月 13 ～ 16 号盂兰盆节期间，根据节日进程进行调整。例如，将招待返乡客流的食材，如玉米、毛豆、生姜、青紫苏叶、生姜、小葱、莼菜、地肤子等地方特色食材进行集中陈列。在主打品的一侧另设散叶生菜、红辣椒、波士顿莴苣、芹菜等小品种蔬菜沙拉区。另外，煮菜、天妇罗等素料理食材推荐也单设卖区。

水果 盂兰盆节招待特辑

盂兰盆节是日本一年中仅次于年末的最大销售季。

节日促销水果主要面向祭祀、返乡礼品果盒、招待商品等。盂兰盆节期间，桃子、蜜瓜、梨、葡萄、苹果、西瓜、香蕉、菠萝等品种销售火爆，建议增设祭祀品推荐区、盂兰盆节返乡客流专卖区等。

第三周活动计划

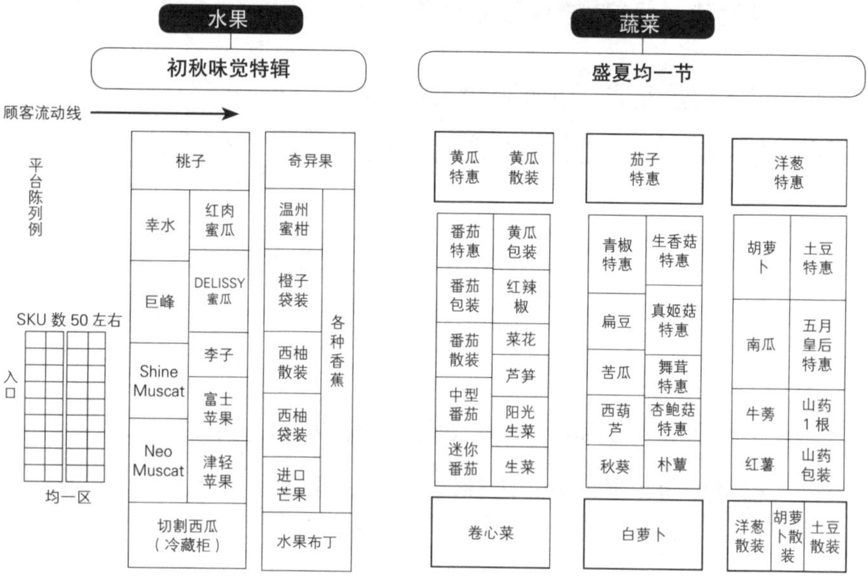
水果
初秋味觉特辑
顾客流动线
平台陈列例
SKU 数 50 左右
入口
均一区
桃子
幸水
红肉蜜瓜
巨峰
DELISSY 蜜瓜
李子
Shine Muscat
富士苹果
Neo Muscat
津轻苹果
切割西瓜（冷藏柜）
奇异果
温州蜜柑
橙子袋装
西柚散装
西柚袋装
进口芒果
各种香蕉
水果布丁
蔬菜
盛夏均一节
黄瓜特惠
黄瓜散装
番茄特惠
黄瓜包装
番茄包装
红辣椒
番茄散装
菜花
芦笋
中型番茄
阳光生菜
迷你番茄
生菜
卷心菜
茄子特惠
青椒特惠
生香菇特惠
扁豆
真姬菇特惠
苦瓜
舞茸特惠
西葫芦
杏鲍菇特惠
秋葵
朴蕈
白萝卜
洋葱特惠
胡萝卜
土豆特惠
南瓜
五月皇后特惠
牛蒡
山药1根
红薯
山药包装
洋葱散装
胡萝卜散装
土豆散装

蔬菜 盛夏均一节

本周进入暑期后半期，为确保销售额，蔬果部可以考虑举办最有效的均一价促销活动。冬季均价促销活动人气高的原因是市场价格上扬，相反，夏季均价促销应以调整销售规格、打造亮点商品为主。

品种数准备 50 个左右。促销活动期较长时，可以替换部分品种或调整卖场布局。

在常销品种的基础上加入夏季应季品种，构成比占 70%，剩余 30% 用季节性强的品种补充，组合推出夏季均一促销。

均价促销品种选择玉米、毛豆、苦瓜、西葫芦、冬瓜等，药食类如青紫苏叶、野姜、生姜、大蒜等。

菌菇类推出超值装，沙拉类如芹菜、芦笋、红辣椒、散叶生菜、豆瓣菜等小品种关联商品和常销品种根据市场行情确定，价格走低时可以推出超值装。

水果 初秋味觉特辑

本周秋季水果开始上市，卖场应重点营造初秋氛围。

扩大巨峰、津轻苹果、幸水梨、丰水梨、早生柿等品种的陈列空间。

此外，蜜瓜、桃子、西瓜、李子等品种销量大，毛利高的晚熟品种可以作为店内促销品补充销售。

第四周活动计划

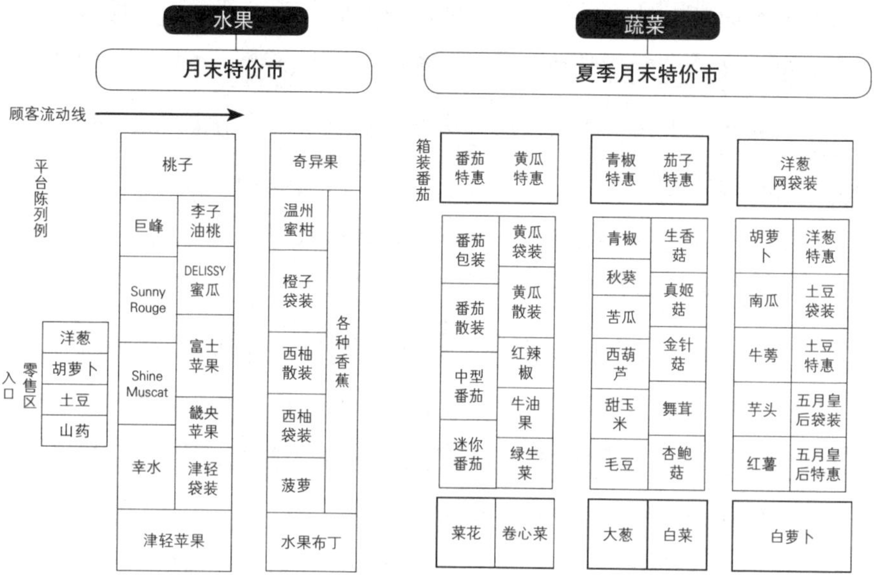
水果
月末特价市
顾客流动线
平台陈列例
入口
零售区
洋葱
胡萝卜
土豆
山药
桃子
巨峰
李子油桃
Sunny Rouge
DELISSY蜜瓜
Shine Muscat
富士苹果
畿央苹果
幸水
津轻袋装
津轻苹果
奇异果
温州蜜柑
橙子袋装
西柚散装
西柚袋装
菠萝
各种香蕉
水果布丁
蔬菜
夏季月末特价市
箱装番茄
番茄特惠
黄瓜特惠
番茄包装
黄瓜袋装
番茄散装
黄瓜散装
红辣椒
中型番茄
牛油果
迷你番茄
绿生菜
菜花
卷心菜
青椒特惠
茄子特惠
青椒
生香菇
秋葵
真姬菇
苦瓜
金针菇
西葫芦
甜玉米
舞茸
毛豆
杏鲍菇
大葱
白菜
洋葱网袋装
胡萝卜
洋葱特惠
南瓜
土豆袋装
牛蒡
土豆特惠
芋头
五月皇后袋装
红薯
五月皇后特惠
白萝卜

蔬菜 夏季月末特价市

本周暑期临近尾声，人们的生活即将回到正常轨道，档期策划案应以常销品为中心推出超值促销活动。

选择卷心菜、白萝卜、大葱、牛蒡、南瓜、山药、芋头、黄瓜、番茄、茄子、青椒、生香菇、真姬菇、青梗菜、菠菜、韭菜、青紫苏叶、小葱、野姜、水煮竹笋等作为促销品种。

专卖区布局每天调整、替换2～3种促销品种。此外，洋葱、土豆、胡萝卜等推出特惠装，扩大散装销售区空间。通过加强单品销售和随便装等促销方式吸引顾客。

另外，突出（芋头、白菜、大葱、松茸、红薯等）秋季商品也是促销活动的重点。

水果 月末特价市

夏季结束，秋季开始，夏季晚熟品种和秋季主力品种每天调整、强化价格管理。主力品种如巨峰、丰水梨、津轻苹果、白桃、温州蜜柑等，店内促销品选择香蕉、奇异果、橙子等，灵活运用特设区、平台端架等吸引顾客。

9月

第一周活动计划

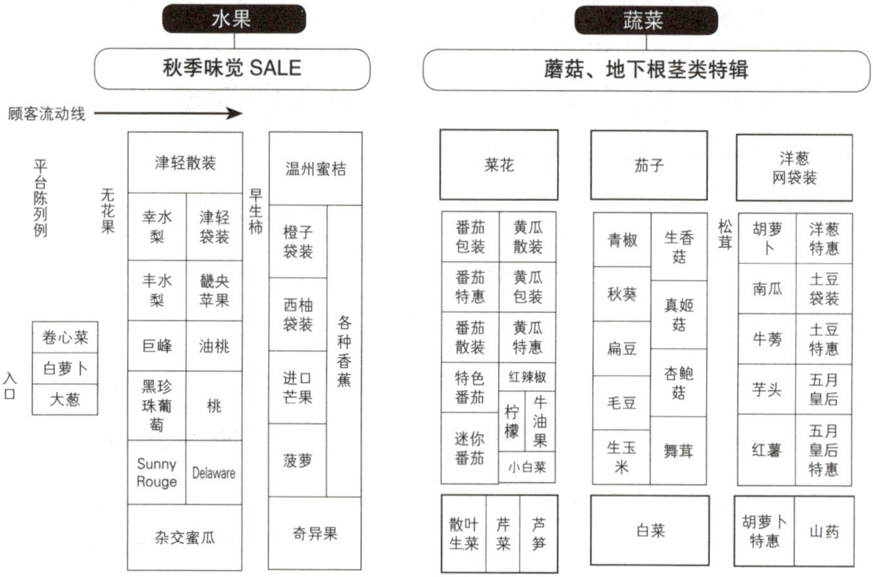
水果
秋季味觉 SALE
顾客流动线
平台陈列例
入口
卷心菜
白萝卜
大葱
无花果
津轻散装
幸水梨
津轻袋装
丰水梨
畿央苹果
巨峰
油桃
黑珍珠葡萄
桃
Sunny Rouge
Delaware
杂交蜜瓜
早生柿
温州蜜桔
橙子袋装
西柚袋装
进口芒果
菠萝
各种香蕉
奇异果
蔬菜
蘑菇、地下根茎类特辑
菜花
番茄包装
黄瓜散装
番茄特惠
黄瓜包装
番茄散装
黄瓜特惠
特色番茄
红辣椒
柠檬
牛油果
迷你番茄
小白菜
散叶生菜
芹菜
芦笋
茄子
青椒
生香菇
秋葵
真姬菇
扁豆
杏鲍菇
毛豆
生玉米
舞茸
白菜
松茸
洋葱网袋装
胡萝卜
洋葱特惠
南瓜
土豆袋装
牛蒡
土豆特惠
芋头
五月皇后
红薯
五月皇后特惠
胡萝卜特惠
山药

蔬菜 蘑菇、地下根茎类特辑

本周正式进入秋季，新的学期开始了。档期推荐以便当食材，如菌菇类、地下根茎类等炖煮关联商品为主。

推荐品种如生香菇、真姬菇、松茸、洋葱、土豆、白萝卜、大葱、水煮笋等。本周，秋季味觉的代表品种——松茸开始上市，可以将松茸作为每周重点推荐商品推出。

清汤松茸主推 1 ~ 2 根装。上市高峰期，可以按火锅用、烧烤用推出 4 ~ 6 根装。

地下根茎类设置专卖区集中陈列。白萝卜、卷心菜、大葱等选择平台端架或专卖区陈列。便当关联商品中的菜花、生菜、迷你番茄、黄瓜等沙拉类可以通过举办店内促销扩大销量。

松茸归入菌菇类，根据销售情况随时调整。销量增加时另设“松茸区”，运用平台端架陈列。

水果 秋季味觉 SALE

本周进入秋季水果季，各种国产水果陆续上市。选择秋季最具代表的品种拟订活动方案。

应季商品如丰水梨、巨峰、黑珍珠葡萄、Neo Muscat、Campbell、阳光玫瑰、津轻苹果、織央苹果、早生柿等，重点围绕秋季味觉盛宴展开。

第二周活动计划

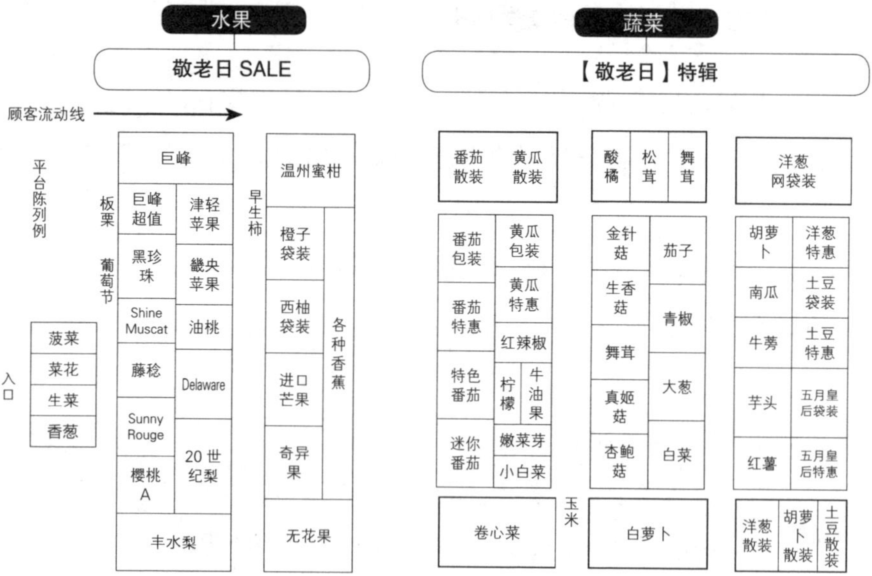
水果
敬老日 SALE
顾客流动线
平台陈列例
入口
菠菜
菜花
生菜
香葱
板栗
葡萄节
巨峰
巨峰超值
津轻苹果
黑珍珠
畿央苹果
Shine Muscat
油桃
藤稔
Delaware
Sunny Rouge
20世纪梨
樱桃A
丰水梨
早生柿
温州蜜柑
橙子袋装
西柚袋装
进口芒果
奇异果
各种香蕉
无花果
蔬菜
【敬老日】特辑
番茄散装
黄瓜散装
番茄包装
黄瓜包装
番茄特惠
黄瓜特惠
红辣椒
特色番茄
柠檬
牛油果
迷你番茄
嫩菜芽
小白菜
卷心菜
玉米
酸橘
松茸
舞茸
金针菇
茄子
生香菇
青椒
舞茸
大葱
真姬菇
杏鲍菇
白菜
白萝卜
洋葱网袋装
胡萝卜
洋葱特惠
南瓜
土豆袋装
牛蒡
土豆特惠
芋头
五月皇后袋装
红薯
五月皇后特惠
洋葱散装
胡萝卜散装
土豆散装

蔬菜“敬老日”特辑

档期推荐以适合老年人的饮食为主。

散寿司、拌菜、炖煮菜肴、火锅等老年人喜爱的素食推荐品中，应季松茸应与其他蔬菜分开。

宣传单和店内促销品如松茸、舞茸、生香菇、杏鲍菇等菌菇类，白萝卜、白菜、大葱、茄子、洋葱、土豆、胡萝卜、菜花、番茄、黄瓜等。

家庭聚会推荐：用应季松茸制作的清汤、烧烤、牛肉火锅等受老年人喜爱的饮食。另外，中国产松茸推出 1 ~ 2 根 / 装，烧烤 / 火锅松茸等推出 6 ~ 8 根 / 装，定价 3000 ~ 5000 日元。

水果 敬老日 SALE

本周葡萄迎来收获旺季，档期推荐以精品葡萄礼盒作为敬老日礼品提案，选择巨峰、黑珍珠等黑葡萄品种。此外，近期人气火爆的阳光玫瑰、Alexandria 葡萄，绿葡萄等品种陆续上市。“敬老节时令果盒”建议重点推荐食用方便的无核葡萄。

第三周活动计划

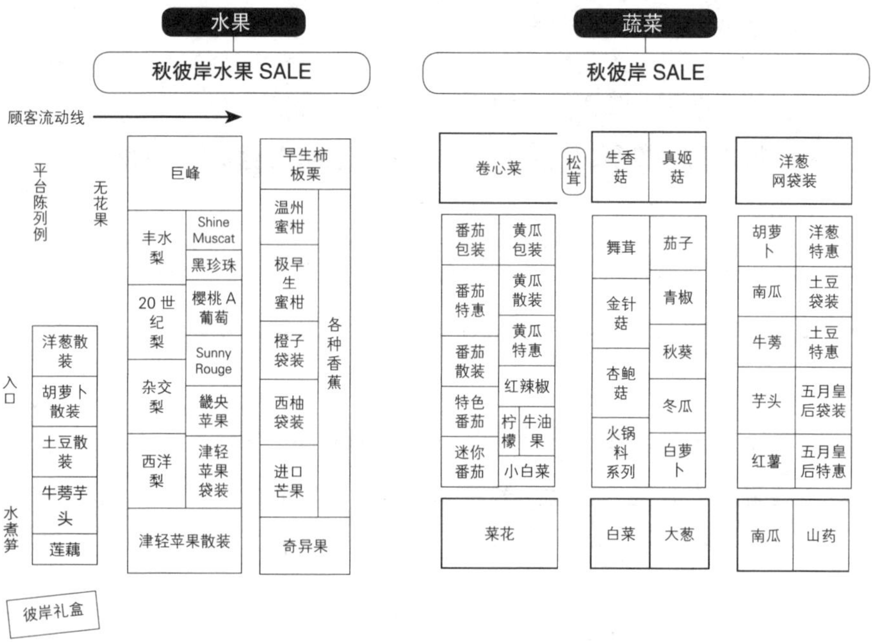

（注：日本自古以来就有“寒暑不过彼岸”的说法。这里的“彼岸”是指24节气的“春分”和“秋分”加前后各3天的7天时间，彼岸期间，人们要去祭拜祖先的坟墓并为他们的亡灵祈祷。）

蔬菜 秋彼岸 SALE

秋彼岸节到来，祭祀用品成为装点卖场的门面。各种简单方便、外观大气的精品礼盒成为销售主力，应保证小型祭祀礼盒及家庭佛坛大型供奉礼盒等品种齐全。

祭祀先祖是日本彼岸节的一项传统风俗。过去人们主要使用蔬菜、水果等作为供品，现在，400 ~ 500 日元的亲民蔬菜礼盒、800 ~ 1000 日元的水果礼盒为主流。

彼岸节促销品如素料理（莲藕、芋头、牛蒡、胡萝卜、白萝卜、扁豆、南瓜）等。家庭聚会推荐品如蔬菜沙拉、天妇罗等，黄瓜、茄子、番茄、生菜、菜花、小白菜、舞茸、生香菇、松茸以及药食、清热败火的商品（野姜、青紫苏叶、生姜、西葫芦、苦瓜、莼菜等）均可作为店内促销品推出。

水果 秋彼岸水果 SALE

秋彼岸节档期推荐以祭祀水果为主，如应季津轻苹果、畿央苹果、丰水梨、20 世纪梨、刀根柿、巨峰、阳光玫瑰；香蕉、菠萝等进口商品以及祭祀礼盒。卖场设置彼岸区，将彼岸礼盒、祭祀供花等商品一并放在彼岸区陈列。

第四周活动计划

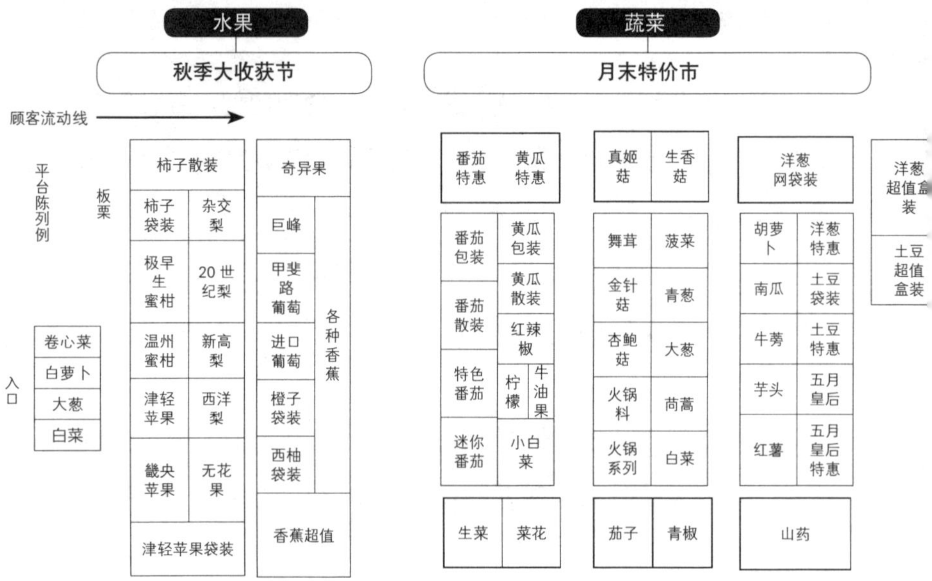
水果
秋季大收获节
蔬菜
月末特价市
顾客流动线
平台陈列例
板栗
入口
卷心菜
白萝卜
大葱
白菜
柿子散装
柿子袋装
杂交梨
极早生蜜柑
20世纪梨
温州蜜柑
新高梨
津轻苹果
西洋梨
雙央苹果
无花果
津轻苹果袋装
奇异果
巨峰
甲斐路葡萄
进口葡萄
橙子袋装
西柚袋装
各种香蕉
香蕉超值
番茄特惠
黄瓜特惠
番茄包装
黄瓜包装
番茄散装
黄瓜散装
红辣椒
特色番茄
柠檬
牛油果
迷你番茄
小白菜
生菜
菜花
真姬菇
生香菇
舞茸
菠菜
金针菇
青葱
杏鲍菇
大葱
火锅料
茼蒿
火锅系列
白菜
茄子
青椒
洋葱网袋装
胡萝卜
洋葱特惠
南瓜
土豆袋装
牛蒡
土豆特惠
芋头
五月皇后
红薯
五月皇后特惠
山药
洋葱超值盒装
土豆超值盒装

蔬菜 月末特价市

本周推出常规月末特价市，以主力品种为中心强化价格，争取大批量销售。

主力品种如卷心菜、白萝卜、大葱、白菜、菠菜、生香菇、真姬菇、杏鲍菇、茄子、菜花等。卖场品种应每天调整，主打价格牌。

特设区摆放大型蔬菜（如卷心菜、白萝卜、白菜、大葱等）。

地下根茎类另设销售区，利用散装促销（洋葱、土豆、胡萝卜等）吸引顾客。

除了推出超值装、盒装等常规商品，还可以推出一些特殊规格的商品。

此外，运用鲤鱼旗、围膜等促销元素烘托档期策划案。

水果 秋季大收获祭

本周正式进入秋季，水果种类从葡萄、梨等早秋果实逐渐向苹果、柑橘、柿子等深秋果实转换。

临近月末，档期策划案应确保部门销售额。卖场以柿子、苹果、柑橘等深秋品种为中心展开。

晚熟葡萄、梨等可作为高毛利品种进行促销。

10 月

第一周活动计划

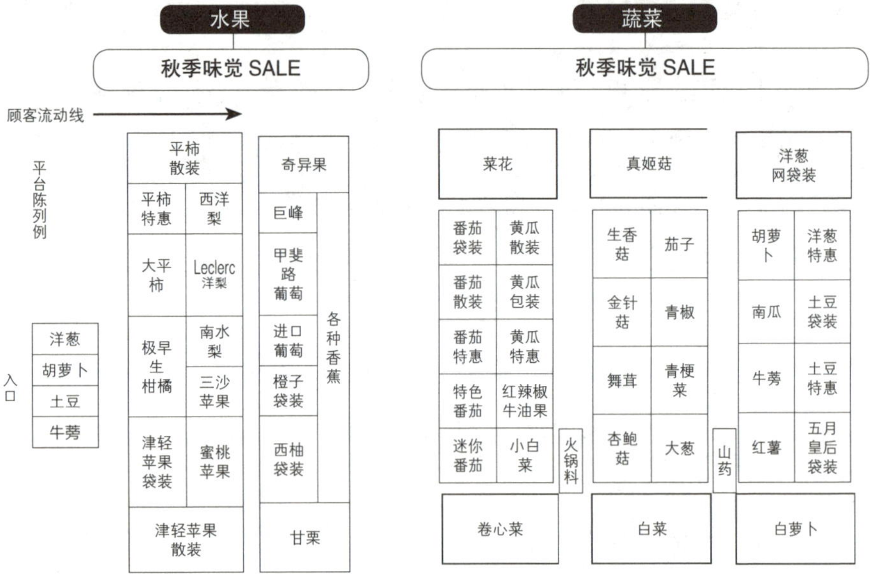
水果
秋季味觉 SALE
蔬菜
秋季味觉 SALE
顾客流动线
平台陈列例
入口
洋葱
胡萝卜
土豆
牛蒡
平柿散装
平柿特惠
西洋梨
大平柿
Leclerc洋梨
极早生柑橘
南水梨
三沙苹果
津轻苹果袋装
蜜桃苹果
津轻苹果散装
奇异果
巨峰
甲斐路葡萄
进口葡萄
橙子袋装
西柚袋装
各种香蕉
甘栗
菜花
番茄袋装
黄瓜散装
番茄散装
黄瓜包装
番茄特惠
黄瓜特惠
特色番茄
红辣椒牛油果
迷你番茄
小白菜
火锅料
卷心菜
真姬菇
生香菇
茄子
金针菇
青椒
舞茸
青梗菜
杏鲍菇
大葱
山药
白菜
洋葱网袋装
胡萝卜
洋葱特惠
南瓜
土豆袋装
牛蒡
土豆特惠
红薯
五月皇后袋装
白萝卜

蔬菜 秋季味觉 SALE

本周正式进入秋天，档期推荐以烘托季节感的时令商品和食谱为主。

尽管各种秋收商品（红薯、土豆、洋葱、牛蒡、胡萝卜、白萝卜、大葱、白菜）中还包括一年四季均有供应的品种。但秋季收获的商品中，炖菜、火锅类蔬菜所占的比例更大。

卖场以秋季时令蔬菜锅、炖煮料理为主。单设火锅区，火锅区计划延续至次年初春。此外，另设菌菇、白菜、大葱、白萝卜等专卖区，注意根据档期主题对卖场品种进行微调，避免卖场陈列枯燥单调。

火锅、炖煮类商品的特点是食用方便，品种可考虑推出超值装。为扩大商品销量，应季地下根茎类从固定区转移到平台区或特设区。

水果 秋季味觉 SALE

本周，秋季水果品种丰富。苹果、柿子、柑橘等进入收获高峰。中熟苹果大量上市，建议扩大陈列品种，销售重点放在强调商品特色上。

柿子中的平柿进入收获旺季，应扩大在架品种和陈列空间。柑橘类以早生柑橘为主。产地不同，口感差异大，建议配合免费试吃。

第二周活动计划

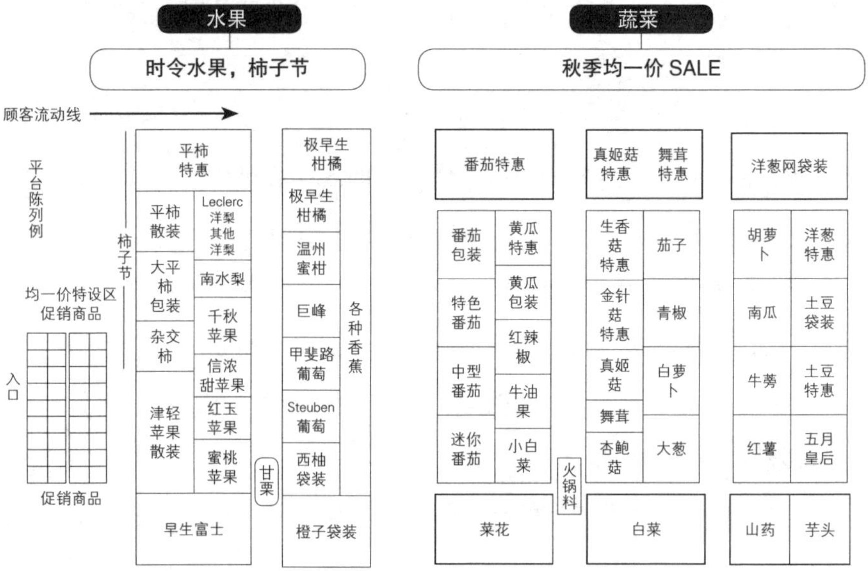

水果
时令水果，柿子节
蔬菜
秋季均一价 SALE
顾客流动线
平台陈列例
柿子节
均一价特设区
促销商品
入口
促销商品
平柿特惠
平柿散装
Leclerc洋梨 其他洋梨
大平柿包装
南水梨
千秋苹果
杂交柿
信浓甜苹果
津轻苹果散装
红玉苹果
蜜桃苹果
早生富士
甘栗
极早生柑橘
极早生柑橘
温州蜜柑
巨峰
甲斐路葡萄
Steuben葡萄
西柚袋装
各种香蕉
橙子袋装
番茄特惠
番茄包装
黄瓜特惠
黄瓜包装
特色番茄
红辣椒
中型番茄
牛油果
迷你番茄
小白菜
菜花
火锅料
真姬菇特惠
舞茸特惠
生香菇特惠
茄子
金针菇特惠
青椒
真姬菇
白萝卜
舞茸
杏鲍菇
大葱
白菜
洋葱网袋装
胡萝卜
洋葱特惠
南瓜
土豆袋装
牛蒡
土豆特惠
红薯
五月皇后
山药
芋头

蔬菜 秋季均一价 SALE

均一价促销活动的成功取决于品种数。这段时期的特点是品种多、价格稳定，建议集中大量热点均价品。

档期推荐以主力品种为中心，保证应季商品、小品种蔬菜类的品种数在 50 种以上。

连续数日举办均一促销活动时，或者调整卖场布局，或者调整陈列品种和促销内容。

与此同时，为确保部门盈利，应调整商品组合，增加整体产品的组合毛利率。

通过 100 日元均价促销提高单品毛利，还可以将商品调整为适合均一价促销的规格。

利用均价促销品提升档期方案的魅力。

水果 时令水果，柿子节

秋季分为初秋、中秋和深秋三个时期。不同时期，水果的收获高峰也处于更迭状态。10 月秋季时令水果全面上市，明确各周促销品种非常重要。

以应季柿子为主力促销品拟定档期方案。重点围绕柿子的品种、口感特点，特定产地直送等展开。

第三周活动计划

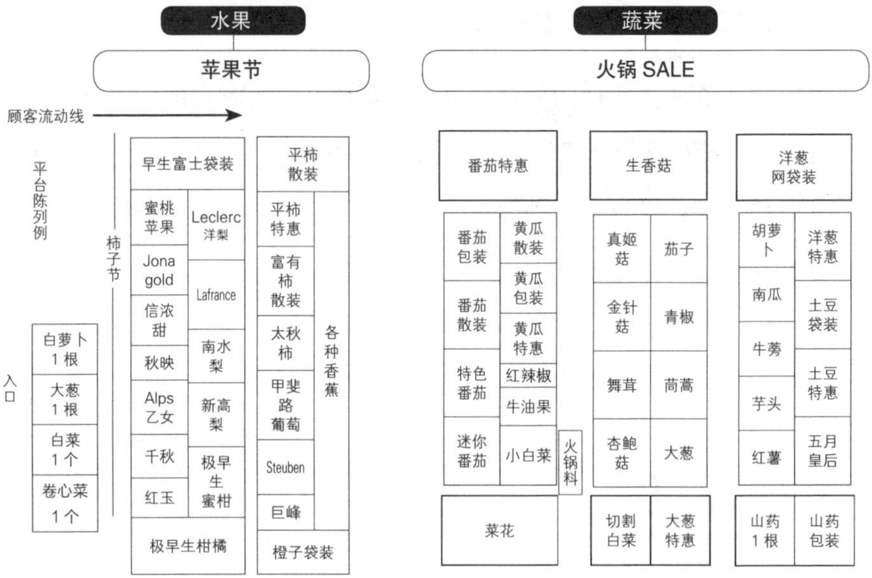
水果
苹果节
顾客流动线
平台陈列例
柿子节
入口
白萝卜 1根
大葱 1根
白菜 1个
卷心菜 1个
早生富士袋装
蜜桃苹果
Leclerc 洋梨
Jona gold
Lafrance
信浓甜
秋映
南水梨
Alps乙女
新高梨
千秋
极早生蜜柑
红玉
极早生柑橘
平柿散装
平柿特惠
富有柿散装
太秋柿
各种香蕉
甲斐路葡萄
Steuben
巨峰
橙子袋装
蔬菜
火锅 SALE
番茄特惠
生香菇
洋葱网袋装
番茄包装
黄瓜散装
黄瓜包装
番茄散装
黄瓜特惠
特色番茄
红辣椒
牛油果
迷你番茄
小白菜
火锅料
菜花
真姬菇
茄子
金针菇
青椒
舞茸
茼蒿
杏鲍菇
大葱
切割白菜
大葱特惠
胡萝卜
洋葱特惠
南瓜
土豆袋装
牛蒡
土豆特惠
芋头
红薯
五月皇后
山药1根
山药包装

蔬菜 火锅 SALE

本周气温开始下降，宣告火锅季的到来。火锅区筹备从 9 月中下旬已经开始，本周正式拉开序幕。

火锅区一直延续到次年初春，可以根据需求对促销主题——如 ×× 火锅、地区第一锅、自豪火锅大会等进行小幅调整。

火锅基础品种包括白菜、大葱、菌菇类（杏鲍菇、生香菇、真姬菇、舞茸等）；叶菜类包括白萝卜、牛蒡、胡萝卜、卷心菜等，可供选择的品种很多。

以平台侧面、端架等作为卖场核心区进行陈列。

各主打品种中，白菜的销售单位调整为 1 棵装、半棵装、1/4 装、切割品。大葱调整为 1 根装、3 根装、超值装等，注意增加软白葱等品种。菌菇类推出 100g、200g 等超值装，同时摆放火锅底料等关联商品。

水果 苹果节

进入本周，一年四季均有供应的苹果迎来中熟种收获高峰，卖场可以集中多品种推出苹果祭。

秋映、Jona Gold、信浓甜、红玉、未希生活、星王、世界第一、Alps 乙女、陆奥、早生富士、Toki、金星等促销品种一律进行散装销售。同时提供免费试吃。

第四周活动计划

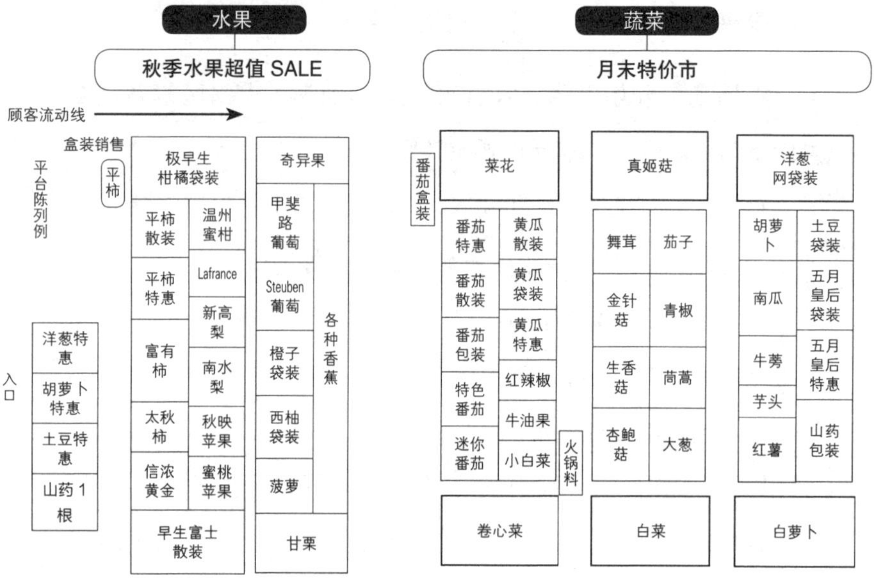

水果
秋季水果超值 SALE
顾客流动线
盒装销售
平台陈列例
平柿
入口
洋葱特惠
胡萝卜特惠
土豆特惠
山药1根
极早生柑橘袋装
平柿散装
温州蜜柑
平柿特惠
Lafrance
新高梨
富有柿
南水梨
太秋柿
秋映苹果
信浓黄金
蜜桃苹果
早生富士散装
奇异果
甲斐路葡萄
Steuben葡萄
橙子袋装
西柚袋装
菠萝
各种香蕉
甘栗
蔬菜
月末特价市
番茄盒装
菜花
番茄特惠
黄瓜散装
番茄散装
黄瓜袋装
番茄包装
黄瓜特惠
特色番茄
红辣椒
牛油果
迷你番茄
小白菜
火锅料
卷心菜
真姬菇
舞茸
茄子
金针菇
青椒
生香菇
茼蒿
杏鲍菇
大葱
白菜
洋葱网袋装
胡萝卜
土豆袋装
南瓜
五月皇后袋装
牛蒡
五月皇后特惠
芋头
红薯
山药包装
白萝卜

蔬菜 月末特价市

本周迎来又一波月末特价市，领薪日之后的档期策划案应以强化主力品种价格为主。

例如：洋葱、土豆、白萝卜、卷心菜、白菜、大葱、胡萝卜等适合长时间储存的品种推出超值装。同时增加单品等销量。

果实蔬菜类推出增量超值装，菌菇类推出200g超值装或捆扎销售。

为了让月末特价市活动方案延续以往人气，重点放在特供月末特价市的商品上。

为确保部门销售额。可以调高商品价格。价格强化的商品毛利率走低，注意每天调整品种，确保10月20日之前盈利。

水果 秋季水果超值 SALE

秋季水果上市，月末推出单品超值装，加大每日价格调整力度。

对平核柿、早生柑橘、苹果等加强价格管理。香蕉、奇异果、甘栗等作为店内促销品推出。

卖场设置特设区，做好促销商品的日调和补货工作。

11月

第一周活动计划

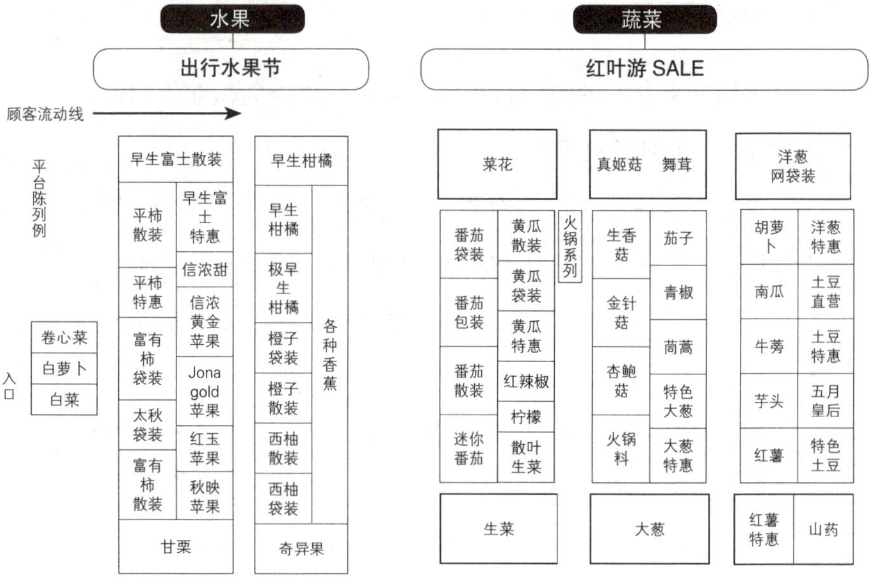
水果
出行水果节
顾客流动线
平台陈列例
入口
卷心菜
白萝卜
白菜
早生富士散装
平柿散装
早生富士特惠
信浓甜
平柿特惠
信浓黄金苹果
富有柿袋装
Jona gold苹果
太秋袋装
红玉苹果
富有柿散装
秋映苹果
甘栗
早生柑橘
早生柑橘
极早生柑橘
橙子袋装
橙子散装
西柚散装
西柚袋装
各种香蕉
奇异果
蔬菜
红叶游 SALE
菜花
真姬菇　舞茸
洋葱网袋装
番茄袋装
黄瓜散装
黄瓜袋装
番茄包装
黄瓜特惠
番茄散装
红辣椒
柠檬
迷你番茄
散叶生菜
火锅系列
生香菇
茄子
青椒
金针菇
茼蒿
杏鲍菇
特色大葱
火锅料
大葱特惠
胡萝卜
洋葱特惠
南瓜
土豆直营
牛蒡
土豆特惠
芋头
五月皇后
红薯
特色土豆
生菜
大葱
红薯特惠
山药

蔬菜 红叶游 SALE

本周东京都近郊迎来观赏红叶最佳时节，建议根据时节特点举办红叶游促销活动。

促销品种重点放在“出行餐”和户外食材上，增加烘托秋季味觉的品种，同时集中沙拉类、炒蔬菜类以及应季火锅类。

沙拉类如菜花、番茄、黄瓜。炒蔬菜、烧烤，铁板烧类如洋葱、青椒、卷心菜、生香菇、真姬菇。火锅食材如舞茸、杏鲍菇、白菜、大葱、茼蒿等。档期方案以菌菇类为中心，扩大同类商品的销量。

洋葱、土豆、胡萝卜等另设散装销售区。卷心菜、大葱、白萝卜、白菜等放在特设区。菌菇类推出超值装，同时扩大火锅区空间。

水果 出行水果节

本周进入晚秋，葡萄、梨、柿子等品种进入晚收期，柑橘、苹果成为卖场主打品。此外，作为延续至春季的常销商品，草莓正式拉开销售序幕。

扩大柑橘的陈列空间。另外，晚收柿、梨等品种销势良好，应切实做好卖场布局工作。从本周开始，推出出游甘栗促销活动。

第二周活动计划

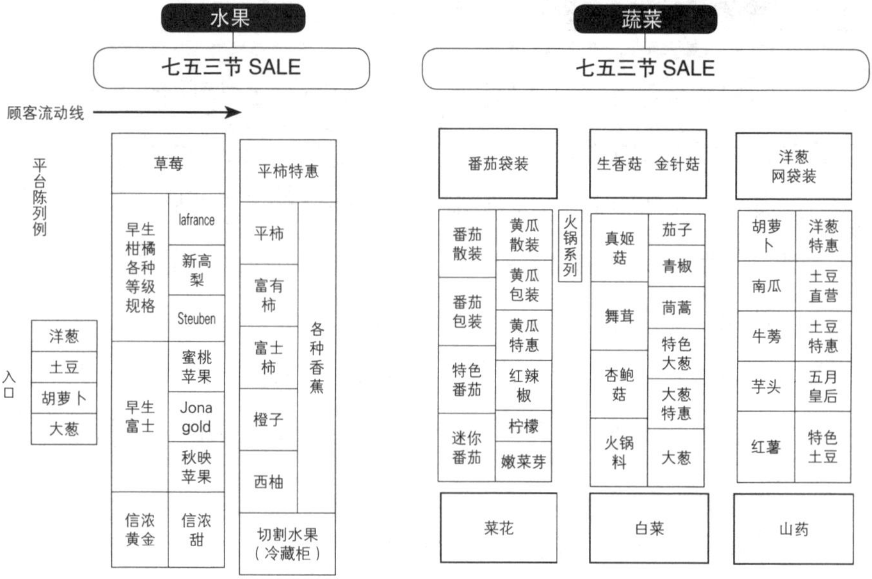

（注：每年的十一月十五日是日本的“七五三节”，这一天，3岁、5岁男孩和3岁、7岁女孩，都会穿上传统和式礼服，跟父母到神社祭拜，祈求健康成长。）

蔬菜 七五三节 SALE

七五三节是日本的传统节日，在此期间，家庭成员通常会聚在一起庆祝。档期推荐以宴席为主，如散寿司、手卷寿司，面向家庭聚会的火锅料理等。

寿司食材如菠菜、黄瓜、三叶芹、青紫苏叶、小葱、萝卜缨、荷兰豆、莲藕等，火锅食材如白萝卜、白菜、大葱、生香菇、真姬菇。扩大洋葱、土豆、胡萝卜、卷心菜、番茄等基础品种的销量。

卖场设置“七五三寿司区”，陈列小品种蔬菜等关联商品。火锅关联品可以推荐“七五三祝锅”等儿童火锅以及咖喱、西式浓汤等辅助料理。此外，附带介绍七五三节的起源，如“七五三节始于为（江户时代幕府第五代将军德川纲吉的长子）馆林城主德川德松祈福，祈求馆林城主能够健康成长”等内容。

水果 七五三节 SALE

档期推荐侧重家庭聚会，以切割水果、水果甜品等为主，推出方便顾客购买的零售装。本周草莓开始上市，卖场主推节庆商品（两个装、Deluxe 盒装柑橘等）。

另外，推出七五三节日礼盒以及苹果、柿子、洋梨、柑橘等大号水果拼装礼盒。

第三周活动计划

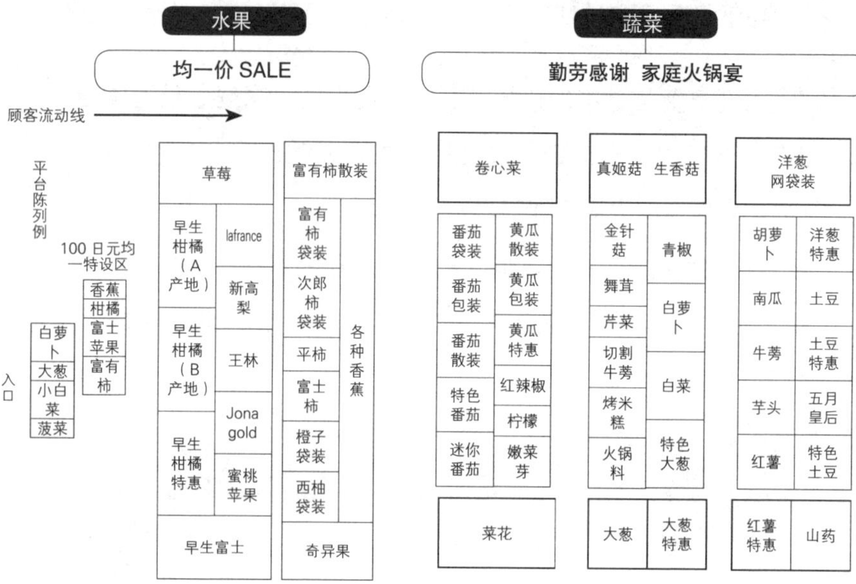
水果
均一价 SALE
蔬菜
勤劳感谢 家庭火锅宴
顾客流动线
平台陈列例
100 日元均一特设区
香蕉
柑橘
富士苹果
富有柿
白萝卜
大葱
小白菜
菠菜
入口
草莓
早生柑橘（A产地）
lafrance
新高梨
早生柑橘（B产地）
王林
Jona gold
早生柑橘特惠
蜜桃苹果
早生富士
富有柿散装
富有柿袋装
次郎柿袋装
平柿
富士柿
橙子袋装
西柚袋装
各种香蕉
奇异果
卷心菜
番茄袋装
黄瓜散装
番茄包装
黄瓜包装
番茄散装
黄瓜特惠
特色番茄
红辣椒
柠檬
迷你番茄
嫩菜芽
菜花
真姬菇 生香菇
金针菇
青椒
舞茸
芹菜
白萝卜
切割牛蒡
白菜
烤米糕
火锅料
特色大葱
大葱
大葱特惠
洋葱网袋装
胡萝卜
洋葱特惠
南瓜
土豆
牛蒡
土豆特惠
芋头
五月皇后
红薯
特色土豆
红薯特惠
山药

蔬菜 勤劳感谢 家庭火锅宴

11月23日是日本的“勤劳感谢日”。档期推荐以节日家庭聚会火锅为主题，从各地特色火锅中重点选定1～2种进行介绍。

火锅类商品成为卖场的主力品种，辅助食谱和下酒菜食材可以推荐炖煮、烧烤、油炸、沙拉等。菌菇、白菜、大葱、白萝卜、茼蒿等，扩大陈列空间。炖煮、烧烤、油炸、沙拉类另设专卖区，同时附带美食食谱推荐。

炖煮类如芋头、莲藕、胡萝卜、牛蒡等。烧烤、油炸类如青紫苏叶、茄子、青椒、生香菇等。

沙拉类如生菜、番茄、黄瓜、菜花、芦笋等，利用以上品种吸引顾客。另外，火锅推荐系列建议灵活运用平台、端架等陈列元素，同时附带介绍菌菇类、名品火锅等知识。

水果 均一价 SALE

推出100日元装、300日元捆扎装、500日元装等均一价促销活动。均一品种数保证10种左右，卖场设置均价区，集中陈列均一价商品。

推出100日元均一价品和销售规格，同时增加一些非均价品。活动结束时，注意及时降价处理。

第四周活动计划

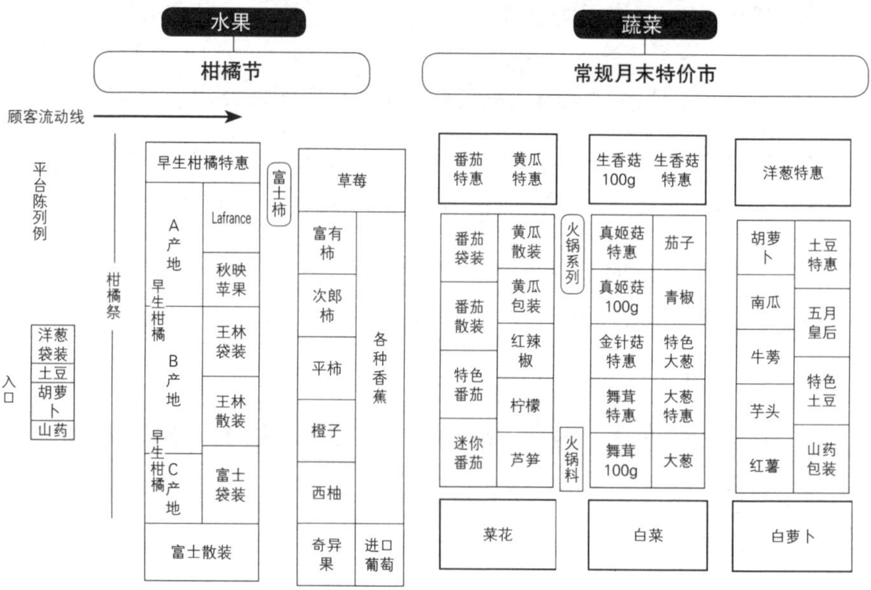
水果
柑橘节
蔬菜
常规月末特价市
顾客流动线
平台陈列例
入口
洋葱袋装
土豆
胡萝卜
山药
柑橘祭
早生柑橘特惠
A产地
B产地
C产地
早生柑橘
Lafrance
秋映苹果
王林袋装
王林散装
富士袋装
富士散装
富士柿
草莓
富有柿
次郎柿
平柿
橙子
西柚
各种香蕉
奇异果
进口葡萄
番茄特惠
黄瓜特惠
番茄袋装
黄瓜散装
番茄散装
黄瓜包装
红辣椒
特色番茄
柠檬
迷你番茄
芦笋
菜花
火锅系列
火锅料
生香菇100g
生香菇特惠
真姬菇特惠
茄子
真姬菇100g
青椒
金针菇特惠
特色大葱
舞茸特惠
大葱特惠
舞茸100g
大葱
白菜
洋葱特惠
胡萝卜
土豆特惠
南瓜
五月皇后
牛蒡
特色土豆
芋头
山药包装
红薯
白萝卜

蔬菜 常规月末特价市

月末特价促销的目标是以主力品种为中心，刺激顾客批量购买。

通过加强价格和品种日调，在提升销售额的同时保证部门盈利。

卷心菜、白萝卜、白菜、大葱、洋葱、土豆、胡萝卜、黄瓜、番茄、金针菇、山药、牛蒡、青椒、水煮竹笋等品种推出批量特惠装。

最大限度发挥平台端架、特设区的优势。

日调品种放在特设区。白萝卜、卷心菜、白菜、大葱等大型蔬菜区与洋葱、土豆、胡萝卜、山药等地下根茎区分开，扩大陈列空间。

水果 柑橘节

本周早生柑橘迎来上市高峰，正式宣告柑橘季的到来。

卖场举办水果产地直供促销活动。

从 12 月开始，柑橘的销量逐渐上升，开始占据水果销售构成比的 30% 左右。档期推荐侧重年末主产地商品。

气候是果实生长发育过程中的关键因素之一，对果实口感影响很大。举办产地促销的同时，建议配合免费试吃。

12 月

第一周活动计划

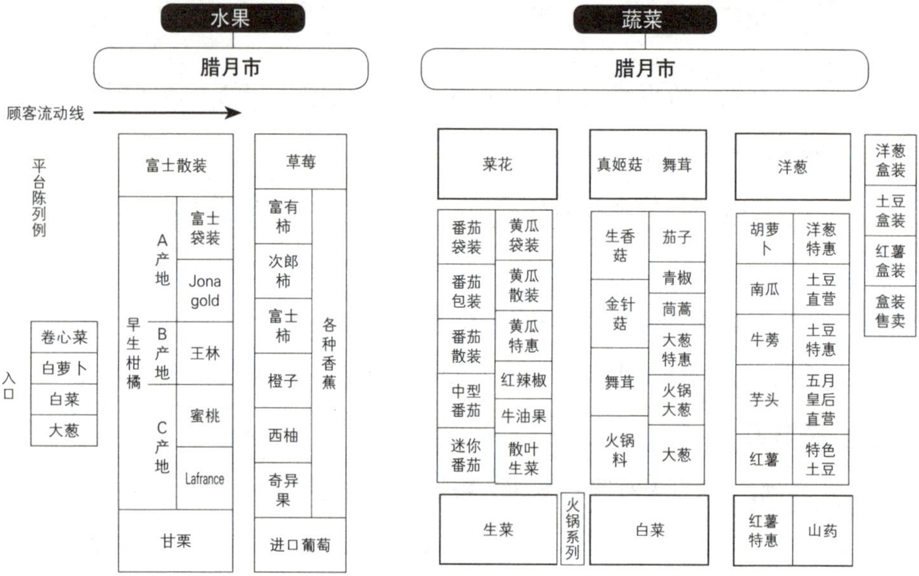

（注：在日本，阳历 12 月也被称为“腊月”。）

蔬菜 腊月市

进入 12 月，从月初开始档期重点放在保证部门销售额、降低后期销售构成比上。

本周以主力品种为中心，扩大超值装品种的销量。

洋葱、土豆、胡萝卜、卷心菜、白菜、大葱、白萝卜、红薯等品种推出超值装。

增加盒装销售,（洋葱、土豆、红薯各 5kg 装等）设置专卖区，吸引顾客批量购买。

特设区集中摆放（卷心菜、白菜、白萝卜、大葱等）大型蔬菜类，主力品种中的扩销品采用平台陈列。

菌菇类、沙拉类等价格强化商品，进行店内促销，分别放在各区陈列。菌菇类和火锅料摆在一起。

水果 腊月市

12 月的重点时间段是年末商战，必须从 12 月全局出发拟订档期方案。

月初策划案的重点是增加部门盈利，吸引顾客批量购买。柑橘、苹果等品种推出超值盒装，放在特设区陈列。主力品种超值装采用平台陈列，可适当提高售价。

第二周活动计划

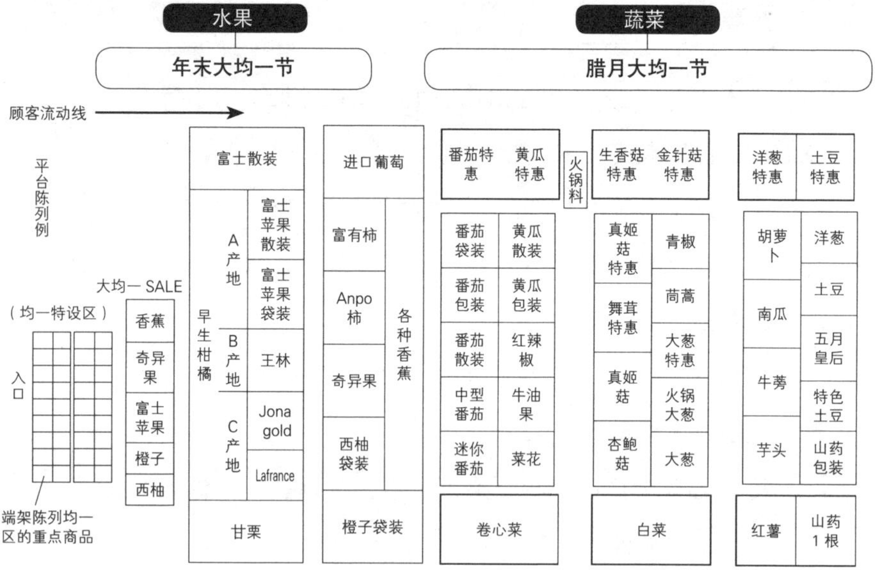

水果
年末大均一节
蔬菜
腊月大均一节
顾客流动线
平台陈列例
大均一 SALE
（均一特设区）
入口
端架陈列均一区的重点商品
香蕉
奇异果
富士苹果
橙子
西柚
富士散装
早生柑橘
A产地
富士苹果散装
富士苹果袋装
B产地
王林
C产地
Jona gold
Lafrance
甘栗
进口葡萄
富有柿
Anpo柿
奇异果
西柚袋装
各种香蕉
橙子袋装
番茄特惠
黄瓜特惠
火锅料
番茄袋装
黄瓜散装
番茄包装
黄瓜包装
番茄散装
红辣椒
中型番茄
牛油果
迷你番茄
菜花
卷心菜
生香菇特惠
金针菇特惠
真姬菇特惠
青椒
舞茸特惠
茼蒿
大葱特惠
真姬菇
火锅大葱
杏鲍菇
大葱
白菜
洋葱特惠
土豆特惠
胡萝卜
洋葱
土豆
南瓜
五月皇后
牛蒡
特色土豆
芋头
山药包装
红薯
山药1根

蔬菜 腊月大均一节

12月中旬蔬菜销量低迷，为保证销售额，可以推出均一价促销。均价促销在蔬菜价格上扬期间效果最好。重点是增加品种数。

为增加品种数，维持20%以上的毛利率，建议推出100日元均价促销。根据市场动态，为确保均价商品的销量，可以将常规销售调整为限时促销。

调整（地下根茎、果实蔬菜类等）散装商品销售规格。卷心菜、白萝卜、白菜等或者调整销售规格，或者切割后按均一价销售。均价促销区与常规区隔开，单独设置。

水果 年末大均一节

本周是月内商品销量最弱的一周。与其期待年末商战大赚一把，不如提高淡季销售力度。

均一价促销对部门销售额有很大的提升作用，档期内容应围绕“强化版均一促销”展开。

品种数保证在20种以上，推荐重点放在均价促销的趣味性上。柑橘、苹果、柿子、洋梨、柑橘类、菠萝、香蕉、草莓等主力品种均可进行促销。

第三周活动计划

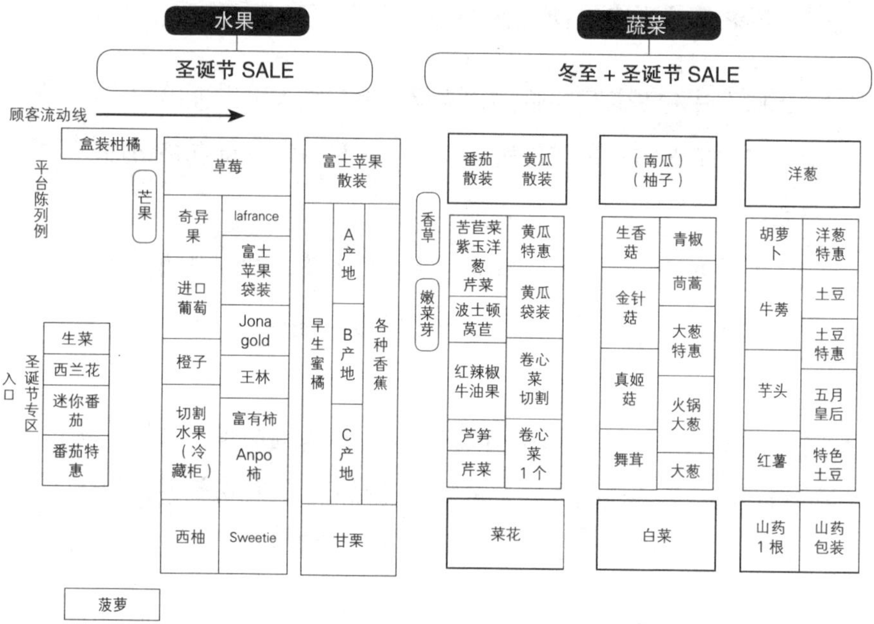
水果
圣诞节 SALE
蔬菜
冬至 + 圣诞节 SALE
顾客流动线
盒装柑橘
平台陈列例
芒果
草莓
奇异果
lafrance
富士苹果袋装
进口葡萄
Jona gold
橙子
王林
切割水果（冷藏柜）
富有柿
Anpo柿
西柚
Sweetie
富士苹果散装
早生蜜橘
A产地
B产地
C产地
各种香蕉
甘栗
入口
圣诞节专区
生菜
西兰花
迷你番茄
番茄特惠
菠萝
香草
嫩菜芽
番茄散装
黄瓜散装
苦苣菜
紫玉洋葱
芹菜
黄瓜特惠
波士顿莴苣
黄瓜袋装
红辣椒
牛油果
卷心菜切割
芦笋
芹菜
卷心菜1个
菜花
（南瓜）
（柚子）
生香菇
青椒
茼蒿
金针菇
大葱特惠
真姬菇
火锅大葱
舞茸
大葱
白菜
洋葱
胡萝卜
洋葱特惠
牛蒡
土豆
土豆特惠
芋头
五月皇后
红薯
特色土豆
山药1根
山药包装

蔬菜 冬至 + 圣诞节 SALE

提前一周筹备冬至特设区或在平台两侧陈列。

另外，用柚子、南瓜、POP 广告、柚子浴布手巾等元素装饰和烘托卖场氛围。

南瓜推出大号 1/4 或 1/2 切割品。柚子推出超值装（1 个装或 2、3 个装）。

从 23 ～ 25 日开始，圣诞节促销正式拉开序幕。冬至促销活动结束后，档期主题改为家庭聚会食材（蔬菜沙拉、火锅类）。

沙拉中的小品种蔬菜（菊苣、波士顿莴苣、苦苣菜、紫玉洋葱等）设置专卖区，放在平台两侧陈列。（生菜、番茄、黄瓜、芦笋、菜花等）主要沙拉品种放在特设区陈列。

水果 圣诞节 SALE

圣诞节档期重点推荐鲜切水果、柑橘、草莓。以 4 ～ 5 人份聚会装切割水果为主打品种，同时扩大陈列区。

从圣诞节前一周开始营造节日氛围，24、25 日两天全面展开。鲜切水果配合 POP、价标等，注意细节的布置。

第四周活动计划

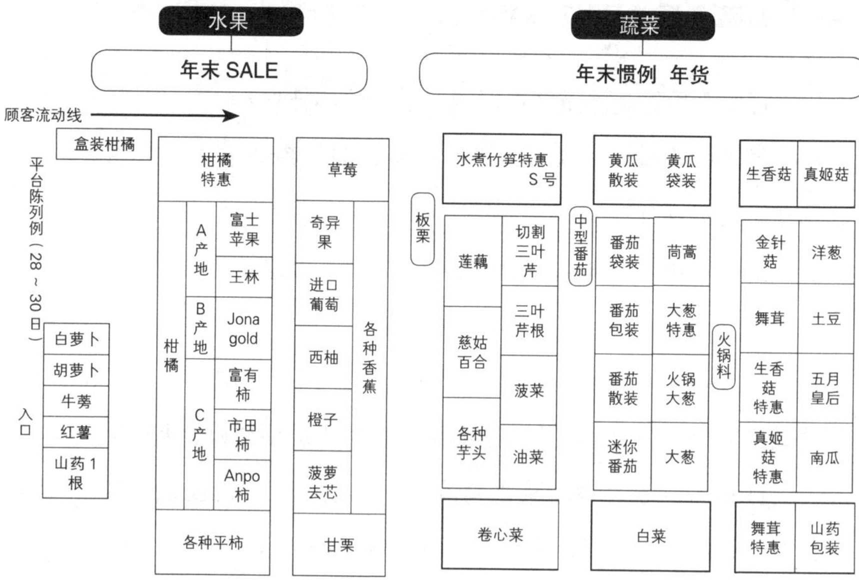

水果
年末 SALE
蔬菜
年末惯例 年货
顾客流动线
盒装柑橘
平台陈列例（28 ~ 30 日）
白萝卜
胡萝卜
牛蒡
红薯
山药 1 根
入口
柑橘特惠
柑橘
A 产地
富士苹果
王林
B 产地
Jona gold
C 产地
富有柿
市田柿
Anpo 柿
各种平柿
草莓
奇异果
进口葡萄
西柚
橙子
菠萝去芯
各种香蕉
甘栗
板栗
水煮竹笋特惠 S 号
莲藕
切割三叶芹
三叶芹根
慈姑百合
菠菜
各种芋头
油菜
卷心菜
中型番茄
黄瓜散装
黄瓜袋装
番茄袋装
茼蒿
番茄包装
大葱特惠
番茄散装
火锅大葱
迷你番茄
大葱
白菜
火锅料
生香菇
真姬菇
金针菇
洋葱
舞茸
土豆
生香菇特惠
五月皇后
真姬菇特惠
南瓜
舞茸特惠
山药包装

蔬菜 年末惯例年货市场

随着年末的到来，年货市场上推出正月食材（年节菜）和家宴食材。在总结年度工作的基础上采取 2 ~ 3 项改善方案。

突出平台陈列。根据单日销售情况，一般从 28 日开始正式启动年末年货市场促销。（莲藕、芋头、胡萝卜、白萝卜、牛蒡、水煮竹笋、马蹄莲、百合、荷兰豆等）年节菜商品集中在平台陈列。30 日之前扩大年节菜专卖区。从 31 日开始，扩大沙拉类、叶菜类商品专卖区。仅凭常规商品，销量很难超过上一年，可以适当扩大用于火锅类、下酒菜等的食材品种。

银杏（超值装）、地肤子、莼菜、毛豆、生姜、山药、酸橘、柚子等下酒菜类商品应保证卖场品种齐全。

水果 年末 SALE

本周是日本一年中各大商家创造最大利润的时期。由于商家在年末商战之前早已制订了周密的促销计划，所以，这段时期需要做的就是严格按照活动方案实施。水果中柑橘的销量一般会超过 50%，这段时期应全力以赴抓好销售工作。

年末柑橘销售的重点是保证充足的盒装销售区空间、确定陈列品种、扩大产地商品的销量。31 日这一天应确保草莓区的陈列空间，做好草莓促销工作。

第9章

“家庭”支出和各月数据集

出处：总务省统计局

2012年 家庭支出调查年报

（家庭支出收支编）

※ 相关数据均以家庭为单位

（2人户及以上家庭单位）

白菜

	4月	5月	6月	7月	8月	9月	10月	11月	12月	1月	2月	3月
支出金额	71	52	43	32	31	71	145	160	169	135	141	103
购入数量	315	270	267	210	186	485	1152	1481	1549	1063	950	489

卷心菜

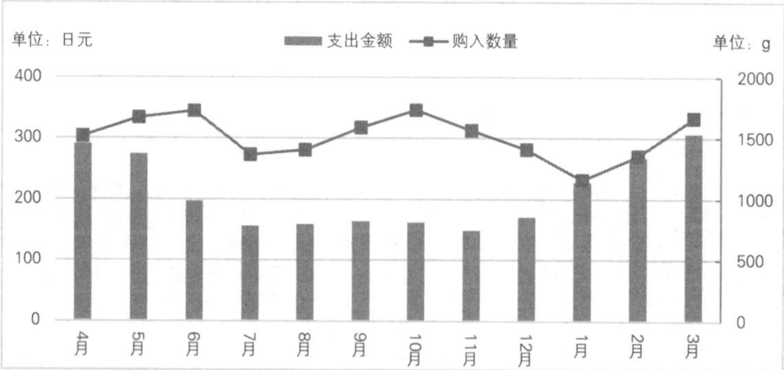

	4月	5月	6月	7月	8月	9月	10月	11月	12月	1月	2月	3月
支出金额	291	274	197	156	159	164	162	149	171	228	268	307
购入数量	1517	1669	1723	1364	1404	1586	1732	1563	1408	1157	1355	1663

大葱

	4月	5月	6月	7月	8月	9月	10月	11月	12月	1月	2月	3月
支出金额	197	184	182	188	188	213	262	266	340	274	265	246
购入数量	350	286	262	255	254	331	464	507	822	472	477	410

菠菜

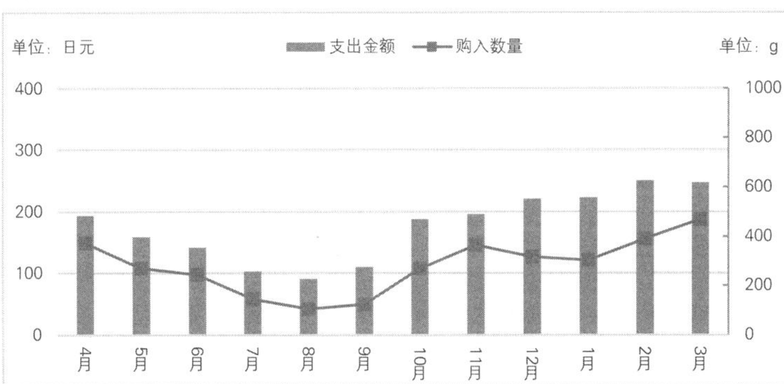

	4月	5月	6月	7月	8月	9月	10月	11月	12月	1月	2月	3月
支出金额	194	159	142	103	91	110	188	196	221	223	250	247
购入数量	374	270	243	145	105	124	269	365	317	303	390	469

生菜

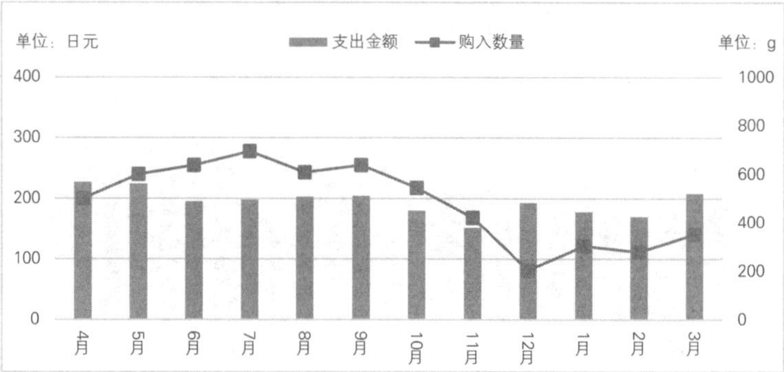

	4月	5月	6月	7月	8月	9月	10月	11月	12月	1月	2月	3月
支出金额	227	224	195	198	203	204	180	151	193	178	170	208
购入数量	500	599	636	694	607	637	544	421	303	302	278	351

菜花

	4月	5月	6月	7月	8月	9月	10月	11月	12月	1月	2月	3月
支出金额	139	146	132	117	104	122	158	168	161	145	167	183
购入数量	288	305	324	247	229	248	326	382	336	270	345	460

白萝卜

	4月	5月	6月	7月	8月	9月	10月	11月	12月	1月	2月	3月
支出金额	146	129	106	95	98	148	193	166	165	144	160	154
购入数量	825	910	850	755	751	1149	1579	1628	1375	1145	1127	862

其他叶茎类蔬菜

	4月	5月	6月	7月	8月	9月	10月	11月	12月	1月	2月	3月
支出金额	616	635	535	477	444	444	427	397	533	514	546	646
购入数量	872	838	786	657	550	589	655	676	643	593	650	854

牛蒡

	4月	5月	6月	7月	8月	9月	10月	11月	12月	1月	2月	3月
支出金额	93	87	77	65	66	88	110	105	158	94	102	100
购入数量	135	133	118	102	103	154	202	211	313	150	169	148

胡萝卜

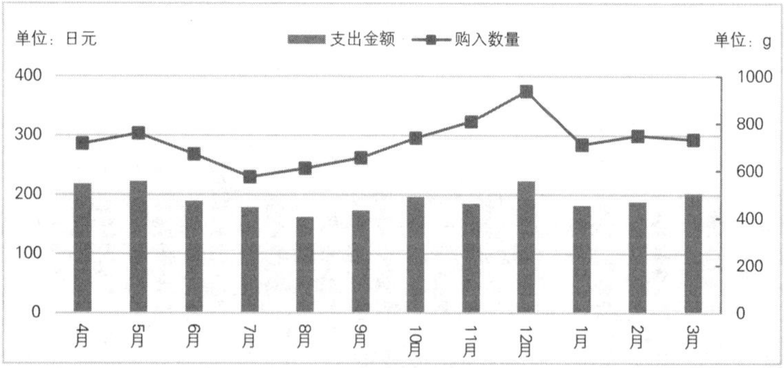

	4月	5月	6月	7月	8月	9月	10月	11月	12月	1月	2月	3月
支出金额	218	222	189	178	162	173	196	185	223	182	188	202
购入数量	715	758	670	574	610	655	738	808	937	711	749	732

莲藕

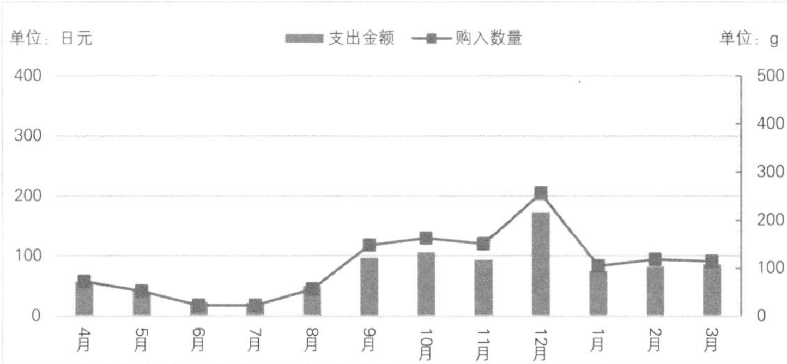

	4月	5月	6月	7月	8月	9月	10月	11月	12月	1月	2月	3月
支出金额	57	41	23	22	50	97	106	94	173	75	82	86
购入数量	72	52	22	22	56	147	162	150	256	104	118	114

竹笋

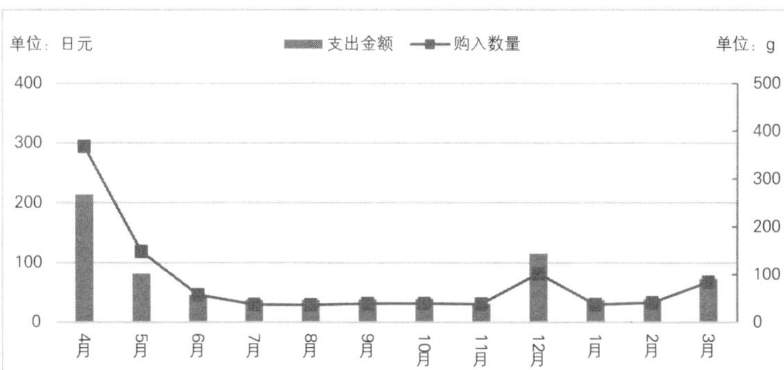

	4月	5月	6月	7月	8月	9月	10月	11月	12月	1月	2月	3月
支出金额	214	81	45	37	37	38	39	31	115	37	38	73
购入数量	368	148	57	37	36	39	39	38	102	37	41	84

黄瓜

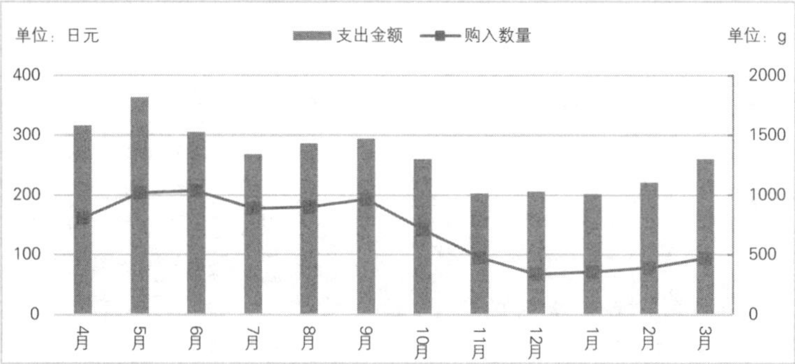

	4月	5月	6月	7月	8月	9月	10月	11月	12月	1月	2月	3月
支出金额	316	363	305	268	286	294	260	203	206	202	221	260
购入数量	808	1018	1035	888	900	965	715	476	337	356	391	471

其他根茎类（山药、生姜、芜菁等）

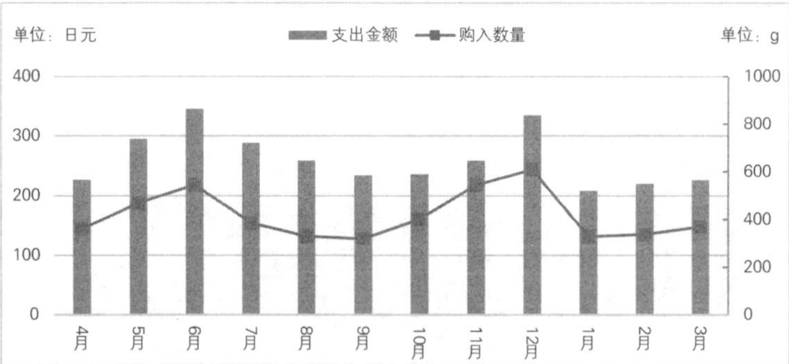

	4月	5月	6月	7月	8月	9月	10月	11月	12月	1月	2月	3月
支出金额	227	295	346	288	259	234	236	259	335	208	220	226
购入数量	361	470	545	386	330	319	410	545	609	329	338	370

茄子

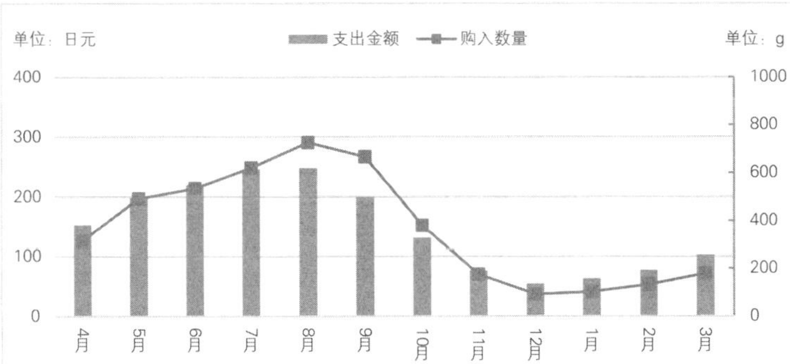

	4月	5月	6月	7月	8月	9月	10月	11月	12月	1月	2月	3月
支出金额	153	199	220	246	248	200	131	76	54	63	77	102
购入数量	316	493	535	621	726	667	379	174	91	102	132	178

南瓜

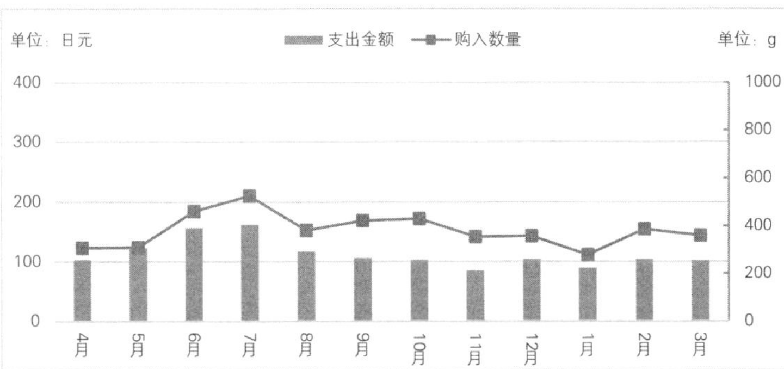

	4月	5月	6月	7月	8月	9月	10月	11月	12月	1月	2月	3月
支出金额	103	123	156	162	117	106	103	85	104	89	104	102
购入数量	307	310	460	525	380	421	429	354	357	279	386	359

青椒

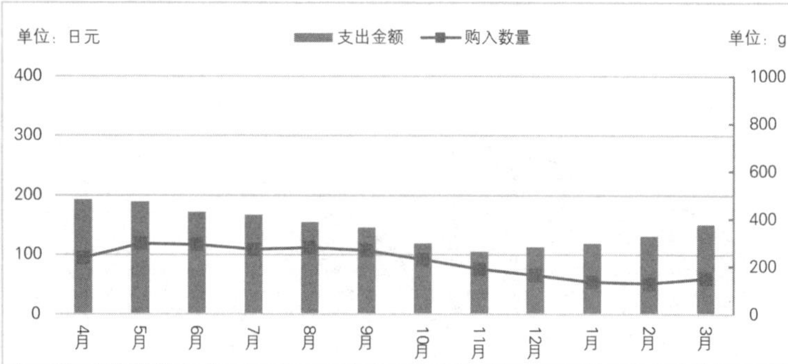

	4月	5月	6月	7月	8月	9月	10月	11月	12月	1月	2月	3月
支出金额	193	189	172	167	155	146	119	105	113	119	131	151
购入数量	236	296	292	272	279	267	229	190	164	136	130	150

番茄

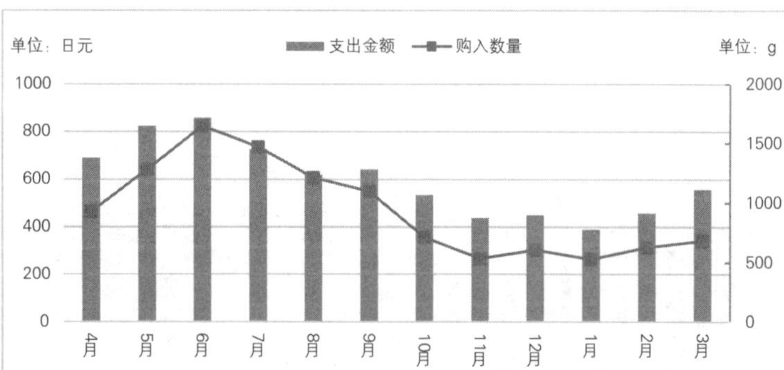

	4月	5月	6月	7月	8月	9月	10月	11月	12月	1月	2月	3月
支出金额	689	822	859	726	619	641	534	438	450	389	457	557
购入数量	929	1281	1647	1469	1214	1098	713	536	607	530	629	685

洋葱

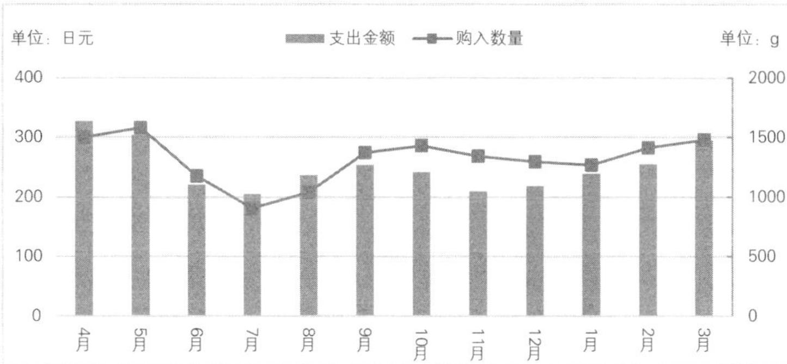

	4月	5月	6月	7月	8月	9月	10月	11月	12月	1月	2月	3月
支出金额	327	304	221	205	237	254	242	210	219	239	255	295
购入数量	1501	1579	1177	906	1040	1372	1430	1342	1296	1269	1412	1279

土豆

	4月	5月	6月	7月	8月	9月	10月	11月	12月	1月	2月	3月
支出金额	280	313	214	124	109	157	182	159	173	202	230	250
购入数量	1042	1183	984	621	509	779	986	812	903	899	1058	1002

芋头

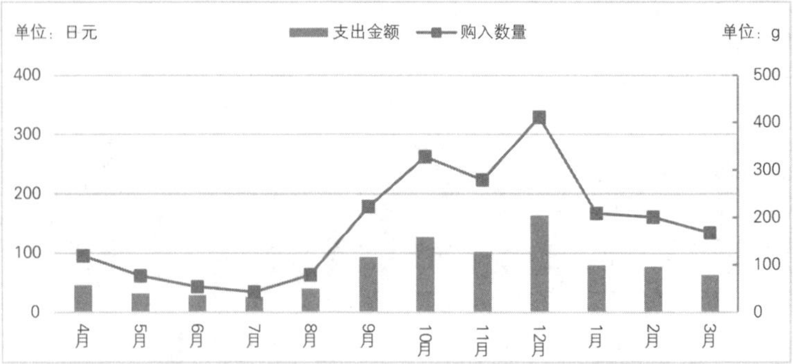

	4月	5月	6月	7月	8月	9月	10月	11月	12月	1月	2月	3月
支出金额	46	32	29	26	40	93	127	102	164	79	77	63
购入数量	119	77	54	43	79	223	328	279	411	209	201	168

红薯

	4月	5月	6月	7月	8月	9月	10月	11月	12月	1月	2月	3月
支出金额	73	55	43	41	67	94	100	85	102	92	112	94
购入数量	197	149	119	92	179	313	357	301	319	255	326	268

其他蘑菇类

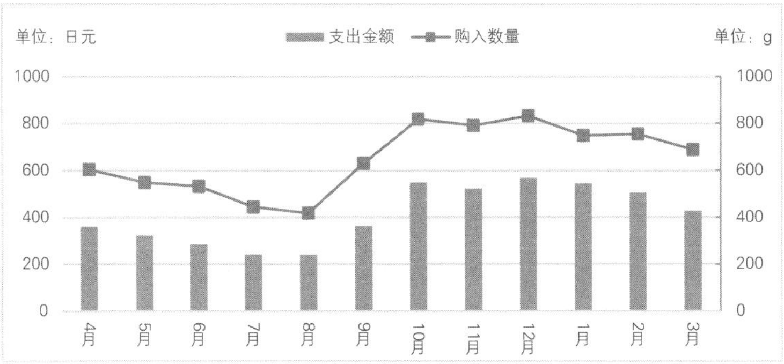

	4月	5月	6月	7月	8月	9月	10月	11月	12月	1月	2月	3月
支出金额	361	322	284	242	240	364	548	523	568	544	505	428
购入数量	604	548	533	445	419	630	818	791	832	748	754	688

香菇

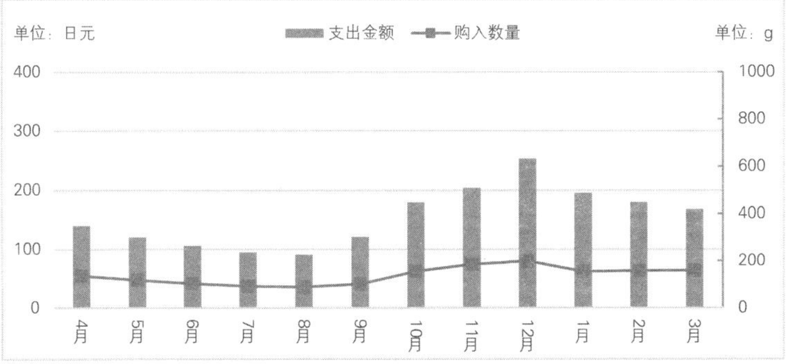

	4月	5月	6月	7月	8月	9月	10月	11月	12月	1月	2月	3月
支出金额	140	120	106	95	91	121	179	204	253	195	180	168
购入数量	136	118	103	92	89	101	155	184	199	154	158	159

豌豆角

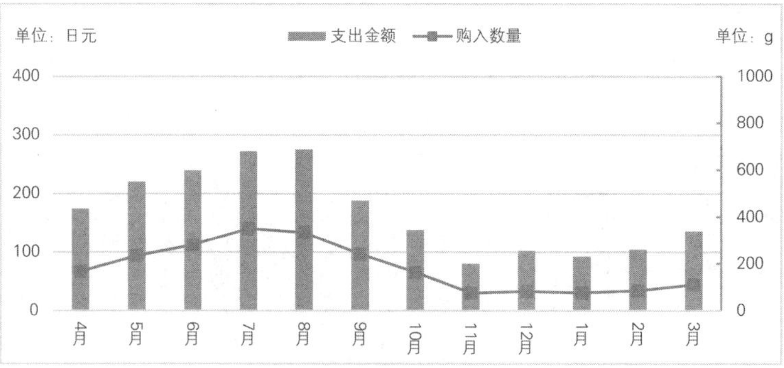

	4月	5月	6月	7月	8月	9月	10月	11月	12月	1月	2月	3月
支出金额	174	220	339	272	275	188	138	80	102	92	104	136
购入数量	167	233	280	351	334	241	164	75	82	76	85	111

豆芽

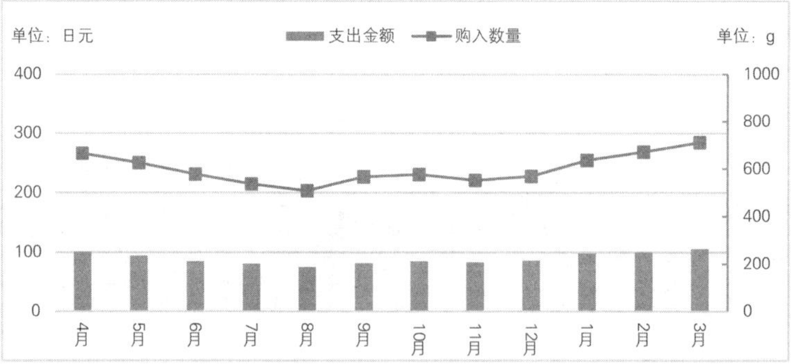

	4月	5月	6月	7月	8月	9月	10月	11月	12月	1月	2月	3月
支出金额	101	94	85	81	75	82	85	83	86	98	100	106
购入数量	666	626	578	537	509	567	577	553	569	637	672	712

苹果

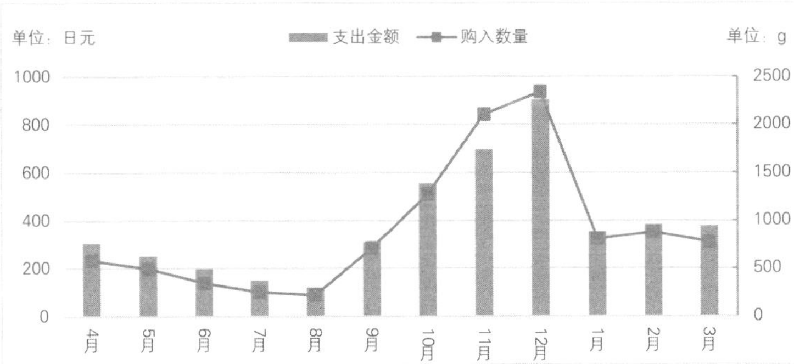

	4月	5月	6月	7月	8月	9月	10月	11月	12月	1月	2月	3月
支出金额	304	251	198	150	121	308	555	697	904	353	383	377
购入数量	580	497	345	253	222	711	1276	2105	2339	807	878	773

其他蔬菜（玉米、拼配蔬菜）

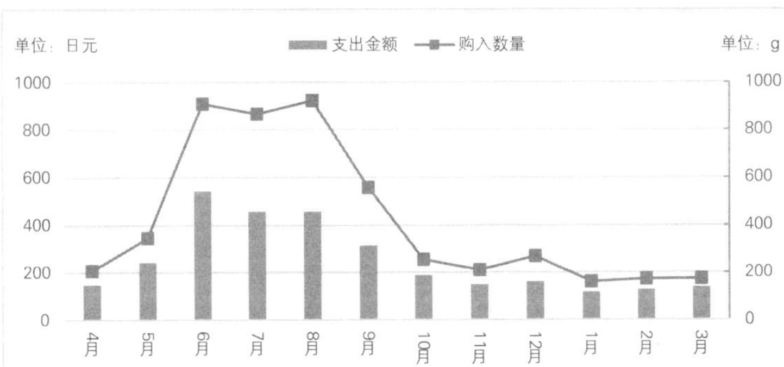

	4月	5月	6月	7月	8月	9月	10月	11月	12月	1月	2月	3月
支出金额	148	244	543	457	456	315	188	149	162	118	127	138
购入数量	207	346	910	867	924	557	255	210	269	161	172	173

柑橘

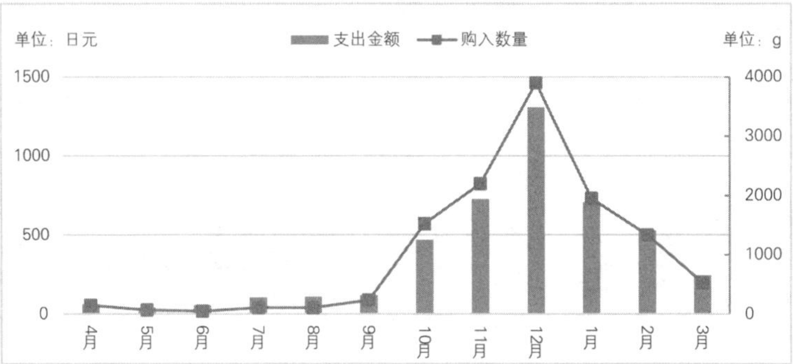

	4月	5月	6月	7月	8月	9月	10月	11月	12月	1月	2月	3月
支出金额	62	40	57	105	111	119	468	728	1306	709	530	245
购入数量	146	70	50	107	108	234	1526	2199	3895	1952	1334	525

草莓

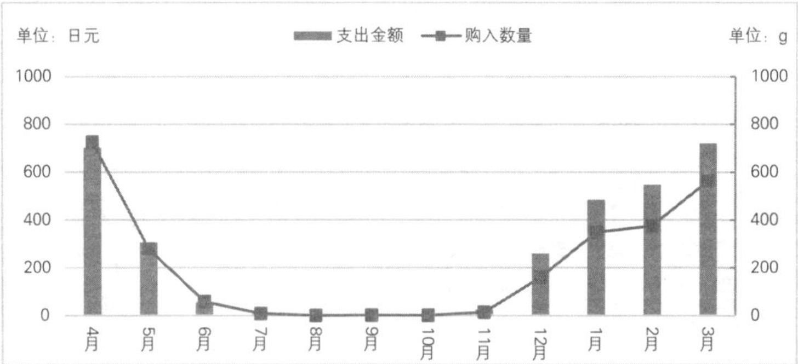

	4月	5月	6月	7月	8月	9月	10月	11月	12月	1月	2月	3月
支出金额	702	307	56	6	1	1	1	24	261	484	547	720
购入数量	725	279	58	8	0	1	1	14	160	349	376	563

西柚

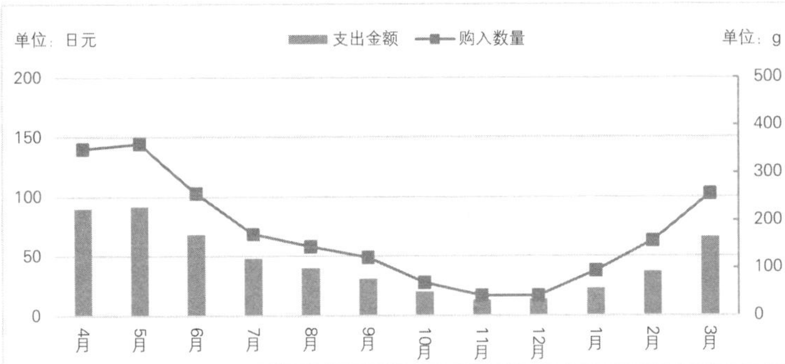

	4月	5月	6月	7月	8月	9月	10月	11月	12月	1月	2月	3月
支出金额	90	92	68	48	40	31	20	13	14	23	37	66
购入数量	350	361	257	171	145	122	69	42	42	94	157	256

橙子

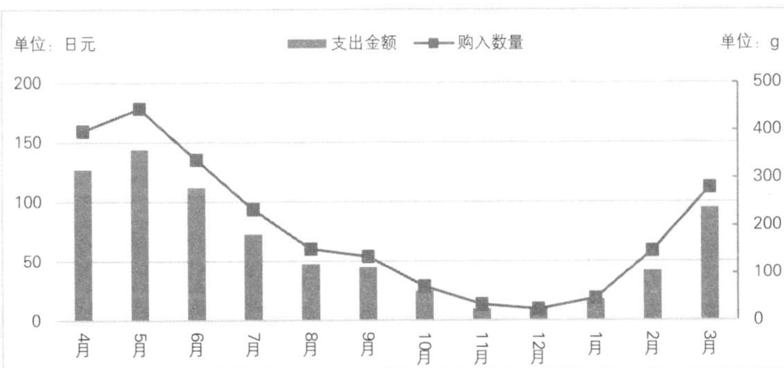

	4月	5月	6月	7月	8月	9月	10月	11月	12月	1月	2月	3月
支出金额	127	144	112	73	48	45	25	10	11	18	42	95
购入数量	398	446	338	234	151	135	72	34	24	47	147	280

香蕉

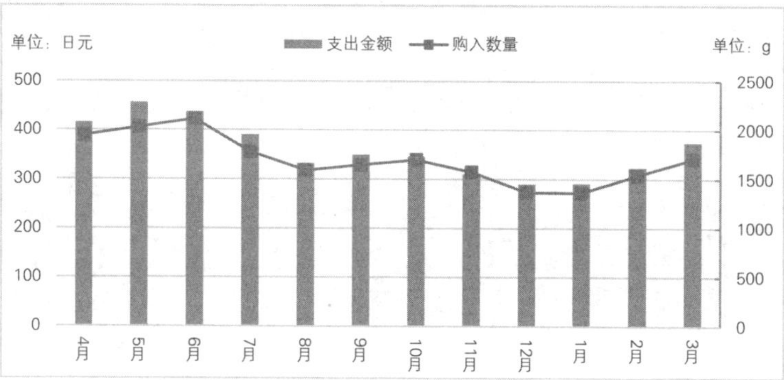

	4月	5月	6月	7月	8月	9月	10月	11月	12月	1月	2月	3月
支出金额	416	456	437	391	333	350	347	311	291	292	324	375
购入数量	1946	2030	2112	1778	1592	1647	1698	1575	1368	1365	1543	1708

其他柑橘类

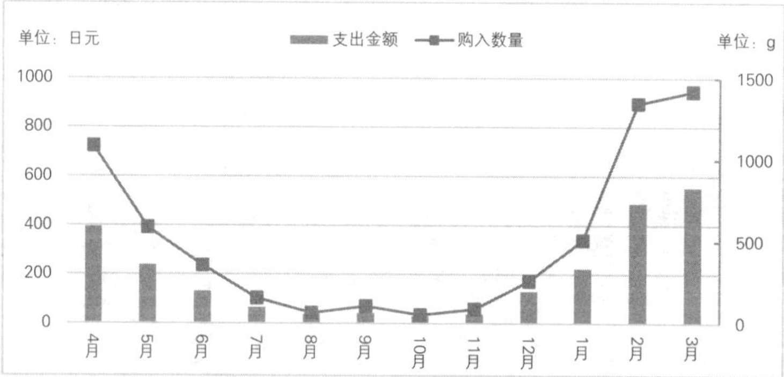

	4月	5月	6月	7月	8月	9月	10月	11月	12月	1月	2月	3月
支出金额	394	238	131	64	39	42	30	38	131	222	490	554
购入数量	1085	589	355	155	64	105	53	87	259	511	1346	1420

西瓜

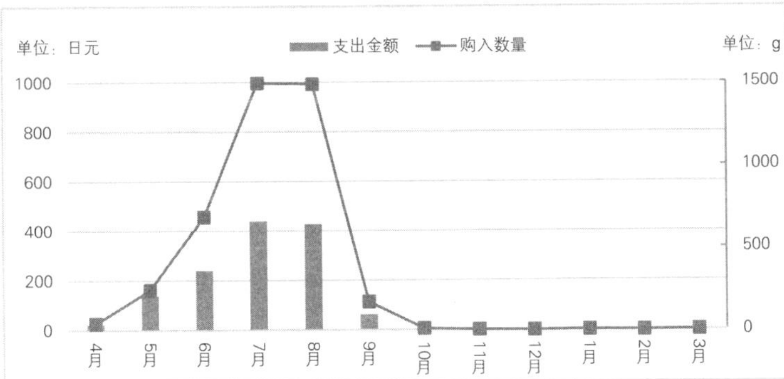

	4月	5月	6月	7月	8月	9月	10月	11月	12月	1月	2月	3月
支出金额	24	138	241	441	429	63	4	1	1	1	0	2
购入数量	40	242	686	1496	1491	170	8	1	0	1	0	1

葡萄

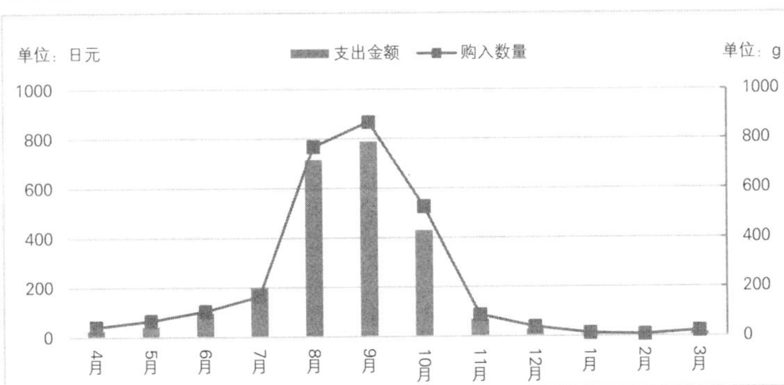

	4月	5月	6月	7月	8月	9月	10月	11月	12月	1月	2月	3月
支出金额	27	43	97	201	715	789	431	69	28	7	6	16
购入数量	41	66	104	164	767	868	527	88	39	12	8	22

梨

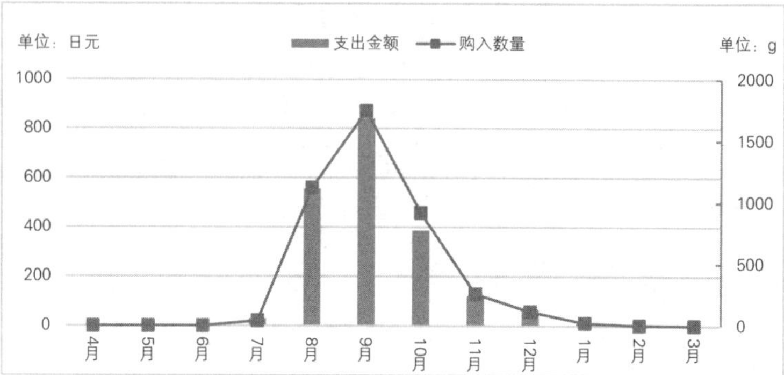

	4月	5月	6月	7月	8月	9月	10月	11月	12月	1月	2月	3月
支出金额	1	0	0	29	556	841	386	121	68	11	1	1
购入数量	0	0	0	40	1121	1741	918	257	114	23	3	2

蜜瓜

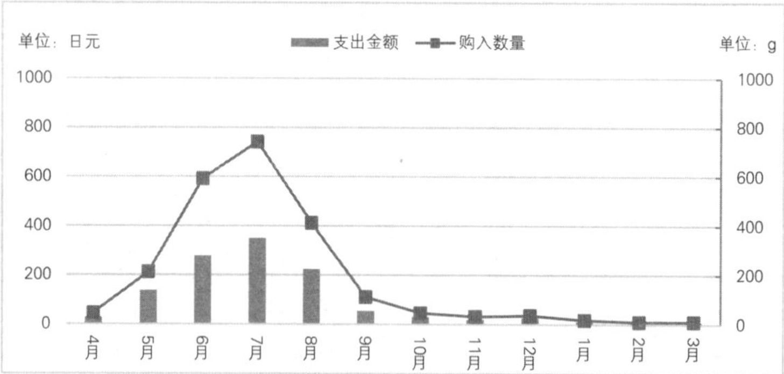

	4月	5月	6月	7月	8月	9月	10月	11月	12月	1月	2月	3月
支出金额	29	138	279	350	224	55	30	19	26	11	9	9
购入数量	46	213	593	742	413	111	47	32	37	18	11	12

桃子

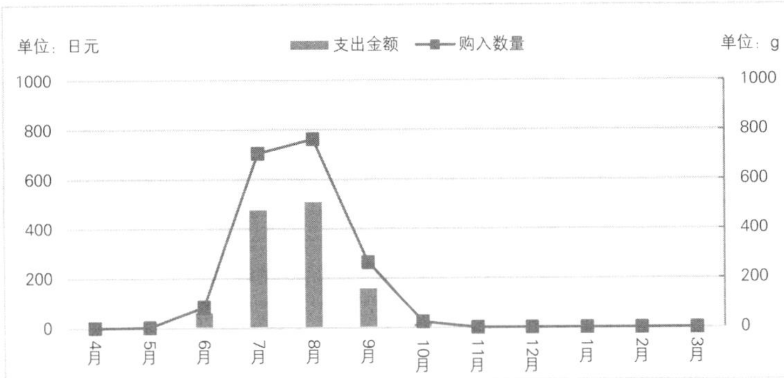

	4月	5月	6月	7月	8月	9月	10月	11月	12月	1月	2月	3月
支出金额	0	2	61	477	509	158	14	0	0	0	0	0
购入数量	0	3	84	706	763	263	23	0	0	0	0	0

柿子

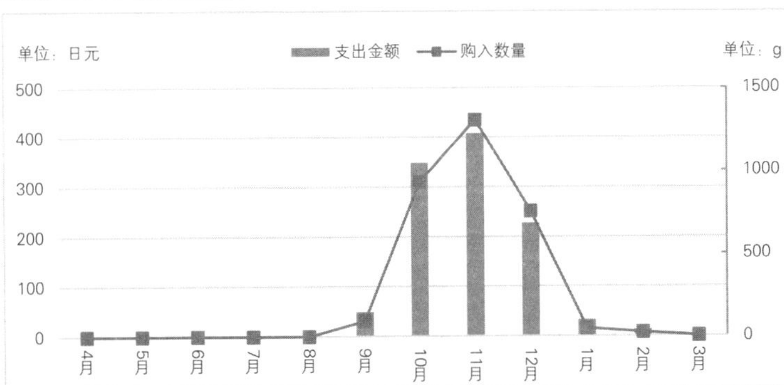

	4月	5月	6月	7月	8月	9月	10月	11月	12月	1月	2月	3月
支出金额	0	0	0	3	1	49	349	408	228	33	13	1
购入数量	0	0	0	0	0	92	931	1304	756	46	23	2

其他水果（樱桃、牛油果、板栗等）

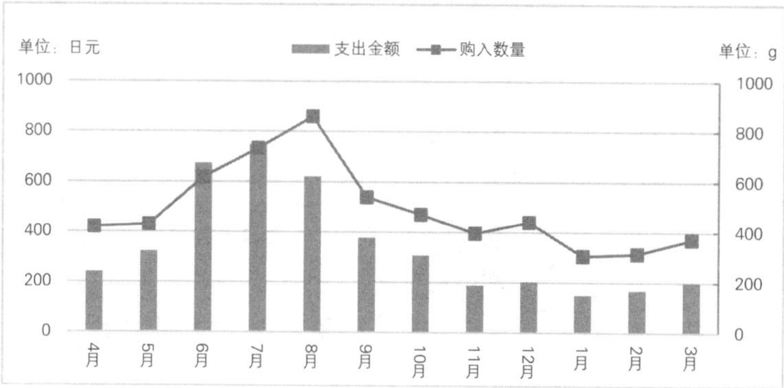

	4月	5月	6月	7月	8月	9月	10月	11月	12月	1月	2月	3月
支出金额	240	322	674	748	622	378	307	189	204	150	169	200
购入数量	420	429	618	733	860	539	470	395	440	305	314	371

奇异果

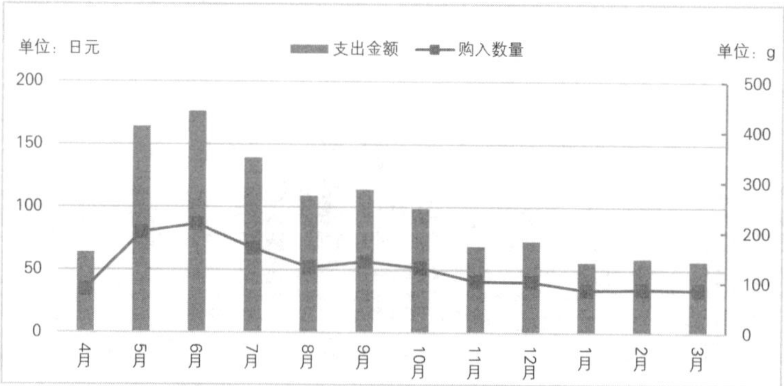

	4月	5月	6月	7月	8月	9月	10月	11月	12月	1月	2月	3月
支出金额	64	164	176	139	109	114	99	69	73	56	59	57
购入数量	86	200	216	168	130	141	129	102	101	85	87	86

第10章

销售额、利润，卖场和商品“数字”

超市“数字”基础

蔬果部门的数值受商品变化（价格、品质、鲜度等因素）影响始终处于波动状态，因此，应结合商品评价进行了解。其中，怎样合理把握盈利是重点。合理把握盈利应以零售业基本数据为基础，根据本部门的特点进行数值分析。

超市“计算公式”

① 售价（进价）

进货时预测的销售价格，也叫进价或理想销售额。此外，实际销售数值也被称为销售额。

理想销售额 = 售价（进价）× 进货量

② 成本价（进货成本）

供应商提供的商品价格，一般被称为进货成本。

③ 加价、加价率

售价① － 成本②的价格被称为期望盈利。

加价 = 售价（进价）—成本（进货成本）

该加价除以售价（①），计算结果用百分比表示，被称为加价率。具体计算公式如下：

加价率 = 售价（进价）—成本（进货成本）/ 售价（进价）×100%

④ **销售额**

收银台经过计算得出的商品金额，是门店经营活动的结果。该数值反映各部门、门店和企业的整体情况。

⑤ **成本（销售成本）**

与销售额相关的成本。在利润分配表上体现为：由期初库存＋期间进货量—期末库存量计算所得的数值。

<table>
<tr><td rowspan="3">①售价（预想售价）=理想销售额</td><td rowspan="2">③利润</td><td>⑦损耗额</td><td></td></tr>
<tr><td>⑥毛利润</td><td rowspan="2">④实际销售额</td></tr>
<tr><td>②成本价（进货成本）</td><td>⑤成本价（销售额成本）</td></tr>
</table>

⑥ **毛利**

销售额④扣减成本（销售成本）⑤所得的金额。盘点时作为考核部门、门店经营业绩的速报依据被使用。盘点是通过计算，确定一段期间的库存额。

销售金额 — 成本（销售成本）= 毛利

盘点计算

销售额 —（期初库存＋期间进货额 — 期末库存额）= 毛利

⑦ **损耗**

销售商品时，理想销售额与实际销售额之差。

所谓损耗率，是指与销售额相对的比例。损耗包括贱卖价、处理价、废弃价、失窃、找零差错、商品破损等。理想库存额与实际库存额之差也被称为损耗。

◇ 预计损耗的设定

普通食品（非生鲜食品等）的保质期、最佳食用期限一般从数日、数月到数年不等，部分商品的进货成本长期维持不变，预计损耗小。因此，普通食品降价处理损耗小，损耗率设定多为 2% ~ 3%。

另外，如前所述，蔬果类商品鲜度下降快，有的品种一天之内就因品质劣化、鲜度下降等，需要采取降价或废弃处理，因此，有较多之前被加价过的商品群，需要进行调整后再销售。

受降价、废弃处理影响，与原来加价相比，存在损耗率下降 5% ~ 10% 的情况。所以，设定损耗率时，原则上应高于普通食品，而且在此基础上需要额外加价。

◎ 普通食品

毛利率（预算）18% +（设定损耗）2%=20%（加价率）

◎ 蔬果部门

毛利率（预算）23% +（设定损耗）5%=28%（加价率）

蔬果部门利润管理

① 设定零售价和加价

追求合理利润是企业经营的重要目标，因此，每种商品应根据进货成本和毛利（包括自然损耗）定价。尽管毛利需要根据商品特性设定，但是，受市场变动和品质变化等因素制约，蔬果部门的商品并不像非生鲜部门那样能够被准确把握。

※ 假设某种商品的进价是100日元，毛利是50日元，售价就是150日元。

进货成本100日元 + 毛利50日元 =150日元（理想售价）

※ 在毛利中设定必要收益和预计损耗相加所得的金额。

加价 = 必要收益40日元 + 预计损耗10日元

※ 预计损耗通常根据部门降价、处理、废弃等情况确定。利用宣传单促销时，必须根据毛利调整预计。

蔬果部门的预计损耗

预计损耗

①降价、处理、废弃处理的预计值　4% ~ 7%

②预计废弃值　1%

③宣传单促销的不足部分　0 ~ 2%

约5% ~ 10%

※ 结果是必须在蔬果部门的毛利基础上追加 5% ~ 10% 的预计损耗，具体计算公式如下：

加价率 = 毛利 / 售价 ×100%

"毛利"和"损耗率"示例

假设现在需要销售 100 棵卷心菜，每棵成本 100 日元。

初期售价设定 148 日元（加价率 32.3%），距离闭店前 2 小时还剩 20 棵。这 20 棵卷心菜按 100 日元 / 棵降价促销。闭店前 30 分钟还剩 5 棵，再次调价后按半价处理后还剩 1 棵，因品质劣化严重废弃处理。请问这时卷心菜的销售额、毛利、毛利率分别是多少？

进货成本 100 棵 ×100 日元 =1 万日元
正式销售 80 棵 ×148 日元 =1 万 1840 日元
降价促销 15 棵 ×100 日元 =1500 日元
清仓处理 4 棵 × 50 日元 =200 日元
废弃处理 1 棵 ×100 日元 = △ 100 日元

实际销售额 1 万 3440 日元 = 毛利 3440 日元
毛利率 25.6%

该例中损耗额、损耗率为
期望销售额 实际销售额 损耗 损耗率
1 万 4800 日元 — 1 万 3440 日元 = 1360 日元（9.1%）

如上所述，如果不采取减价处理，剩余的 20 棵卷心菜可能卖不掉。到次日，剩余商品只能按处理价出售。
20 棵卷心菜按处理价计算，20 棵 × 50 日元 =1000 日元
实际销售额 80 棵 ×148 日元 =1 万 1840 日元 + 1000 日元 =1 万 2840 日元
损耗 = 1960 日元
损耗率 = 13.2%
也就是说，当天全部售完的损耗最少，损耗可控制在 600 日元范围内。提升进货精准度，严格执行检品和清仓处理，结果能有效减少过多的减价、处理以及废弃损耗，增加蔬菜的销售量。

如上所述，如果不采取减价处理，剩余的 20 棵卷心菜可能卖不掉。到第二天，剩余商品只能按处理价出售。

20 棵卷心菜按处理价计算，20 棵 × 50 日元 =1000 日元

实际销售额 80 棵 ×148 日元 =1 万 1840 日元 + 1000 日元 =1 万 2840 日元

损耗 = 1960 日元

损耗率 = 13.2%

也就是说，当天全部售完的损耗最少，损耗可控制在 600 日元范围内。提升进货精准度，严格对商品进行检验和清仓处理，这样能有效减少过多的减价、处理以及废弃损耗，增加蔬菜的销售量。

②成品率

成品率是生鲜食品部门固有的思维方式之一。以工厂生产的产品为例，一般来说，由于工厂生产、发货的产品规格大致相同，所以，产品的品质、大小、重量呈平均化。

但是，蔬果类商品则不同。无论是在自然环境下生长，还是在农场种植，都会受天气、气象等因素影响，导致商品的品质、大小、重量等出现差异。现在，随着选果、筛选过程的严格化，商家订购的商品品质越来越统一。即便如此，商品之间仍然存在细微的品质差别，当然价值也会随之变化。

成品引进具体示例

● **入数固定的商品（每箱数量）**

蔬菜 ▶黄瓜、番茄、茄子、卷心菜、生菜、白萝卜等、
水果 ▶苹果、鸭梨、柿子、西柚、橙子、柠檬、奇异果、桃子等

一般来说，包装箱上标记的入数明确，才能作为确定定数的数值计算成本。但是，商品在常规流通、销售过程中往往因不可抗力发生损失。商品损耗一般包括以下几种情况。
（商品损耗的原因）
① 到货时不良品发生概率高的商品。
② 选果标准不严，初期筛选阶段商品品质有差别。
③ 加工时损耗发生的可能性高。
④ 因卖场工作人员因素导致陈列错误的（商品掉落导致品质劣化）商品。
⑤ 因顾客因素导致购买时品质劣化可能性高的商品。

● **成品计算示例**

苹果 36 个 / 箱，成本价 2500 日元时
※ 按 36 个计算，每个苹果
2500 日元 ÷ 36 个≒ 69.4 日元　　售价 98 日元时，
▶ 加价率 29.2%
※ 2 个成品按 34 个计算
2500 日元 ÷ 34 个≒ 73.5 日元　　售价 98 日元时，
▶ 加价率 25.0%
售价 100 日元时，
▶ 加价率 26.5%
36 个 98 日元，2.7%
加价率为负值
※ 1 个成品按 35 个计算
2500 日元 ÷ 35 个 ≒ 71.4 日元　　售价 98 日元时，
▶ 加价率 27.1%
售价 100 日元时，
▶ 加价率 28.6%
36 个 98 日元，0.6%
加价率为负值

假设没有发生任何损耗，那么，按 98 日元的零售价格，可确保 29.2% 的加价率。如果按 100 日元销售，那么，即使有成品，与 98 日元售价的加价率相比，仍有 0.6% ~ 2.7% 的负值。
通过计算成品率，可改善账面上的商品损耗或通过推出免费试吃活动提升部门盈利。通过将各种商品的成品率设定为 2%、3%，不但能获得提升部门盈利对策的资金，各门店还能自主实施免费试吃等促销计划。

蔬果部门订购的商品中，按“××SIZE，每箱××个”订购的品种多了起来。外包装箱上标记的商品数量通常按“定数”（注：定数指固定数量）进行成本计算和售价设定。但是，这些商品也会因为在流通、销售过程中因不可抗力的因素，出现残次品或无法出售的损耗。

这时，为取得理想毛利率，可以通过加入出成率（成品率）设定售价。此外，设置固定毛利率，未发生损耗时，各门店还可以通过免费试吃等促销方式提高部门销售额和盈利。

利用乘积管理毛利率

零售行业销售的商品品种庞杂，每种商品的品质、鲜度、进价、消费频率均不同，无法按统一的利润乘积销售。另外，从销售角度分析，其中很多商品还可进行低价销售。

因此，改变每种商品的加价率（比例）再进行销售成为业界普遍的做法。为确保目标利润，按单品、品类调整加价率和总加价率。

商品	销售额构成比 A	加价率 B	相乘积 C
A	35.0%	20.0%	7.00
B	25.0%	26.0%	6.50
C	30.0%	35.0%	10.50
D	10.0%	40.0%	4.00
计	100.0%	28.0%	28.00

这时，作为计算部门和品类总毛利的方法会用到乘积。

乘积 = 销售额构成比（%）× 加价率（%）

销售差额管理

销售额减去进货成本，结果被称为“销售差额”或“差额率”。期初库存和期末库存为零或金额相等时，差额就是毛利。累计差额、差额利润率必须按日核实。

销售额 – 进货成本 = 销售差额（差额）

差额 ÷ 销售额 ×100% = 差额利润率（%）

以确保利润为目的的降价处理

降价处理是蔬果部门经常需要面临的情况。

盈利不足的门店最常采用的改善施策中，减少商品损耗的直接对策是减少在架商品。此外，为提高订购精准度，根据 POS 机数据计算盈利指数（PI 值）后订购商品的门店也很多。

但是，蔬果部门的商品与其他部门商品最大的不同是商品始终处于变动状态，而且该变动很难提前预测。

商品未按计划售出，或受其他变化（如市场走势、品质、上市、规格等）影响必须采取措施进行应对也是需要蔬果部门掌握的技术。为增加部门盈利，如果不及时对商品采取降价处理等措施，就无法提升部门销售额，而导致无法盈利。所以不能对降价处理持抗拒态度，需要对商品进行降价处理时必须果断。

如下表所示，通过降价处理能有效防止废弃损耗。与不采取任何措施相比，对商品进行降价处理后，部门销售额和盈利提升了 1500 日元，利润率增加了 7.1%。商品价值高时，更应该做好降价处理工作。

销售额和盈利模拟

（1）按计划不采取任何措施时

品种	规格	成本	售价	毛利率	预计销量
黄瓜	1 根 / 零售	30 日元	40 日元	25%	500 根

销售额预计　2 万日元 / 盈利预测　5000 日元

（2）不采取措施时，销售 400 根黄瓜

销售额 1 万 6000 日元①
库存量 100 根　⟶　次日销售 100 根，为 50 按半价降价处理 剩余部分废弃。
销售额 4000 日元②

降价处理（半价）
销售额　50 根 ×20 日元 =1000 日元③
利润　50 根 × △ 10 日元 = △ 500 日元④

废弃
销售额　0 日元⑤
利润额　50× △ 30 日元 = △ 1500 日元⑥

（合计）销售额 ① + ③ + ⑤ =1 万 7000 日元
利润额 ② + ④ + ⑤ =2000 日元
利润率　11.8%

（3）进行降价处理，不废弃全部售出时

a 按初始价格销售
销售额 400 根 ×40 日元 =1 万 6000 日元①
利润　400 根 ×10 日元 =4000 日元②

b 降价处理，50 根按 30 日元清仓
销售额　50 根 ×30 日元 =1500 日元③
利润　50 根 ×0 日元　= 0 日元④

ⓒ 剩余 50 根按半价处理
销售额　50 根 ×20 日元 =1000 日元⑤
利润　50 根 × △ 10 日元 = △ 500 日元⑥

（合计）销售额 ① + ③ + ⑤ =1 万 8500 日元
利润　② + ④ + ⑥ =3500 日元
利润率　18.9%

“服务的细节”系列

《卖得好的陈列》：日本“卖场设计第一人”永岛幸夫

定价：26.00 元

《为何顾客会在店里生气》：家电卖场销售人员必读

定价：26.00 元

《完全餐饮店》：一本旨在长期适用的餐饮店经营实务书

定价：32.00 元

《完全商品陈列 115 例》：畅销的陈列就是将消费心理可视化

定价：30.00 元

《让顾客爱上店铺 1——东急手创馆》：零售业的非一般热销秘诀

定价：29.00 元

《如何让顾客的不满产生利润》：重印 25 次之多的服务学经典著作

定价：29.00 元

《新川服务圣经——餐饮店员工必学的 52 条待客之道》：日本“服务之神”新川义弘亲授服务论

定价：23.00 元

《让顾客爱上店铺 2——三宅一生》：日本最著名奢侈品品牌、时尚设计与商业活动完美平衡的典范

定价：28.00 元

《摸过顾客的脚才能卖对鞋》：你所不知道的服务技巧，鞋子卖场销售的第一本书

定价：22.00 元

《繁荣店的问卷调查术》：成就服务业旺铺的问卷调查术

定价：26.00 元

《菜鸟餐饮店 30 天繁荣记》：帮助无数经营不善的店铺起死回生的日本餐饮第一顾问

定价：28.00 元

《最勾引顾客的招牌》：成功的招牌是最好的营销，好招牌分分钟替你召顾客！

定价：36.00 元

《会切西红柿，就能做餐饮》：没有比餐饮更好做的卖卖！ 饭店经营的“用户体验学”。

定价：28.00 元

《制造型零售业——7-ELEVEn 的服务升级》：看日本人如何将美国人经营破产的便利店打造为全球连锁便利店 NO.1！

定价：38.00 元

《店铺防盗》：7 大步骤消灭外盗，11 种方法杜绝内盗，最强大店铺防盗书！

定价：28.00 元

《中小企业自媒体集客术》：教你玩转拉动型销售的 7 大自媒体集客工具，让顾客主动找上门！

定价：36.00 元

《敢挑选顾客的店铺才能赚钱》：日本店铺招牌设计第一人亲授打造各行业旺铺的真实成功案例

定价：32.00 元

《餐饮店投诉应对术》：日本 23 家顶级餐饮集团投诉应对标准手册，迄今为止最全面最权威最专业的餐饮业投诉应对书。

定价：28.00 元

《大数据时代的社区小店》：大数据的小店实践先驱者、海尔电器的日本教练传授小店经营的数据之道

定价：28.00 元

《线下体验店》：日本“体验式销售法”第一人教你如何赋予 O2O 最完美的着地！

定价：32.00 元

《医患纠纷解决术》：日本医疗服务第一指导书，医院管理层、医疗一线人员必读书！ 医护专业入职必备！

定价：38.00 元

《迪士尼店长心法》：让迪士尼主题乐园里的餐饮店、零售店、酒店的服务成为公认第一的，不是硬件设施，而是店长的思维方式。

定价：28.00 元

《女装经营圣经》：上市一周就登上日本亚马逊畅销榜的女装成功经营学，中文版本终于面世！

定价：36.00 元

《医师接诊艺术》：2 秒速读患者表情，快速建立新赖关系！ 日本国宝级医生日野原重明先生重磅推荐！

定价：36.00 元

《超人气餐饮店促销大全》：图解型最完全实战型促销书，200 个历经检验的餐饮店促销成功案例，全方位深挖能让顾客进店的每一个突破点！

定价：46.80 元

《服务的初心》：服务的对象十人百样，服务的方式千变万化，唯有，初心不改！

定价：39.80 元

《零售现场力》：全世界销售额第一名的三越伊势丹董事长经营思想之集大成，不仅仅是零售业，对整个服务业来说，现场力都是第一要素。

定价：38.00 元

《别人家的店为什么卖得好》：畅销商品、人气旺铺的销售秘密到底在哪里？ 到底应该怎么学？ 人人都能玩得转的超简明 MBA

定价：38.00 元

《顶级销售员做单训练》：世界超级销售员亲述做单心得，亲手培养出数千名优秀销售员！ 日文原版自出版后每月加印 3 次，销售人员做单必备。

定价：38.00 元

《店长手绘 POP 引流术》：专治“顾客门前走，就是不进门“，让你顾客盈门、营业额不断上涨的 POP 引流术！

定价：39.80 元

《不懂大数据，怎么做餐饮？》：餐饮店倒闭的最大原因就是“讨厌数据的糊涂账”经营模式。

定价：38.00 元

《零售店长就该这么干》：电商时代的实体店长自我变革。

定价：38.00 元

《生鲜超市工作手册蔬果篇》：海量图解日本生鲜超市先进管理技能

定价：38.00 元

《生鲜超市工作手册肉禽篇》：海量图解日本生鲜超市先进管理技能

定价：38.00 元

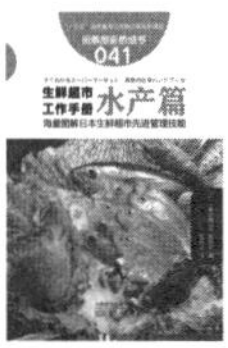

《生鲜超市工作手册水产篇》：海量图解日本生鲜超市先进管理技能

定价：38.00 元

《生鲜超市工作手册日配篇》：海量图解日本生鲜超市先进管理技能

定价：38.00 元

《生鲜超市工作手册副食调料篇》：海量图解日本生鲜超市先进管理技能

定价：48.00 元

《生鲜超市工作手册 POP 篇》：海量图解日本生鲜超市先进管理技能

定价：38.00 元

《日本新干线 7 分钟清扫奇迹》：我们的商品不是清扫，而是“旅途的回忆”

定价：39.80 元

《像顾客一样思考》：不懂你，又怎样搞定你？

定价：38.00 元

《好服务是设计出来的》：设计，是对服务的思考

定价：38.00 元

《让头回客成为回头客》：回头客才是企业持续盈利的基石

定价：38.00 元

《餐饮连锁这样做》：日本餐饮连锁店经营指导第一人

定价：39.00 元

《养老院长的 12 堂管理辅导课》：90%的养老院长管理烦恼在这里都能找到答案

定价：39.80 元

《大数据时代的医疗革命》：不放过每一个数据，不轻视每一个偶然

定价：38.00 元

《如何战胜竞争店》：在众多同类型店铺中脱颖而出

定价：38.00 元

更多本系列精品图书，敬请期待！